浙江省高职院校"十四五"重点立项建设教材

高等职业教育教学改革融合创新型教材·旅游类

新形态教材

旅行社产品设计

Lüxingshe Chanpin Sheji

（第二版）

夏正超　主　编

余云建　陈良辰　副主编

东北财经大学出版社
Dongbei University of Finance & Economics Press

国家一级出版社
全国百佳图书出版单位

浙江省高职院校"十四五"重点立项建设教材

高等职业教育教学改革融合创新型教材·旅游类

旅行社 产品设计

Lüxingshe Chanpin Sheji

（第二版）

夏正超　主　编

余云建　陈良辰　副主编

东北财经大学出版社　大连
Dongbei University of Finance & Economics Press

图书在版编目（CIP）数据

旅行社产品设计 / 夏正超主编. —2版. —大连：东北财经大学出版社，2024.1（2024.6重印）
（高等职业教育教学改革融合创新型教材·旅游类）
ISBN 978-7-5654-5019-8

Ⅰ.旅… Ⅱ.夏… Ⅲ.旅行社–市场营销学–高等职业教育–教材
Ⅳ.F590.82

中国国家版本馆CIP数据核字（2023）第204068号

东北财经大学出版社出版
（大连市黑石礁尖山街217号　邮政编码　116025）
网　　址：http://www.dufep.cn
读者信箱：dufep@dufe.edu.cn
大连图腾彩色印刷有限公司印刷　　东北财经大学出版社发行
幅面尺寸：185mm×260mm　　　字数：322千字　　　印张：15.5
2024年1月第2版　　　　　　　2024年6月第2次印刷
责任编辑：魏　巍　宋雪凌　　　　　　责任校对：张晓鹏
封面设计：原　皓　　　　　　　　　　版式设计：原　皓
定价：48.00元

富媒体智能型教材出版说明

"财经高等职业教育富媒体智能型教材开发系统工程"入选原国家新闻出版广电总局新闻出版改革发展项目库，并获得文化产业专项资金支持，是"国家文化产业资金支持媒体融合重大项目"。项目以"融通""融合""共建""共享"为特色，是东北财经大学出版社积极落实国家推动传统媒体与新媒体融合发展的重要举措之一。

"财济书院"智能教学互动平台是该工程项目建设成果之一。该平台（www.idufep.com）通过系统、合理的架构设计，将教学资源与教学应用集成于一体，具有教学内容多元呈现、课堂教学实时交互、测试考评个性设置、用户学情高效分析等核心功能，是高校开展信息化教学的有力支撑和应用保障。

富媒体智能型教材是该工程项目建设成果之二。该类教材是我社供给侧结构性改革探索性策划的创新型产品，是一种新形态立体化教材。富媒体智能型教材秉持严谨的教学设计思想和先进的教材设计理念，为财经职业教育教与学、课程与教材的融通奠定了基础，较好地避免了传统教学模式和单一纸质教材容易出现的"两张皮"现象，有助于教学质量的提高和教学效果的提升。

从教材资源的呈现形式来说，富媒体智能型教材实现了传统纸质教材与数字技术的融合，通过二维码建立链接，将VR、微课、视频、动画、音频、图文和试题库等富媒体资源丰富地呈现给用户；从教材内容的选取整合来说，其实现了职业教育与产业发展的融合，不仅注重专业教学内容与职业能力培养的有效对接，而且很好地解决了部分专业课程学与训、训与评的难题；从教材的教学使用过程来说，其实现了线下自主与线上互动的融合，学生可以在有网络支持的任何地方自主完成预习、巩固、复习等，教师可以在教学中灵活使用随堂点名、作业布置及批改、自测及组卷考试、成绩统计分析等平台辅助教学工具。

"重塑教学空间，回归教学本源！""财济书院"平台不仅仅是出版社提供教学资源和服务的平台，更是出版社为作者和广大院校创设的一个教学空间，作者和院校师生既是这个空间的使用者和消费者，也是这个空间的创造者和建设者，在这里，出版社、作者、院校共建资源，共享回报，共创未来。

最后，感谢各位作者为支持项目建设所付出的辛劳和智慧，也欢迎广大院校在教学中积极使用富媒体智能型教材和"财济书院"平台，东北财经大学出版社愿意也必将陪伴广大职业教育工作者走向更加光明而美好的职教发展新阶段。

东北财经大学出版社

第二版前言

党的十八大以来，中国旅游业的发展取得了历史性成就，建成了世界上最大的旅游市场，旅游业成为支撑经济、社会、文化、生态发展的重要力量。以文塑旅、以旅彰文，文化和旅游深度融合发展，绘就"诗与远方"新图景，勾勒"诗和远方"新画卷。旅游业进入大众旅游和高质量发展的新阶段，旅游业不仅是人民群众共享社会发展成果、满足精神需求的重要方式，而且是世界人民了解美丽中国的重要窗口。2023年是全面贯彻落实党的二十大精神的开局之年，是实施"十四五"规划承上启下的重要一年，旅游业强势开局，旅游需求旺盛，有力地服务国内大循环为主体、国内国际双循环相互促进的新发展格局。要深入贯彻落实党的二十大报告中强调的"坚持人民至上""坚持自信自立""坚持守正创新""坚持问题导向""坚持系统观念""坚持胸怀天下"的要求，不断创新旅游产品和旅游服务，提升旅游品质，满足人民群众对美好生活的向往和追求。

旅行社产品的设计能力体现了旅行社的核心竞争力，因此旅行社产品设计理论和设计能力必将成为旅游大类专业学生的核心职业能力。本书初版解决了教材"有没有"的问题，受到了师生的认可和好评。在保持原书"一体两融三对接"（即理论与实践一体、"岗课赛证"融通、课程思政融入、政行企对接）编写理念的基础上，编写团队吸收有益的意见和经验，针对行业发展变化和需求，坚持价值引领、文化沁润、能力为本的编写原则，对本书内容进行了修订。具体更新如下：

1. 深挖思政元素，培养德才兼备的新时代好青年

党的二十大报告提出："坚守中华文化立场，提炼展示中华文明的精神标识和文化精髓，加快构建中国话语和中国叙事体系，讲好中国故事、传播好中国声音，展现可信、可爱、可敬的中国形象。"根据文旅业内容广博、内涵丰富的特点，编写团队甄选美丽中国、绿水青山、低碳旅行、乡村振兴、共同富裕、历史文化等相关内容，通过主题产品设计、思政元素融入、"育德启智"栏目嵌入等形式，积极弘扬中华优秀传统文化，引导学生坚定文化自信，努力将学生培养成为发现美、表达美、践行美的使者，提高学生讲好中国故事的能力。

2. 理实一体设计，提高教材内容的实用性

本书分为"理论篇"和"实训篇"两部分。"理论篇"包括4个项目，系统阐述旅行社产品设计的理念与方法，将经验升华到方法。"实训篇"包括6个项目，阐述了主流旅行社产品的设计方法，同时选取典型的旅行社产品设计案例，按照工作手册

式设计实训任务，对学生由浅入深地进行旅行社产品设计的训练，以培养学生的产品设计理念、设计技巧和设计能力，丰富学生的设计体验，提高内容的实用性。

3. 深化产教融合，凸显时代精神和行业发展趋势

本书编写团队由具有丰富教学实践经验的教师和企业专家组成。编写团队将多年旅游专业教学积累的成果融入教材中，同时吸收借鉴了旅游企业资深专家的相关建议，深化"引企入教"，确保了教材内容与产业实践无缝对接，产品设计的理论和方法具有操作性、指导性和前瞻性。此外，新时代下，旅游消费已从景点观光向休闲度假、深度体验转变，对休闲和文化内涵的追求成为新时代旅游的重要特征。鉴于此，编写团队将旅行社行业的新产品、新技术、新规范融入教材，如增加文旅融合、微旅游、微度假等内容，拓宽学生视野，培养创新思维。

4. 配套数字资源，增加信息化学习支撑

本书充分运用现代信息技术，打造了丰富的数字资源，包括在线课堂、行业视窗、知识听记等，并用二维码的形式呈现，使教学内容多元呈现，课堂教学实时交互。同时，本书对应课程"旅行社产品设计"获批浙江省职业教育在线精品课程，欢迎广大师生登录"浙江省高等学校在线开放课程共享平台"（https://www.zjooc.cn）学习。

本书由浙江工贸职业技术学院夏正超任主编，全国优秀导游、中国好导游、杭州科技职业技术学院余云建，温州小众国际旅行社有限公司总经理陈良辰任副主编。具体编写分工如下：夏正超编写课程导学，项目一至项目四，项目五至项目六的主题一至主题三、主题五，项目八至项目九的主题一至主题三、主题五，项目十；余云建编写项目七；陈良辰编写项目五、项目六、项目八的主题四；温州国旅旅游有限公司常务副总经理潘建胜编写项目九的主题四。浙江工贸职业技术学院李佳玉负责二维码中"行业视窗"内容的收集整理。全书最后由夏正超总纂定稿。

《旅行社产品设计》一书得到了浙江省普通高校"十三五"第二批新形态教材建设项目立项资助、浙江省高职院校"十四五"首批重点教材建设项目立项资助。书中涉及的图片由浙江思珀整合传播有限公司钱梦忆、温州小众国际旅行社有限公司陈良辰提供。本书在编写过程中参考和借鉴了大量相关研究者的论著和观点，得到了东北财经大学出版社魏巍编辑的悉心指导和帮助，在此一并表示衷心的感谢。由于编者的水平有限，书中疏漏和不足之处在所难免，敬请各位同行和读者批评指正，以便我们不断修订和完善。

夏正超

2023 年 10 月

目　录

课程导学／1

◉ **理论篇**

项目一
旅行社产品认知／**7**

主题一　旅行社产品的内涵／9
主题二　旅行社产品内容的构成／10
主题三　旅行社产品的价值构成／16
主题四　旅行社产品的特点／18

项目二
旅行社产品设计认知／**23**

主题一　旅行社产品设计的内涵／25
主题二　旅行社产品设计的理论基础／27
主题三　旅行社产品设计的四大理念／32
主题四　旅行社产品设计的两大结合／36

项目三
旅行社产品设计方法／**41**

主题一　旅行社产品设计流程／43
主题二　产品设计文案编写／45
主题三　产品线路行程设计方法／48
主题四　旅行社产品主题设计／50
主题五　旅行社产品特色设计／53
主题六　旅行社产品体系设计／54

项目四
旅行社产品定价 / 63

主题一　旅行社产品价格影响因素／65
主题二　旅行社产品定价方法／67
主题三　旅行社产品定价策略／71
主题四　旅行社产品计价方法／72

◉ 实训篇

项目五
观光游产品设计 / 79

主题一　观光游产品的内涵／81
主题二　观光游产品设计策略／85
主题三　观光游产品的线路安排及要素配置／87
主题四　观光游产品设计经典实例／89
主题五　观光游产品设计实训／93

项目六
度假游产品设计 / 107

主题一　度假游产品的内涵／109
主题二　度假游产品设计策略／114
主题三　度假游产品的线路安排及要素配置／116
主题四　度假游产品设计经典实例／118
主题五　度假游产品设计实训／120

项目七
商务游产品设计 / 131

主题一　商务游产品的内涵／133
主题二　商务游服务／137
主题三　商务游产品设计策略／140

主题四　商务游产品设计经典实例／145
主题五　商务游产品设计实训／148

项目八
亲子游产品设计／155

主题一　亲子游产品的内涵／157
主题二　亲子游产品设计策略／163
主题三　亲子游产品的线路安排及要素配置／165
主题四　亲子游产品设计经典实例／168
主题五　亲子游产品设计实训／171

项目九
老年游产品设计／175

主题一　老年游产品的内涵／177
主题二　老年游产品设计策略／182
主题三　老年游产品的线路安排及要素配置／184
主题四　老年游产品设计经典实例／187
主题五　老年游产品设计实训／192

项目十
专题旅游产品设计／195

主题一　红色旅游产品设计／197
主题二　节庆旅游产品设计／203
主题三　邮轮旅游产品设计／207
主题四　研学旅行产品设计／213
主题五　研学旅行课程设计实训／219

参考文献／224

数字资源目录

项目	数字资源		页码
课程导学	在线课堂0-1	为什么学	1
	在线课堂0-2	学什么	2
	在线课堂0-3	怎么学	3
	行业视窗0-1	旅行社岗位技能和素养要求调研报告	2
理论篇			
项目一 旅行社产品认知	在线课堂1-1	什么是旅行社产品	9
	在线课堂1-2	旅行社产品内容的构成	10
	在线课堂1-3	旅行社产品的价值构成	16
	在线课堂1-4	旅行社产品的特点	18
	行业视窗1-1	《旅游民宿基本要求与等级划分》国标发布	12
	行业视窗1-2	"音乐+旅游"助文旅破圈	15
	行业视窗1-3	用深度有内涵的讲解打动游客	16
	行业视窗1-4	反向游能持续走热吗？	19
	知识听记1-1	项目一	20
项目二 旅行社产品设计认知	在线课堂2-1	什么是旅行社产品设计	25
	在线课堂2-2	旅行社产品生命周期与产品设计	27
	在线课堂2-3	旅游需要与产品设计	28
	在线课堂2-4	旅游体验与产品设计	30
	在线课堂2-5	旅行社产品设计的四大理念	32
	在线课堂2-6	旅行社产品设计的两大结合	36
	行业视窗2-1	从旅行社业向旅行服务业转变	26
	行业视窗2-2	"Z世代"为什么热爱红色旅游	27
	行业视窗2-3	厦门："司兼导"让旅程更随心	33
	行业视窗2-4	到恭王府　在古建模型展里探寻"建筑意"	37
	知识听记2-1	项目二	39

续表

项目	数字资源	页码
项目三 旅行社产品设计方法	在线课堂 3-1　旅行社产品设计流程	43
	在线课堂 3-2　如何编写产品策划案	45
	在线课堂 3-3　旅行社产品体系及构成	54
	行业视窗 3-1　"非遗+旅游"融出吉林新魅力	43
	行业视窗 3-2　错峰出游旅企能做的还很多	45
	行业视窗 3-3　"特色、科技、创意"深度融入 旅游商品供给"百花齐放"	52
	行业视窗 3-4　毕业季来了，旅企施展空间有多大	52
	行业视窗 3-5　沿着文物主题游径走进历史	55
	知识在线 3-1　旅游市场调研的三种途径和方法	43
	知识在线 3-2　旅游线路产品组合优化三法	45
	知识在线 3-3　创意收集与筛选	45
	知识在线 3-4　旅行社产品设计文案提纲	48
	知识在线 3-5　不同类型旅游线路的特点	48
	知识听记 3-1　项目三	61
项目四 旅行社产品定价	在线课堂 4-1　旅游产品价格影响因素	65
	在线课堂 4-2　旅行社产品定价方法	67
	在线课堂 4-3　旅行社产品定价策略	71
	在线课堂 4-4　旅行社产品成本测算表的使用	74
	行业视窗 4-1　融入质量强国大局 打造高品质旅游	66
	行业视窗 4-2　旅游淡旺季现象是行业常态	67
	行业视窗 4-3　不合理低价游到底怎么治	72
	知识在线 4-1　如何确定产品价格	72
	知识在线 4-2　旅行社责任险与旅游意外险的区别	74
	知识听记 4-1　项目四	75
实训篇		
项目五 观光游产品设计	在线课堂 5-1　观光游及其发展趋势	81
	在线课堂 5-2　观光游产品及其类型	83
	在线课堂 5-3　观光游产品设计策略	85
	在线课堂 5-4　观光游产品的线路安排及要素配置	87
	在线课堂 5-5　轻车慢行过北疆	89
	在线课堂 5-6　市域观光游产品设计方法	93
	在线课堂 5-7　省域观光游产品设计方法	96

续表

项目	数字资源	页码
项目五 观光游产品设计	行业视窗 5-1　以标准提升旅游品质 满足人民美好生活向往	82
	行业视窗 5-2　炎炎夏日如何做好清凉文章？	89
	知识在线 5-1　旅游线路产品组合的评价标准	87
	知识在线 5-2　观光游产品设计的基本原则	87
	知识在线 5-3　"欺骗、强制旅游购物"行为的认定及处罚标准	89
	知识听记 5-1　项目五	106
项目六 度假游产品设计	在线课堂 6-1　度假游的内涵及特点	109
	在线课堂 6-2　度假游产品设计策略	114
	在线课堂 6-3　度假游产品的线路安排及要素配置	116
	在线课堂 6-4　莫催·大理	118
	在线课堂 6-5　山地森林度假产品设计	121
	行业视窗 6-1　我国国家级旅游度假区数量已达六十三家	111
	行业视窗 6-2　产品丰富体验多——海洋旅游火起来	125
	行业视窗 6-3　创新海岛旅游开发模式	126
	知识听记 6-1　项目六	128
项目七 商务游产品设计	在线课堂 7-1　商务游的内涵	133
	在线课堂 7-2　商务游的类型和特点	134
	在线课堂 7-3　商务游的服务模式	138
	在线课堂 7-4　疗休养产品的内涵和特点	143
	在线课堂 7-5　疗休养产品设计策略	144
	知识听记 7-1　项目七	153
项目八 亲子游产品设计	在线课堂 8-1　亲子游的概念及特征	157
	在线课堂 8-2　亲子游产品的特征及功能	160
	在线课堂 8-3　亲子游产品设计策略	163
	在线课堂 8-4　亲子游产品设计：宝岛奇遇记	168
	行业视窗 8-1　毕业游、亲子游持续升温 暑期海南旅游热	157
	行业视窗 8-2　寓教于"游"的科普更招人爱	161
	行业视窗 8-3　盼来暑期旺季 酒店珍视亲子客群	166
	知识在线 8-1　适合亲子互动的游戏	164
	知识听记 8-1　项目八	174

续表

项目	数字资源	页码
项目九 **老年游产品设计**	在线课堂9-1　老年游的概念及特点	177
	在线课堂9-2　老年游产品的要素配置	185
	在线课堂9-3　千位老人中俄友好参访团	187
	行业视窗9-1　破解数字鸿沟　温暖老年游客	178
	行业视窗9-2　中国老年旅游联合体	183
	知识在线9-1　老年消费群体的消费心理特点	177
	知识听记9-1　项目九	194
项目十 **专题旅游产品设计**	在线课堂10-1　红色旅游产品设计策略	202
	在线课堂10-2　节庆旅游产品设计策略	206
	在线课堂10-3　研学旅行的定义及特点	213
	在线课堂10-4　研学旅行课程及体系构成	216
	在线课堂10-5　如何开发研学课程	217
	行业视窗10-1　建党百年红色旅游百条精品线路	202
	行业视窗10-2　江西井冈山打出三张"特色牌"　红色旅游、 研学、培训"火出圈"	203
	行业视窗10-3　厦门：邮轮母港寻特色　海上旅游有新意	211
	行业视窗10-4　为研学游撑起一把"规范伞"	216
	知识听记10-1　项目十	222

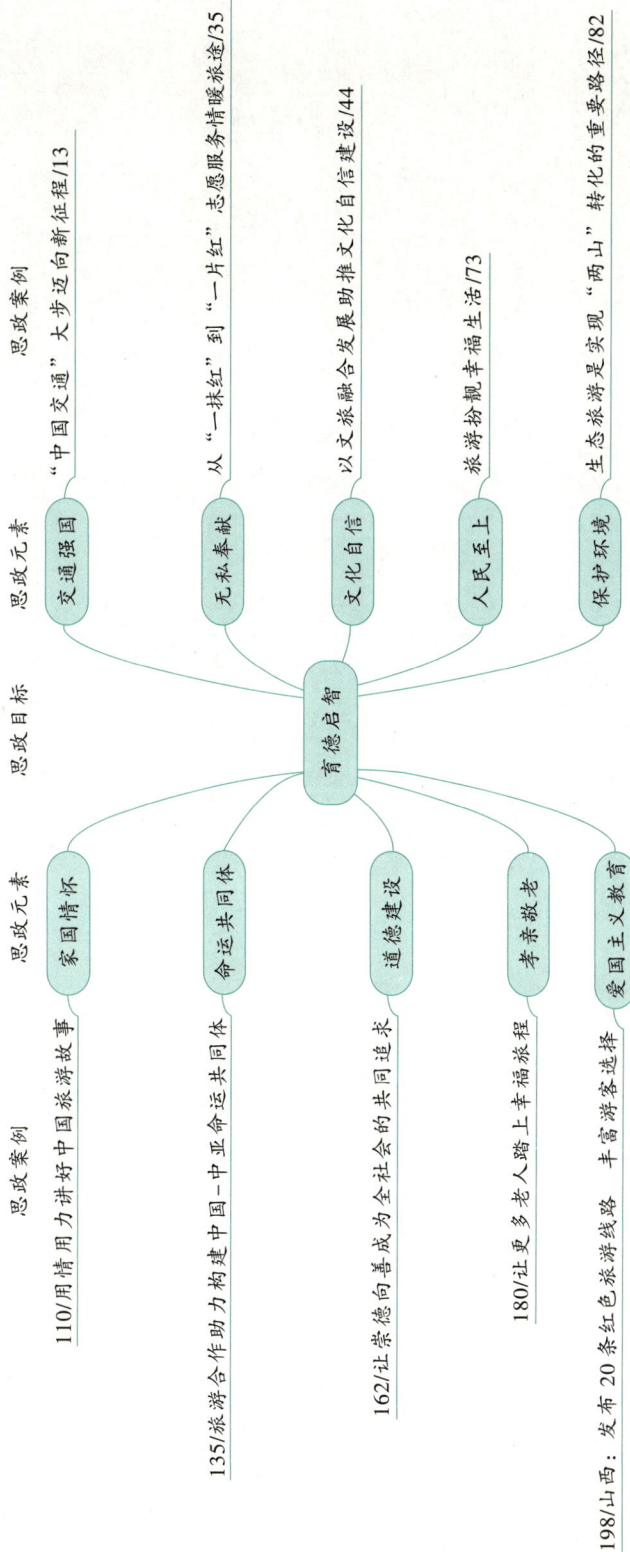

思政导图

思政元素

- **交通强国** — 思政案例 "中国交通" 大步迈向新征程/13
- **无私奉献** — 从 "一抹红" 到 "一片红" 志愿服务情暖旅途/35
- **文化自信** — 以文旅融合发展助推文化自信建设/44
- **人民至上** — 旅游扮靓幸福生活/73
- **保护环境** — 生态旅游是实现 "两山" 转化的重要路径/82

思政目标

育德启智

思政元素

- **家国情怀** — 思政案例 110/用情用力讲好中国旅游故事
- **命运共同体** — 135/旅游合作助力构建中国-中亚命运共同体
- **道德建设** — 162/让崇德向善成为全社会的共同追求
- **孝亲敬老** — 180/让更多老人踏上幸福旅程
- **爱国主义教育** — 丰富游客选择 198/山西: 发布 20 条红色旅游线路

一、为什么学习本课程：需求与时代的变革

旅游消费经过起步、快速发展、井喷式发展阶段后已经进入了长期稳定发展的新阶段，旅游消费的内容、形式、方式发生了前所未有的改变，特别是移动互联网的发展，使旅游消费发生了颠覆性的变化。当前，我国的旅游人数、旅游消费支出都达到了历史的最高点，2019年我国国内旅游人次超过60亿，出境游人次超过1.6亿。但是不可否认的事实是，传统旅行社的市场空间面临严重的挤压。那么传统旅行社如何突出重围，打一场市场保卫战、攻坚战呢？从供给方面进行产品的优化，进行旅游产品的设计是不二的选择。

在线课堂0-1

为什么学

1. 游客对高品质产品的需求需要旅行社提高产品设计能力

传统的跟团游、观光游具有很多优点，旅游前、旅游中、旅游后由旅行社提供保姆式的服务，旅游者省去了订车、订房、订票的麻烦，省心省力，只需要一次性购买就可全程无忧。而且传统的跟团游、观光游价格便宜，由旅行社组织接待，导游全程服务，既方便又安全；目的地经过精心选择，并购买了旅行社责任险、旅游意外险，平安有保；集体出行，还可以广交朋友。跟团游、观光游"价格便宜量又足"，可以满足旅游者观光游览、增长见闻的需要，在旅游消费的普及和旅游消费大众化方面发挥了巨大的作用。

传统的旅游消费虽然有很多优点，但也存在明显的不足。如黄金周期间热门景区都人满为患，游客常常会遭遇旅游景区拥堵的情况；甚至还有一些旅游消费的陷阱，游客会陷入低价团、购物团的怪圈；传统的走马观花式的跟团游的旅游体验质量不高。

游客的经验越来越丰富，消费也越来越成熟，消费环境和技术手段也发生了翻天覆地的变化；旅游法律、法规进一步健全，旅游执法和监督体系也进一步完善。"上车睡觉，下车拍照"的传统跟团游逐渐失去吸引力。旅游者的需求更加个性化、特色化、多元化，越来越多的年轻人选择自助游、自驾游、度假游、温泉游、民宿游、体育旅游等新的形态不断出现。旅行社要对自身进行变革，加强市场研究，提高产品开发能力，开发出更多的旅游产品，设计出更多的主题性和特色性旅游产品，以满足消费者不断变化的需求。

2. 移动互联网的发展要求企业为游客提供旅游的核心体验和高附加值

移动互联网的发展，使人们可以快捷、实时、足不出户地获得各种旅游信息。在线旅行社、第三方App、企业自营在线渠道可以便捷地实现查询、预订和支付。旅游

者可以通过查看网友的分享、评价等来了解旅行社的服务质量，降低消费风险。

民航、高速公路、高铁的快速发展，使出行比以往任何时候都方便，节约了大量时间成本。共享经济如网约车、共享单车、共享汽车的发展实现了最后几千米、最后一千米的可达性。

在移动互联、共享经济时代，旅游者可以十分方便地获得各种旅游资讯和旅游服务。旅行社靠信息不对称来获取利润的效果越来越差，旅游消费者正在从线下旅行社流失。面对这种情况，旅行社需要通过产品规划设计提高产品的附加值，靠服务来赢得顾客，获得效益。

3. 旅行社对产品设计人才的需求正在增长

通过对旅行社的问卷调查和对典型企业的访谈，我们了解了旅行社的人才结构，发现旅行社对产品策划人才的需求量占人才总需求量的5%，越来越多的旅行社开始设置产品策划这个专职岗位。计调人才需求量占企业人才总需求量的19%。一般来说，规模较小的旅行社，产品设计由计调来完成，计调同时承担了团队运营以及产品营销等职能。旅游咨询人员需求量占企业人才需求总量的29%（包括门市、呼叫中心、销售等）。旅游咨询人员要有较强的旅游咨询能力，其中包括根据游客的需求提出旅行建议、产品建议的能力。服务大客户的销售人员则需要具备很强的产品定制能力，能针对客户的需求快速进行线路安排、成本核算和产品报价。

旅行社三个重要岗位（群）——产品设计、计调、旅游咨询都需要有较强的产品设计能力。三者之和占企业人才总需求量的53%。也就是说，企业中有一半以上的人员要具备一定的旅游产品设计能力。

因此，作为职场的新手，大家都需要学习产品设计知识，提高产品设计能力，这样才能够适应未来的旅游工作需要。

二、本课程学习内容：课程的性质与任务

"旅行社产品设计"是旅游管理专业、旅行社经营管理专业的必修课、方向课、技能课。课程根据旅游企业的发展与旅游企业的实际需要，针对旅游企业的产品设计专员、产品经理、产品管理等相关职业岗位而设定。其任务就是培养学生具备旅行社产品设计理念，掌握旅行社产品设计方法，成为能够进行旅行社产品设计与产品管理的旅行社中高端人才。具体包括：

第一，产品体系规划。能够根据公司战略和市场情况对产品的类型、产品的性质、产品的数量进行规划，设计出合理的产品宽度、产品长度、产品深度。

第二，产品线路策划。能够设计时间节点、空间节点合理的产品线，满足不同季节、不同时间、不同游客的需要。

第三，产品主题策划。主题是产品能带给游客的核心体验，或是一种可预期的旅游感受；主题是旅行社产品最大的附加值，是最能体现旅行社产品的"设计"之处。文化是旅游业的灵魂，而主题是产品的灵魂。

第四，产品特色与卖点提炼。产品能否吸引购买取决于产品的特色和产品的卖点，主题、特色、卖点三位一体，从抽象到具象，能够将本产品与其他产品进一步区

分开来，让消费者认知、理解、认同产品，从而做出购买行为。

第五，资源整合与成本控制。要有市场敏锐度、资源检索力、资源掌握力，以及将资源与市场结合的能力，在恰当的时机推出正确的产品。同时，要有娴熟的成本核算与报价能力，在质与价之间做到平衡。

从教学的角度要帮助学生解决以下几个问题：一是掌握产品设计的理念和方法；二是具备产品设计的基本能力；三是为企业顶岗实习做准备；四是毕业后能够独立进行产品设计。

从学生的职业成长角度要做到：在掌握基本理论、方法的基础上，培养学生的产品管理能力，使学生走出校门就能直接走向岗位，迅速成长为职业熟手，并有机会在未来3～5年内成为一名产品设计方面的管理者。

三、如何学习本课程：课程的教学与组织

本课程具有两个显著特点：一是综合性。产品设计涉及对旅游学、旅游地理学、目的地国家知识、导游基础知识等学科的综合运用。本课程的前置课程包括"旅游学概论""旅游地理""导游基础知识""旅行社经营管理"等。二是实践性。本课程面向旅行社产品设计岗位，需要培养实际的工作能力，需要将所学知识运用到实际的产品设计中。

在线课堂 0-3

怎么学

从实际工作看，旅行社产品设计的协同性强。设计产品需要外联、销售、导游、计调等相关部门的配合，需要他们的意见和建议。

因此，学生在学习中要做到：第一，加强练习，完成学习任务。每次学习后，完成相应的思考与作业，掌握扎实的基础知识和基本功。第二，加强实践，完成项目作业。通过小组学习、项目化作业，进行仿真学习和演练。第三，完成真实任务，接受实践检验。在学习中安排与企业合作，为企业设计产品。将产品推向市场，并根据销售情况给予奖励。第四，企业实习，在实践中成长。要主动深入企业，顶岗实习，提高产品设计的综合能力。

理 论 篇

任何科学研究和实务工作都要讲究方法，都有方法论，甚至连方法本身都有方法论。旅行社产品设计是一个高级思维过程，不仅需要怀着一种让旅行更美好的情怀，还需要理性的思考过程和灵机一动的创造灵感。本篇从旅行社视角系统深入地阐述旅行社产品的内涵，旅行社产品设计的内涵、理论基础与设计理念，以及如何对产品进行定价，对相关理论在旅行社产品设计中的意义进行了全新的阐释，创新性地提出了旅行社产品设计的技术流程和方法。

项目一
旅行社产品认知

学习目标

1. 掌握旅行社产品的内涵，能够区分和表达旅行社产品、旅游产品、旅游线路的异同。

2. 掌握旅行社产品的要素构成，能够根据需要配置合适的产品要素及档次。

3. 理解与掌握旅行社产品的价值构成，能够分析产品价值构成对旅行社产品设计的指导意义。

4. 能够归纳旅行社产品的特点，认识旅行社产品设计的意义。

5. 提升对本专业的认知度、理解度和热爱程度。

知识导图

主题一　旅行社产品的内涵
- ①旅游产品的定义
- ②旅行社产品的定义
- ③旅行社产品与相关概念

主题二　旅行社产品内容的构成
- ①旅游饮食产品
- ②旅游住宿产品
- ③旅游交通产品
- ④游览产品
- ⑤旅游商品
- ⑥旅游娱乐产品

项目一　旅行社产品认知

主题三　旅行社产品的价值构成
- ①旅行社产品价值的构成要素
- ②价值构成对旅行社产品设计的启示

主题四　旅行社产品的特点
- ①综合性
- ②时效性
- ③有形性与无形性相结合

主题一　旅行社产品的内涵

市场也就是消费者，是旅行社产品设计的出发点和落脚点，而旅游者消费的是产品，旅行社销售的也是产品。因此，产品是旅行社产品设计的核心概念，对旅行社产品概念的认知与把握是设计旅行社产品的基础。

一、旅游产品的定义

旅游业包罗万象，从不同的角度出发，人们对旅游产品有着不同的认知。一般来说，旅游产品有以下三种定义：

"经历说"认为，旅游产品是指旅游者购买的从离开家外出开始，直至完成旅游活动返回家为止期间的全部旅游经历的总和。

"整体观"认为，旅游产品是经营者凭借旅游吸引物、交通和旅游设施，向旅游者提供的用于满足其旅游活动需要的全部服务。

"核心利益观"认为，旅游产品是一个产业而非企业的产物，单个厂商所生产的充其量是某个或几个产品要素，这是有悖情理的，据此认为旅游产品是指为满足旅游审美和愉悦需要而在一定地域上生产或开发出来的以供销售的物象与劳务的总和。典型的旅游产品就是旅游地，是出于交换目的而开发出来的能够向旅游者提供旅游审美和愉悦的客观凭借的空间单元。

"经历说""整体观""核心利益观"主要从旅游目的地角度定义旅游产品，其中包括旅游产品的物质部分和非物质部分。

二、旅行社产品的定义

作为媒介型和创意型企业，旅行社通过提供一系列综合性的服务为旅游者前往目的地进行审美消费这一美好经历提供支持。旅行社产品，即旅行社提供给旅游者的单项产品、综合产品及有机服务的总和。旅行社产品是一个整体概念，是一系列单项产品和服务有机组合而成的综合产品，旅行社产品的典型形式是旅游线路。

从旅游需求者的角度来说，旅行社产品就是旅游者在一次旅游活动中所消费的全部产品和服务。从旅游经营者的角度来说，旅行社产品是指旅行社为满足旅游者旅游过程中的需要，而凭借一定的旅游吸引物和旅游设施为旅游者提供的综合性有偿服务（张素娟、宋雪莉，2012）。

旅行社在旅游产业链中所处的位置以及旅行社产品的构成要素如图1-1所示。旅行社将从供应商处采购的餐饮、住宿、交通、游览、娱乐、保险等产品根据情况进行组合，生产出由核心吸引物、旅游生活服务、导游服务及其他附加服务组成的综合产品出售给旅游者。旅行社在产品生产和销售过程中实现了盈利，旅游者通过对旅行社产品的购买和消费，获得了心理上和精神上的满足。

在线课堂1-1

什么是旅行社产品

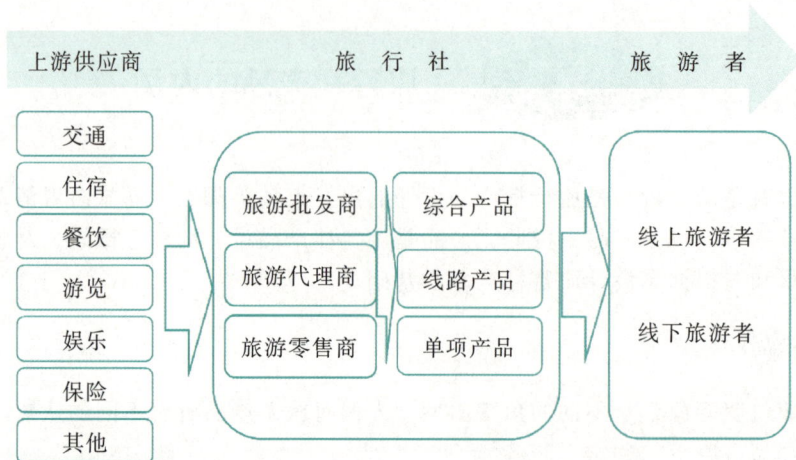

图 1-1　旅游产业链的构成要素

三、旅行社产品与相关概念

1. 旅行社产品与旅游产品

从范围大小来说，旅游产品包含旅行社产品，旅行社与酒店、景区等企业是并列关系。旅行社产品的构成形态既可以是单项产品，也可以是综合产品。但不同的是，作为综合产品，旅行社产品是交通、住宿、餐饮、游览、娱乐等单项产品的综合。

2. 旅行社产品与旅游线路

旅行社产品中包含着旅游线路，旅游线路是旅行社产品中非常重要的一部分，是旅行社产品的典型形式。"旅行社产品就是旅游线路，旅游线路就是旅行社产品"这种观点是以偏概全的。旅游线路是表现在外的产品形态，而蕴含其中的对产品针对性的设计并未全部显现在产品线中。那种认为旅游线路就是旅行社产品的观点，完全否认了产品设计的脑力劳动。如果消费者持这种观点，就不会愿意为旅行社产品的设计付费。

旅行社产品就像一台完整的机器，而旅游线路是这台机器上一个非常重要的部件。如果只是站在旅游线路的高度去设计旅行社产品，那么这个旅行社产品（实际上只是一条旅游线路）是缺乏市场宽度的，很难挖掘潜在的旅游消费人群。然而，站在旅行社产品的高度去策划、设计一个新产品，不但能满足当前旅游消费者的购买欲望，更重要的是可以发现潜在的旅游消费人群，从而促进旅行社健康稳定地发展（张素娟、宋雪莉，2012）。

在线课堂 1-2

旅行社产品内容的构成

主题二　旅行社产品内容的构成

从旅游者完整的旅游过程来看，食、住、行、游、购、娱六个方面满足了旅游者旅行、生活、娱乐等各个方面的需要，从广义的旅游和旅游需求的角度看，这是旅游的六要素，也就是旅行社产品的六个方面。

一、旅游饮食产品

中国饮食文化源远流长，不同区域的气候、食材、饮食传统、烹饪方法形成了中国饮食的不同菜系，即所谓"食在中国"。旅游过程中的饮食除了可以满足日常的需要之外，还可以让游客品尝各地的风味餐以及名品小吃（如图1-2所示），甚至可以开发出主题性的美食旅游产品。

新荣记名菜黄金带鱼　　　　　　　徽州百年餐厅披云食府毛豆腐

图1-2　中国美食

根据旅行社产品的档次与性质，饮食设计有三种方法：一是团餐，根据当前物价水平，一般为50元/人/餐；二是风味餐，一般不低于100元/人/餐的标准；三是专题性"美食游"产品。

二、旅游住宿产品

旅游饭店提供的住宿功能是旅游六大要素中重要的一环，并且住宿产品往往是衡量旅行社产品质量的标志。随着旅游市场的发展，人们对住宿的要求越来越高。在旅游市场激烈的竞争中，旅行社应重视游客的需求，选择的酒店必须干净、卫生，同时还可以根据地理位置、服务水准、设施设备、文化品位开发不同风格以及不同档次的住宿产品，以满足旅游者的多样性选择。

旅游住宿产品可分为标准住宿产品与非标准住宿产品，标准住宿产品如星级酒店，非标准住宿产品如主题酒店、民宿（如图1-3所示）、帐篷酒店、汽车露营等。其他分类方法如下：

图1-3　温州洞头伴house精品民宿

1. 按规模分

旅游住宿产品根据规模的不同，可以分为大型饭店、中型饭店和小型饭店。关于饭店的规模，国际上没有统一的标准，一般依据饭店客房的数量、占地规模、销售额等来衡量。通常，客房在300间以下的为"小型饭店"，客房在300（含）～600间的为"中型饭店"，客房在600间及以上的为"大型饭店"。

2. 按接待对象分

旅游住宿产品根据主要客源定位的不同，可以分为商务饭店、公寓式饭店、度假饭店、汽车旅馆、机场饭店、会议饭店、综合饭店。

3. 按等级分

世界上通用的饭店等级评定与表示方法有星级制、字母表示法和数字表示法。对饭店等级的划分一般是按其设施的好坏和服务质量的高低两项指标进行的，它反映了饭店的价值和使用价值。根据《旅游饭店星级的划分与评定》（GB/T 14308—2023），我国饭店可分为五个等级，分别是一星级、二星级、三星级、四星级、五星级，其中五星级饭店为豪华饭店。

4. 经济型酒店

经济型酒店是"以大众旅行者和中小商务者为主要服务对象，以客房为唯一或核心产品，价格低廉（一般在300元人民币以下）、服务标准、环境舒适、硬件上乘、性价比高的现代酒店业态"。经济型酒店提供有限的服务，把服务功能集中在住宿上，减少了其他非必需的服务，从而大幅度削减了成本。一般来说，经济型酒店只提供客房和早餐（Bed & Breakfast），一些有限服务酒店还提供简单的餐饮、健身和会议设施。与一般社会旅馆不同的是，经济型酒店非常强调客房设施的舒适性和服务的标准化，突出清洁卫生、舒适方便的特点。经济型酒店的目标市场是一般商务人士、工薪阶层、普通自费旅游者和学生群体等，而高档酒店往往以高端商务人士、高收入阶层、公费旅客为主要目标市场。

三、旅游交通产品

旅游交通产品是实现旅游者空间移动的工具，旅游交通大多借助于公共交通，如飞机、轮船、汽车、火车。旅游景区出于环境保护、容量控制、旅游方便等的考虑，开发出了如景区电瓶车、公共汽车、自行车、索道等工具。由于旅游者有追新猎奇、享受生活的需要，诸如游轮、动车本身也成为旅游者享受的对象。

1. 公路

公路交通具有灵活方便的特性，既起到了交通动脉的作用，又起到了毛细血管的作用，可以方便地把旅游者运送到目的地。在现代交通体系中，无论采取哪种交通方式，最终都将与公路交通相连接。公路交通以其机动性强、运营成本低廉、对自然环境的适应性强等特征，给人们的出行带来了极大的便利，在中短途交通中占有重要地位。

选择公路出行主要有以下几种方式：长途客运、城际公交、自驾车、出租车。

2. 水路

水路交通是一种古老的交通方式，在航空运输大发展以前，水路交通是旅行者漂洋过海，进行远洋旅行的主要方式。与其他运输方式相比，水路交通具有运输能力强、安全性高、乘坐舒适、票价低廉等优点。

虽然轮船的速度较慢，但是恰恰在另一方面适应了现代旅游对慢生活的追求，许多轮船公司转而经营灵活的游轮业务，航行在著名的大江湖泊之中。游轮平稳、安全、舒适，乘坐游轮是一种享受。游轮已经从一种单一的水上交通运输工具转变成为集住宿、观光娱乐、休闲度假等多种功能于一身的旅游综合体，被誉为漂浮在水上的饭店。

3. 铁路

铁路交通具有运输能力强、运输价格低、安全性高、受天气影响小的优点，在我国旅游交通中占有重要地位。我国幅员辽阔，火车在人们探亲、旅行中起着重要作用。

随着最高运营时速为350千米/小时的京津城际高速铁路的开通，中国铁路已进入高铁时代。根据规划，我国将建立省会城市及大中城市间的快速客运通道，包括东西南北四纵、四横的客运专线网络，以及覆盖环渤海地区、长三角地区、珠三角地区的城际铁路网络。

4. 航空

航空交通相比其他运输方式，出现的时间比较晚，但是发展的速度比较快。第二次世界大战后，喷气式飞机的发展使长距离旅行得以实现。飞机速度快、飞行距离远、乘坐舒适、安全性高，是洲际旅游、国内远距离旅游的主要方式。

育德启智1-1　　　　　　　　　　　"中国交通"大步迈向新征程

在中国广袤的大地上，高速铁路网密布，时速350公里的"复兴号"飞驰而过，这是具有完全自主知识产权、达到世界先进水平的中国标准动车组，寿命更长，能耗更低，乘坐更舒适。复兴号的研制开通，让中国铁路进入了"中国标准动车组时代"，从跟跑到领跑，这是中国飞速发展的缩影。与此同时，时速600公里的高速磁悬浮列车也正在紧锣密鼓地研制之中。

对于交通运输建设的重要性，中国人有着最朴素的观念："要想富，先修路"。而中国复杂多样的地形，却为当代经济发展设置了不小的障碍。70年来，中国人民为求经济发展，攻克难关，凭借自力更生的精神、不断革新的技术，逢山开路、遇水架桥，让交通运输业实现了一次又一次新的跨越。

1957年，武汉长江大桥正式通车，大浪滔滔的江水之上有了第一座上为公路、下为铁路的双层大桥。此后60多年间，南京长江大桥等90多座长江大桥陆续建起，被历代视为天堑的长江，成了交通便利的通途。

西南地区的崇山峻岭中，高速公路或盘山而上，或穿山而过，陆续修建的泸定大渡河桥、北盘江大桥等7座特大桥梁，跨越峡谷和高山，让中国经济发展的势能传递到最偏远的地区。

被誉为"世界屋脊"的青藏高原上，青藏铁路穿过无人区、翻越唐古拉，犹如一条盘踞天边的巨龙，与青藏、川藏、滇藏、新藏四条入藏公路并肩，密切了西藏地区与其他地区的联系，让世代居住在高原的藏族同胞也能搭上中国经济发展的快车。

东部地区多个跨海大桥的修建，让沿海城市间不再被海湾阻隔，为东部经济带注入新的动能，其中港珠澳大桥堪称世界桥梁建设史上的巅峰之作，这个超级工程像一双翅膀，助力粤港澳大湾区向国际一流湾区迈进。

如今，中国"八纵八横"的高速铁路网新框架正在飞速构建之中，高速铁路营业里程超 2.9 万千米，居世界第一位；公路路网四通八达，高速公路总里程超过 14 万千米；民航面貌焕然一新，航线网络和机场规模不断拓展，大兴国际机场等城市双机场的投入使用，最大限度地实现空域优化，为区域发展带来新契机；港口建设步入高速发展阶段，全球港口吞吐量和集装箱吞吐量排名前 10 的港口中，中国港口占有 7 席。成熟的立体综合交通网络，将幅员辽阔的中国大地有机串联起来，每天，无数的人员、货物在这张交通网络上高效流转，为中国经济发展的引擎注入强大的动力。由交通大国到交通强国，中国正在大步迈向新征程。

资料来源：刘璟. 新中国 70 年印迹——"中国交通"大步迈向新征程〔EB/OL〕.〔2023-03-25〕. http://v.china.com.cn/2023-04/25/content_85252604.htm.

思政元素：交通强国　家国情怀

所思所感：交通是兴国之要、强国之基。党的十八大以来，习近平总书记深刻把握新时代我国发展的阶段性特征，对交通事业发展作出一系列重要论述，明确了我国交通运输发展的战略任务和路线图，为加快建设交通强国提供了根本遵循。继"交通强国"纳入党的十九大报告之后，国家"十四五"规划和党的二十大报告又将"交通强国"作为我国经济社会发展的重大战略进行决策部署。预计到 2035 年我国将基本建成交通强国，2050 年将全面建成交通强国。加快建设交通强国，提供安全、便捷、绿色、高效和经济的交通运输出行服务，既能够实现人口、资源和国土空间的有效配置，有力支撑区域协调发展战略和区域重大战略实施，协调城乡交通区域发展不平衡问题，又能够为国际贸易活动提供稳定发展的物流供应链体系，体现了中国式现代化建设对交通先行的具体要求。

四、游览产品

游览产品是旅行社产品的核心，是旅游存在的逻辑基础。其核心就是旅游景点、景区以及在一定地域内的文化元素，它们共同构成了旅游目的地。

传统意义上的游览对象主要是景区，而随着旅游的深入及全域旅游的发展，"游"的范畴已从传统的景区扩展到目的地的社会、经济、文化、物质和非物质对象。目的地的街区、文创、夜市、城市风格、生活方式甚至居民的好客程度，都可能成为吸引旅游者体验的对象。

物质产品固然重要，但依附于物质产品之上的服务在一定程度上决定着旅游体验的质量。如果说旅游设施是旅游业发展的硬件，那么旅游服务就是旅游业发展的软件。随着国内旅游硬件的逐步完善，旅游业的竞争也转移到旅游服务等软实力的建设上。目的地旅游服务水平体现在以下几个方面：一是完善的旅游导引系统，方便旅游者从交通要道、交通港口进入目标景区、景点及其他旅游接待设施；二是完善的旅游咨询系统，包括人工智能、旅游网络、人工咨询平台；三是居民热情友好的态度，这是旅游交往的基础，是愉悦旅游体验的根本；四是服务人员的服务技能熟练；五是对突发事件以及旅游投诉的处理方式。旅游服务是一个地区综合实力的体现，并非一朝一夕能够改变的，它深受当地的历史文化传统、生活习俗、经济文化发展水平以及民族或区域性格的影响。

五、旅游商品

旅游商品是旅游者在旅游过程中所购买的有形产品，包括工艺美术品、纪念品、土特产品、食品、生活用品等，以满足旅游者纪念、馈赠、收藏、生活等方面的需要。丰富的旅游商品往往也成为旅游目的地的重要吸引力，如香港以其产品质量有保证、产品丰富吸引了大量内地游客。海南省为打造世界旅游岛，也大力发展免税商店。

我国旅游消费者购买能力强，面对这种情况，旅游企业一方面要引导大家合理消费，或者设计专门的购物团，满足大家的购物需求；另一方面要创造条件扩大国内的旅游购物消费市场，把旅游购物消费留在国内。海南岛对购物实行免税也是国际通行的做法，目的就是刺激旅游购物消费。三亚国际免税城营业面积达 7 万平方米，是全球最大的单体免税店，已成为海南国际旅游岛独具特色和活力的综合旅游零售目的地；三亚国际免税城良好的购物环境和完善的配套设施，配合离岛免税购物的特点和优势，使其成为海南国际旅游岛的一张金名片。

但是由于多方面的原因，长期以来，购物一直是旅游者投诉最多的一个环节，因此也严重抹黑了旅游业、旅行社、导游。旅行社在设计产品时，针对购物一定要严格遵守《中华人民共和国旅游法》的规定，不得强迫旅游者购物、消费，要做到使旅游者去符合规定的购物场所购物，这样所购的产品质量才会有保证。

六、旅游娱乐产品

游乐园、酒吧、棋牌室、康体健身产品也是旅行社产品的重要组成部分。它们或者专门为满足旅游者的需要而开发设计，或者在客观上满足了旅游者的需要。无论从其价值构成还是属性上来说，它们都是旅行社产品不可或缺的内容。娱乐项目是构成旅游的刺激点、兴奋点和记忆点的关键因素，作为参与性、互动性、消遣性和文化性的活动元素，如漂流、滑雪、骑马、冲浪、演出、主题乐园，已越来越受到游客的青睐。

旅行社进行产品设计时，一是可以增加参与性文娱项目；二是可以以娱乐项目为中心设计主题性旅游产品；三是可以借力娱乐项目增强产品特色，如选择文娱功能强的酒店、文娱活动丰富的目的地等让游客自由消费，从而提升旅行社产品的活力。

在线课堂1-3

旅行社产品的
价值构成

主题三　旅行社产品的价值构成

旅行社产品特别是综合性产品，不但由食、住、行、游、购、娱六要素构成，还有附加在单项产品元素上的综合服务。旅游者购买旅行社产品，不仅消费了各种实物，还获得了一种"保姆式"服务，更重要的是通过旅行社专业的设计、服务获得了旅游体验。从价值上看，旅游者获得了物质利益、服务利益以及旅游体验。

一、旅行社产品价值的构成要素

根据旅行社产品所提供的价值，也就是旅行社产品提供给旅游者的利益来划分，旅行社产品可以分为核心产品、展现产品和附加产品。

1.核心产品

核心产品是指满足旅游消费者的基本利益和具有核心价值的部分，是旅游购买和旅游消费的主要目的。旅游消费者通过消费旅行社的核心产品获得旅游满足感，这也是旅游者所追求的本质。旅游者不惜长途跋涉，付出时间、金钱、体力等代价，目的是获得良好的旅游体验。旅游者追求的是愉悦的体验，旅游体验就是旅行社产品的核心利益。

人们在探讨旅行社产品时，常常认为旅游服务具有无形性，从旅行社产品的核心利益即旅游者的旅游终极追求来看，旅游体验恰恰是旅行社产品无形性最强有力的解释。无论是观光游还是度假游，无论是豪华游还是经济游，旅游者期望获得的良好的旅游体验不变。旅行社产品的核心利益在不同的产品间并无本质上的差异，不因旅游者的身份、旅行社产品的类型、产品的档次而变。

旅行社产品是一种特殊产品，具有综合性、文化性、生产与消费同步性、所有权不可转移性等多方面特征。核心产品是与旅行社产品文化性紧密相关的部分。文化是旅行社产品的灵魂，这就要求旅游者有一定的文化欣赏能力、一定的文化品位，旅游消费的对象要具有一定的文化内涵，旅行社产品的生产与服务主体需要具有较强的产品设计能力和文化把握能力。

2.展现产品

行业视窗1-3

用深度有内涵
的讲解打动
游客

展现产品也称为形式产品，是实现核心产品价值和效用的载体，是实现旅游者核心利益的手段。展现产品是旅行社产品的具体表现形式，其能够把不同的产品类型、产品质量区分开来。

展现产品可以分为物质载体、服务载体、品牌载体三种类型。

物质载体是旅游者可以通过感知器官感受到的部分，如旅游消费六要素中可以直接看见的实物部分，或者通过服务人员的有形服务、微笑和关怀感受到的部分，如饮食的风味、档次、口感，酒店的建筑、设施设备、规模档次等。

服务载体包括三类，即任何其他产品要素提供者的服务、目的地的整体服务水平、旅行社服务。其中，旅行社服务包括导游服务、旅游咨询与接待、产品设计、计调安排等。其中任何一个服务要素存在问题，都会影响旅游体验，影响旅游者的满意度。基于此，旅行社常常承受了一些不能承受之重，导游更是被推到风口浪尖，蒙受"不白之冤"，俗称"背锅"。旅行社产品的特色是否鲜明、主题是否突出、线路安排是否合理都与消费的旅游体验直接相关。此外，旅游咨询、计调安排、旅游服务及投诉建议等也会影响旅游消费者的感受。

品牌载体包括旅行社的形象、口碑等经营要素，这是企业长期在消费者心目中建立起来的形象，对于旅行社产品的购买、认知、期望和评价都会产生积极或消极的影响。

3.附加产品

附加产品也称延伸产品或者追加利益，它是消费者在购买和消费旅行社产品时获得的附加服务和利益，是旅行社产品中除必须提供的核心利益之外所追加的服务和利益，它能把旅行社的产品与其他公司的产品进一步区分开来。如与名人相伴游、知名主播带您游，旅行社组织的俱乐部、各类讲座、顾客回馈活动等，都能够使游客获得更多的延伸和附加服务。

实际上，附加产品已经从整体营销上参与了企业的战略布局，附加产品的提供已经超越了单个产品，或者不依附于单个产品。如客户俱乐部会将具有某类共同特征的消费者组成具有某种联系的群体，通过不同形式的活动形成一个交际圈，为其提供旅游之外的价值，并且使其成为企业的忠实顾客。旅行社产品的消费是一个连续的过程，具有重复购买的特点，附加产品常常能够给客人带来意外惊喜，提高客人的满意度和重复购买率。

附加产品具有独特的个性，有经验的旅行社可以通过提供附加产品，进一步提高产品的特色与区分度，从而提高市场竞争力。但是随着旅游者消费经验的增加、消费需求的变化，以及同行的模仿，附加产品会逐步转化为展现产品，企业需要不断创新，寻求新的附加产品，给顾客新的价值体验。

✿ 学思悟行1-1

党的二十大报告指出："人民性是马克思主义的本质属性，党的理论是来自人民、为了人民、造福人民的理论，人民的创造性实践是理论创新的不竭源泉。一切脱离人民的理论都是苍白无力的，一切不为人民造福的理论都是没有生命力的。我们要站稳人民立场、把握人民愿望、尊重人民创造、集中人民智慧，形成为人民所喜爱、所认同、所拥有的理论，使之成为指导人民认识世界和改造世界的强大思想武器。"

思考：请你结合旅游业发展趋势和人民群众对旅游的需求，谈一谈在旅游服务中如何坚持人民至上的立场、观点和方法。

二、价值构成对旅行社产品设计的启示

1.牢牢把握旅游的本质，提高旅行社产品质量

从产品的价值来看，旅游消费的目的是获得愉悦的体验，通俗地说就是花钱买享

受，绝不是花钱买罪受。旅游者之所以对旅游不满意，投诉甚至诉诸媒体、法律，根本原因在于旅游体验不佳、核心利益没有实现。最为典型的例子是零负团费，旅游经营者俨然站在与顾客对立的角度，用非正常手段将游客招徕来，再通过各种手段诱导游客二次消费，这是"自掘坟墓"的不智之举。旅行社产品设计者要站在市场的角度，以是否能够带来好的旅游体验为出发点来设计产品。这需要不断地提高产品的设计水平，持续深入地研究市场消费的时尚、热点、喜好，针对不同市场设计出不同主题、不同特色、不同线路、不同性质和不同档次的产品。在设计产品时要守住法律与道德的底线，不要生产零负团费产品，要剔除产品中价值不高的"忽悠"元素与消费陷阱；要提高产品设计的站位，将真正能够为游客带来利益的景区、景点、娱乐活动等元素体现在产品中。

2.重视协同创新和服务创新，提高游客满意度

游客选择旅行社是因为旅行社能够提供游客自己所不能、所不便的服务，因此旅行社应重视创新。一是注重内部协同创新。旅行社产品就是服务，产品设计的水平本身就能提高游客满意度。旅行社产品的设计很难按制造业流水线上的流程进行不同环节的明显切割，产品的设计行为并不是孤立存在的，而是延伸到产品设计的前、中、后，产品设计需要来自企业内部、外部的协调配合和协同创新。二是注重服务创新。好的产品需要设计，设计好的产品需要旅游服务的落实与创造性执行，二者完美配合方能相得益彰，锦上添花。尤其是作为"设计后的产品"的主要落实者，导游服务至关重要。所谓"祖国山河美不美，全凭导游一张嘴"，旅行社要在导游培养、激励机制等方面不断进行改革创新，培养出一批优秀的导游。

3.建设学习型组织，提高旅行社竞争力

当前，旅行社面临线上旅游的竞争压力、来自游客的高要求的压力、来自自身经营水平的压力。面对不断变革的旅游环境和巨量的旅游消费市场，旅行社一方面要"固强与培优"，将传统的团队旅游、旅游服务的优势发扬光大。无论旅行多么便捷，技术多么先进，服务多么智能，服务的比重都会越来越大，服务从业人员的比例也将越来越大。因此，旅游服务的需求会越来越多，旅行社要不断提高创新能力，提高产品的供给水平，通过人的服务优势创造更多的价值，提供比旅游者自助游、网络游更多的利益。另一方面要"补短与突围"，进行学习型组织建设，提高企业的组织学习能力。向 OTA（Online Travel Agency，在线旅行社）学习，提高旅游电子商务水平；向集团化公司学习，提高资源的整合能力，延伸产业链；向新经济学习，创新旅游经营模式、服务模式和盈利模式。

在线课堂1-4

[QR码]

旅行社产品的
特点

主题四　旅行社产品的特点

旅游业是现代服务业，旅游产品是一种以服务为主的综合产品，旅游产品中既有有形的物质产品，又有无形的服务。学术界对旅游产品的研究较多，对旅游产品特点

的研究也基本达成了共识。一般认为，旅游产品具有综合性、文化性、服务性、季节性、生产与消费同步性、不可储存性、不可转移性等特点。然而，由于旅游产品生产与构成的特殊性，因此对其特点的认识不能过于绝对。

　　旅行社作为旅游业中的中介性企业，其产品的生产具有特殊性，不同于一般的工农业生产的产品，也不同于旅游业内部要素产业生产的产品。从产品设计的角度来看，旅行社应特别注意产品的综合性、时效性、有形性与无形性相结合的特点，并根据产品的特点进行设计策划。

一、综合性

　　旅行社产品最典型的特征就是综合性，旅行社将不同行业企业生产的旅游单项产品组合成综合性产品，打包销售给旅游者。这一点与制造业企业的"整机"厂商极为相似，"整机"厂商将采购的零部件组装成可以使用的终端产品。旅行社产品的综合性主要表现在以下两个方面：

1.产品内容的综合性

　　旅行社产品由旅游核心的吸引物、旅游服务设施、旅游服务、旅游保险等构成，多个单项产品被旅行社根据市场、价格等因素进行不同形式的组合，以满足旅游者旅游过程中的综合性需要。从要素上看，旅行社产品由食、住、行、游、购、娱六大要素构成；从整体产品上看，旅行社产品由旅游吸引物、旅游基础设施和旅游专门设施、旅游服务、旅游可进入性构成；从价值上看，旅行社产品由核心产品、展现产品、附加产品构成。

2.产品供给的综合性

　　旅行社将产品要素采购进来，进行再加工、再生产，配备服务要素，以单项产品和包价产品的形式出售给旅游者。旅行社产品涉及众多要素与服务，需要依靠多部门和多行业协同生产。旅行社产品涉及的部门和行业很多，其中有直接向旅游者提供产品和服务的部门和行业，也有间接向旅游者提供产品和服务的部门和行业。旅行社产品的综合性给旅行社产品的设计、质量的控制带来了难度，任意一个部门和因素发生变化，都会直接或间接地影响到旅行社产品生产和消费的顺利实现，这充分考验着旅行社的资源整合能力和综合实力。

二、时效性

1.季节性和时令性

　　旅行社产品依赖的要素如自然风景等受季节变换影响，如秋赏红叶、冬看冰雪等都要在特定的时间进行。一些人文文化活动，如龙舟赛等受民俗、时令的影响。

2.不可储存性

　　服务类产品具有不可储存性，当日或当期未完成的销售量或空余服务量很难储存，如飞机、游轮等舱位一旦当期未完成销售，就会造成实质性损失。这就提醒企业要注重时效，加强营销，扩大当日或当期销量。

行业视窗 1-4

反向游能持续
走热吗？

3.易受影响性

旅游活动涉及人与社会、人与人之间的诸多关系，如国际关系、政府政策、经济状况、汇率变化等，这些关系都会引起旅游需求的变化，并由此影响旅行社产品的生产和消费。

根据旅行社产品时效性的特点，对旅行社来说，其必须根据环境、时势、趋势等追踪热点，预判影响，做好产品开发的储备及应急方案。

三、有形性与无形性相结合

有形性是指旅行社产品可以被直接感受到，如食、住、行等方面；无形性是指旅行社产品不能被感官直接感触到，如服务的档次、水平、产品特色等。

旅行社产品作为一种服务产品，服务的水平、档次自然十分重要，但是旅游线路中的饭店、交通、游憩设施等消费者可以直观感受的因素直接决定了旅游者的旅游体验。这给旅行社产品设计的启发是，随着消费需求的提高，要越来越重视旅行社产品中有形产品的选择与质量监控，不能因为产品的无形性而忽视了有形产品，无形产品的体现恰恰是建立在有形产品基础之上的，否则便成为无源之水、无本之木。

本章小结

旅行社产品，即旅行社提供给旅游者的单项产品、综合产品和有机服务的总和。旅行社产品是一个整体概念，是一系列单项产品和服务有机组合而成的综合产品，旅行社产品的典型形式是旅游线路。从旅游需求者的角度来说，旅行社产品就是旅游者在一次旅游活动中所消费的全部产品和服务。从旅游经营者的角度来说，旅行社产品是指旅行社为满足旅游者旅游过程中的各种需要，而凭借一定的旅游吸引物和旅游设施为旅游者提供的综合性有偿服务。

从要素上看，旅行社产品由食、住、行、游、购、娱六个方面构成；从价值上看，旅行社产品由核心产品、展现产品和附加产品构成。旅行社产品设计不但要对六个要素进行合理配置，而且要依据产品的价值构成进行有针对性的策划。在产品策划时还要综合考虑旅行社产品的综合性、时效性、有形性与无形性相结合的特点。

知识听记1-1

项目一

主要概念

旅行社产品　旅游线路　旅行社产品的要素构成　旅行社产品的价值构成

思考讨论

1.什么是旅行社产品？

2.旅行社产品与旅游产品、旅游线路有什么不同？

3.旅行社产品要素构成有哪些？如何配置产品要素？

4.什么是旅行社产品的价值构成？

5. 旅行社产品的价值构成对产品设计有什么启发?

6. 旅行社产品有哪些特点?

项目作业

选择两家旅行社的产品,根据本章所学的知识对其进行比较。

项目二
旅行社产品设计认知

学习目标

1. 掌握旅行社产品设计内涵，能够明确产品设计对现代旅行社经营的意义。

2. 理解与掌握旅行社产品设计的理论基础，区分不同理论的内涵及意义，能够用相关理论判断旅行社产品的优劣。

3. 掌握旅行社产品设计的理念，能够辨析不同理念之间的差异，会根据相关理念设计旅行社产品。

4. 提升对本专业的认知度、理解度和热爱程度。

知识导图

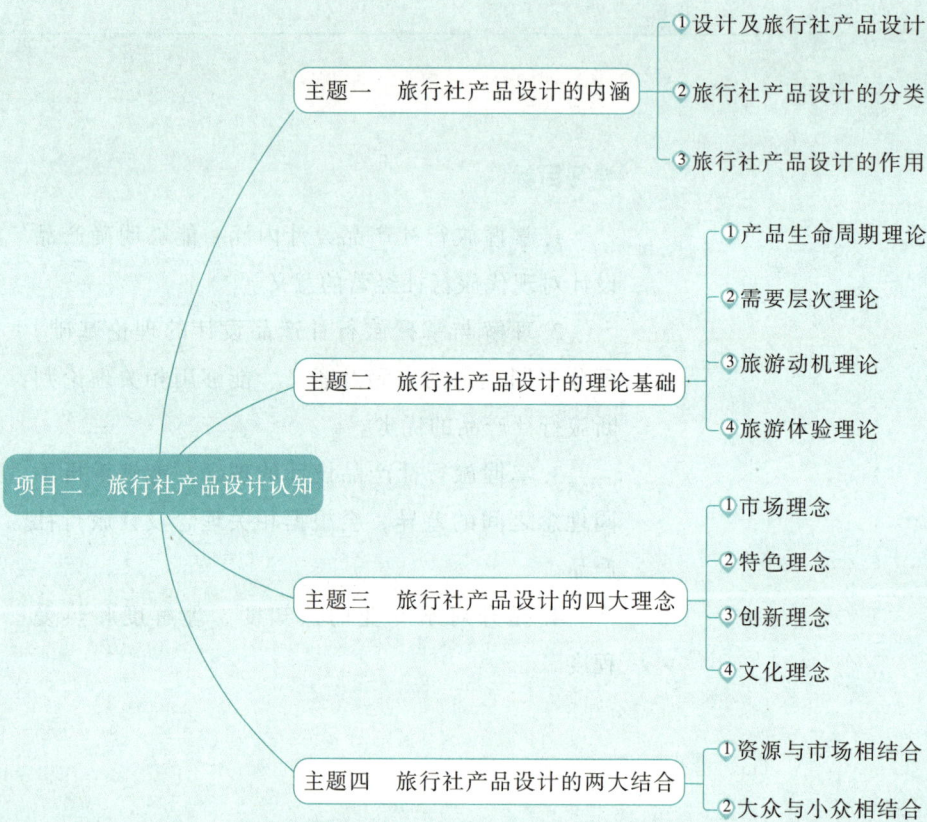

项目二　旅行社产品设计认知

主题一　旅行社产品设计的内涵
① 设计及旅行社产品设计
② 旅行社产品设计的分类
③ 旅行社产品设计的作用

主题二　旅行社产品设计的理论基础
① 产品生命周期理论
② 需要层次理论
③ 旅游动机理论
④ 旅游体验理论

主题三　旅行社产品设计的四大理念
① 市场理念
② 特色理念
③ 创新理念
④ 文化理念

主题四　旅行社产品设计的两大结合
① 资源与市场相结合
② 大众与小众相结合

主题一　旅行社产品设计的内涵

　　旅行社经营业务涉及生产、供应、销售环节，而设计是生产的前提，产品设计水平不高、品位不高、质量不高就跟不上当前旅游消费的变化趋势。设计在现代旅行社经营管理中处于重要位置，旅行社从业人员应该懂得旅行社产品设计的内涵、原理与方法，使旅行社产品由粗放向精细与特色转变，不断对其进行创新，满足市场的需求。

在线课堂2-1

什么是旅行社
产品设计

一、设计及旅行社产品设计

1.设计

　　对于设计的概念，学者们有着不同的表述，如：①设计是按照任务的目的和要求，预先制订出工作方案和计划，绘出图样。②设计是对一种设想进行合理的规划、周密的计划，通过各种感觉形式传达出来的过程。③设计，指设计师有目标、有计划地进行技术性创作与创意的活动。设计的任务不只是为生活和商业服务，同时也伴有艺术性创作。④设计是为构建有意义的秩序而付出的有意识的、直觉上的努力。第一是理解用户的期望、需要、动机，并了解业务、技术和行业上的需求和限制。第二是将这些所知道的东西转化为对产品的规划（或者产品本身），使得产品的形式、内容和行为变得有用、能用、令人向往并且在经济和技术上可行。

　　综合以上观点可以发现，设计是一个高级的智力活动过程，具有较强的计划性和目的性，注重对已有资源与技术的充分分析，特别强调结果的可行性。

2.旅行社产品设计

　　旅行社产品设计是指以市场为导向，根据旅游资源和旅游企业的竞争优势、战略目标，有目的、有计划、系统地对旅行社产品进行开发、优化的过程。

　　广义的旅行社产品设计包括产品体系设计、产品线路设计、产品品牌设计、产品营销设计等。

　　狭义的旅行社产品设计是指产品线路设计，即根据市场需求，按照一定的设计方法，策划出一系列具有一定主题、性质、特色、出游时空安排可行、要素配置科学的不同类型的综合性旅游产品。

二、旅行社产品设计的分类

　　旅行社产品设计是指向市场的，具有比较明确的目标市场与比较明确的目的。根据购买目的是否明确，旅行社产品设计可以分为委托设计与非委托设计。

1.委托设计

　　委托设计也称为定制，是在购买意向比较明确，或者旅游目的地相对明确，或者出游时间明确的情形下为旅游者个人或者集体设计产品的过程。产品定制因为服务对象已经比较明确，并且可以进行面对面的沟通，能够充分了解旅游者的各种需求、特殊偏好和消费档次，所以设计的产品更具有针对性。

2.非委托设计

非委托设计是在市场购买者不明确的情况下，通过市场调研，针对不同的目标市场设计不同的产品组合，并根据季节、时间和其他政治、经济环境的变化，及时调整、适时推出，不断进行动态开发，以此达到实时销售、产品宣传和游客招徕的目的。

三、旅行社产品设计的作用

1.引导旅游需求

旅行社产品设计是对旅游的供给侧进行革新，通过产品设计的有效工作，满足与超越旅游者的需求。当前，旅游者对传统的观光游、跟团游并不满意，进而给旅行社的业务造成了较大的影响。传统的旅游方式、经营模式受到了极大的挑战，而产品设计能够挖掘与重塑传统旅行社的服务优势，通过系统化、体验化的产品设计，满足新时期旅游者的需要，引导旅游者向品质旅游、优质消费转变。

2.提高产品供给力

旅行社产品的设计不同于其他产品的设计，一般来说，旅游线路不可以注册商标，难以受到知识产权、商标注册的保护。长期以来，业界对旅行社产品的设计一直停留在模仿与抄袭的低水平上，产品的创新积极性不高、创新程度较低，创新产品匮乏。因此，市场上旅行社产品虽众多，但在数量、结构、质量上都不能满足市场的需求。加强对旅行社产品设计人员的教育、培训，可以提高从业人员设计旅行社产品的意识和能力，从而培养一批产品设计能手，进而切实提高产品的供给力。

3.提高竞争力

后互联网时代，旅游互联网发出了"内容即产品、服务即营销"的呼声，旅游消费开始向"产品"和"服务"回归。旅游业是典型的服务业，具有生产与服务同一性的典型特征，能提供面对面的、人性化的、个性化的服务，这恰恰是旅行社的优势。当前，自助游成为旅游消费的一种趋势，但是随着人们生活水平的提高，专业化分工越来越细，人们愿意将自己可以做的事务"外包"出去，获得更高质量的产品和更高水准的服务。如果说OTA的优势在于技术和渠道，那么旅行社的优势就在于产品和服务。旅行社产品设计是一种主动满足需要、创造需要的积极行为，通过产品设计对不同的旅游元素进行组合，融入旅行社专业的服务中，赋予产品主题和生命，可以有效提高旅行社产品的吸引力，提高旅行社的竞争力，提高旅游者的满意度。

主题二　　**旅行社产品设计的理论基础**

一、产品生命周期理论

产品生命周期（product life cycle）是市场营销学的基本理论之一，是指产品从进入市场到最终退出市场所经历的全部过程。就如同人的生命经历形成、成长、成熟、衰退这样的周期一样，产品也要经历导入期、成长期、成熟期、衰退期四阶段的产品生命周期。

1.产品生命周期

（1）导入期。新产品投入市场便进入导入期。此时，由于知名度不高、市场占有率低，销售量很低，产品有待进一步完善。

（2）成长期。随着产品知名度的提高，市场逐步扩大，销售额迅速上升，利润也迅速增长。

（3）成熟期。其表现为具有较高的、稳定的市场占有率，市场增量较低，一般处于低增长或者波动增长状态。

（4）衰退期。由于市场环境和消费需求的变化、竞争产品和替代产品的出现，产品的销售额和利润额迅速下降，产品进入衰退期。

2.产品策略

根据产品生命周期理论，不同的市场阶段呈现出不同的市场规律，企业可以根据各阶段的特点制定有针对性的营销组合策略（4P）。在产品方面，导入期需要根据反馈进一步完善产品；成长期需要在功能、类型和用途方面不断地改善产品的质量，吸引更多的顾客；成熟期需要不断开发新的市场，保持和扩大市场份额，不断进行产品改良，维持并提高销量；衰退期需要采取维持、集中、收缩或者放弃策略等。

能够满足所有旅游者需要的旅行社产品是不存在的。从观光游到休闲度假游、从团队游到自由行、从国内游到国外游、从传统游到新形态游无不体现了产品升级、产品迭代、产品替代的规律，没有一个产品能够一劳永逸地存在下去。但是产品生命周期也不是简单表现为抛物线形，成熟期后一定下跌，在弄清了影响旅行社产品生命周期的因素并作出明智决策之后，"长寿"的目标是可以达到的。

二、需要层次理论

需要是个体缺乏某种东西时产生的一种主观状态，也就是个体对一定事或物的需求和追求。按起源划分，需要可以分为自然需要和社会需要。自然需要又称为生理需要，是人类维持生命和繁衍后代的必要条件。社会需要指人类在一定社会环境中，对劳动、知识、社会道德、审美、宗教信仰、成就、尊重等方面的需要。

按对象划分，需要可以分为物质需要和精神需要。物质需要是指人们对物质和物

在线课堂2-2

旅行社产品生命周期与产品设计

行业视窗2-2

"Z世代"为什么热爱红色旅游

质产品的需要。精神需要是指人们对精神生活和精神产品的需要，如对知识、审美、艺术鉴赏、宗教信仰、道德、友谊、荣誉、地位、成就、自尊等方面的需要。

马斯洛把人类多种多样的需要归纳为五大类：生理的需要、安全的需要、社交的需要、尊重的需要和自我实现的需要。这五种需要按照其发生的先后顺序，由低级至高级呈金字塔形依次排列（如图2-1所示）。

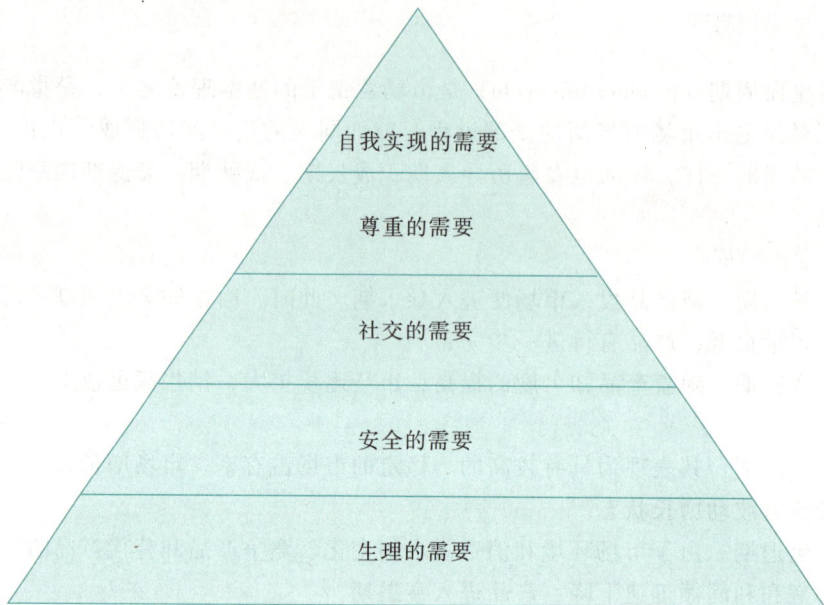

自我实现的需要

尊重的需要

社交的需要

安全的需要

生理的需要

图2-1　马斯洛需要层次理论

（1）生理的需要。这是人类维持自身生存和繁衍的需要，也是人类最基本、最原始的需要，包括对食物、阳光、空气、水等的需要，它是推动人们行动的最强大的动力。个体生理的需要也可帮助我们理解人们的某些旅游行为。

（2）安全的需要。人的生理需要得到满足以后，就会出现安全的需要。人们需要获得生命和财产的安全，要求避免生活中意外事件的发生等。随着旅游业的不断发展，旅游者对安全的需要越来越强烈。人们外出旅游希望饭店能提供卫生可口的饭菜，希望景区能够有很好的防护设施以保证他们的生命安全。此外，旅游目的地的治安情况也逐渐成为人们外出旅游考虑的重点。

（3）社交的需要。社交的需要是归属和爱的需要，即人与人之间交往、联系、友谊、爱情等方面的需要。社交的需要比生理的需要抽象，它受个体的生理特性、经历、教育、宗教信仰等的综合影响。

（4）尊重的需要。这是人对自尊心和荣誉感的需要，包括希望别人尊重自己和自我尊重。在现实生活中，人的自尊需要的满足会使人有自信的感觉，会认为自己在这个世界上有价值。一旦无法满足尊重的需要，人就会产生自卑感、软弱感、无能感，最后导致失去基本的信心。

（5）自我实现的需要。自我实现的需要是指实现个体的理想抱负，即发挥个体的最大潜能。自我实现需要的确切含义因人而异，这也是因为人的潜力各不相同。对教师来说，自我实现意味着桃李满天下；对作家而言，则意味着在文学领域取得一定的成就；对旅游者而言，则意味着身心、智力的开发与挑战。

旅游需要是支配旅游行为最基本的内驱力，是旅游动机产生的基础，也是我们研究旅游者行为的出发点。不同的需要指向不同的需要目标，也就是诱因。比如，有的人特别热衷自然景观，有的人却特别喜欢人文景观；在选择旅游交通工具时，有的人喜欢乘坐汽车，有的人喜欢乘坐火车。

根据旅游者的不同需要（诱因），旅行社可以采取有针对性的产品设计策略（见表2-1）。

表2-1　　　　　　　　　　　需要层次及产品设计策略

需要层次	诱因（目标）	产品设计策略
生理的需要	饮食、睡眠、保暖与避暑	在吃、住、行方面满足与超越旅游者的需求，选择合适的旅游时节
安全的需要	人身安全、财产安全、心理安全	旅游要素具有安全保障，购买旅游保险，进行安全教育和安全救援，避免各类风险
社交的需要	探亲访友、结识朋友、寻根访祖	精选与安排旅游伙伴，策划旅游社交活动与社交场景，策划主题旅游
尊重的需要	自我尊重、对他人尊重、被他人尊重	设计高档旅游产品、品牌旅游产品，提供优质旅游服务，进行特殊仪式的设计
自我实现的需要	创造力、挑战力、审美力	安排刺激性活动、挑战活动、运动娱乐项目、探险旅游、特种旅游项目

三、旅游动机理论

1.旅游动机的概念

旅游动机是推动人们进行旅游的内部驱动力。旅游动机是在旅游需要的刺激下，直接推动人们去进行旅游的内部动力。旅游动机产生的客观条件主要可以归纳为三类：时间条件、经济条件和社会条件。

2.旅游动机的类型

通过对现代旅游者各种旅游行为的研究，旅游动机大致可以分为如下两类：

（1）托马斯的18种旅游动机（见表2-2）

表2-2　　　　　　　　　　　托马斯的18种旅游动机

教育和文化方面	休息和娱乐方面	种族传统方面	其他方面
①看看其他国家的人们如何工作、生活和娱乐	⑤摆脱日常单调的生活	⑧访问自己的祖居地	⑩天气
			⑪健康
			⑫运动
②参观独特的风景名胜	⑥过得愉快		⑬经济
③更好地理解新闻报道中的事件	⑦获得某种浪漫的经历	⑨拜访自己的亲属或朋友	⑭冒险活动
			⑮胜人一筹
			⑯顺应时尚
④体验特殊的旅游经历			⑰研究历史
			⑱社会学

（2）麦金托什的旅游动机论

美国学者麦金托什将旅游动机分为生理方面的动机、文化方面的动机、人际交往方面的动机以及地位和声望方面的动机四种类型。

生理因素诱发的动机是指获得机体的休息、参加体育活动、消遣娱乐以及对健康的考虑等。文化因素诱发的动机是指获得有关其他国家知识的愿望，包括它们的音乐、艺术、民俗、舞蹈、绘画和宗教等。人际因素诱发的动机主要包括结识各种新朋友、走亲访友、避开各种繁忙的工作以及建立新的友谊等愿望。地位和声望因素诱发的动机包括希望别人承认、引人注意、受人赏识和具有好名声等愿望。

旅游动机具有多元性，是广泛性和多样性的统一。旅游活动是一种复杂的社会活动，旅游者需要借助旅游来满足自身的各种需求。同时，旅游活动还受到各种客观环境的干扰，旅游动机也会随着客观环境的变化而变化。每一个旅游者的行为不仅仅是由某一种动机所决定的，还是多种动机共同作用的结果。

四、旅游体验理论

1. 旅游体验的内涵

美国学者约瑟夫·派恩和詹姆斯·吉尔摩合著的《体验经济》一书认为，体验是当一个人的情绪、体力、智力甚至精神达到某一特定水平时，其意识中所产生的美好感觉。旅游体验是一种以超功利性体验为主的综合性体验。例如，旅游者可以在风景观赏中获得审美愉悦，可以在与人交往中品味多彩人生，可以在积极模仿他种角色的过程中发现和发展自我，也可以在旅游消费过程中享受世俗之乐。旅游体验以追求旅游愉悦为目的。旅游愉悦是指旅游者在欣赏美的世界、享受美的人生时所产生的一种愉快的心理体验。旅游体验的层次如图2-2所示。

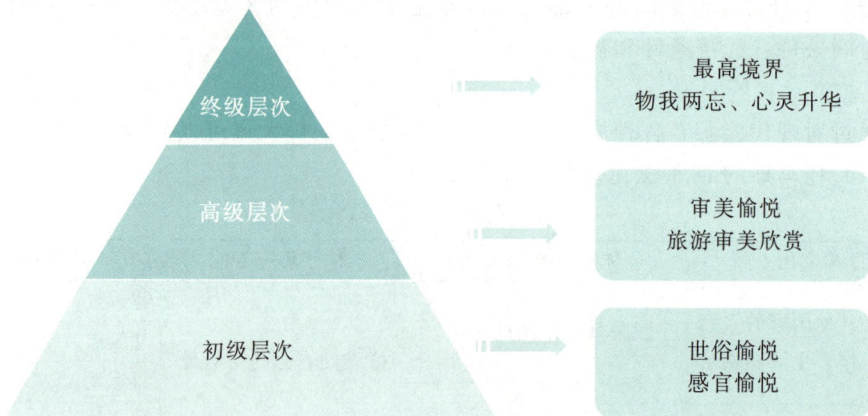

图 2-2　旅游的体验层次

🔄 **学思悟行 2-1**

党的二十大报告指出："全面建设社会主义现代化国家，最艰巨最繁重的任务仍然在农村。坚持农业农村优先发展，坚持城乡融合发展，畅通城乡要素流动。加快建设农业强国，扎实推动乡村产业、人才、文化、生态、组织振兴。全方位夯实粮食安全根基，全面落实粮食安全党政同责，牢牢守住十八亿亩耕地红线，逐步把永久基本农田全部建成高标准农田，深入实施种业振兴行动，强化农业科技和装备支撑，健全种粮农民收益保障机制和主产区利益补偿机制，确保中国人的饭碗牢牢端在自己手中。树立大食物观，发展设施农业，构建多元化食物供给体系。发展乡村特色产业，拓宽农民增收致富渠道。巩固拓展脱贫攻坚成果，增强脱贫地区和脱贫群众内生发展动力。统筹乡村基础设施和公共服务布局，建设宜居宜业和美乡村。巩固和完善农村基本经营制度，发展新型农村集体经济，发展新型农业经营主体和社会化服务，发展农业适度规模经营。深化农村土地制度改革，赋予农民更加充分的财产权益。保障进城落户农民合法土地权益，鼓励依法自愿有偿转让。完善农业支持保护制度，健全农村金融服务体系。"

思考：请你结合旅游业的作用，谈一谈如何通过发展乡村旅游促进乡村振兴。

2.旅游体验的测量

（1）主观指标

旅游体验是一种主观心理感受，通过消费前的期望与消费后的获得感之间的值差，产生满足感、淡漠感、失望感等。当旅游体验大于旅游期望时，消费者会获得兴奋和满足感；当旅游体验与旅游期望相符时，消费者会比较镇定；当旅游体验小于消费预期时，消费者就会感到失望（见表2-3）。

表2-3 　　　　　　　　　　　旅游期望与体验的关系

旅游期望与体验的关系	心理感受
旅游体验>旅游期望	兴奋感（满足感）
旅游体验=旅游期望	镇定感（淡漠感）
旅游体验<旅游期望	挫败感（失望感）

（2）瑟斯顿量表或李克特量表

根据瑟斯顿量表或李克特量表，我们可以对旅游者的体验质量进行定量测量，从而为掌握旅游体验质量、提高产品设计水平提供依据。量表的基本原理是对消费者的主观感受进行数量转化，将内在心理感觉外化为不同尺度的语义，并对不同的语义进行相应的赋值，从而可以定量测量并进行科学比较。例如，要了解旅游者对某次旅游的导游讲解是否满意，可以设计这样的题目：

您对导游的讲解深入性的评价是：

A.非常满意　　B.比较满意　　C.一般　　D.不满意　　E.非常不满意

在进行统计时，将A、B、C、D、E选项分别赋值为5、4、3、2、1，通过计算游客对导游讲解服务的评价（体验）均值，也可以对比不同类型游客对导游讲解服务评价（体验）的差别，为提高讲解服务水平提供依据。

根据旅游体验理论，旅行社应该注重产品设计的"三性"：休闲性、兴奋性和参与性。传统的观光型旅游产品满足了人们对风景名胜、历史古迹的审美需求，但对人们休闲需求的关注不够，致使旅游产品价值单一、旅游者收获单一。旅行社产品设计人员应站在旅游者的立场上，挖掘分散在社会生活中的休闲要素，包括休闲的设施设备和人们的休闲活动，增加目的地旅游产品中的参与要素、娱乐要素、体验要素，以多样化的旅游活动来提升旅行社产品的价值，以体验式的旅游方式来组织旅游者的旅游活动。如果游客对目的地或参与的活动已经有所了解或有所体验，那么他对旅游活动的评价会大打折扣；反之，就会在高兴、感叹、激动、惊险等多种心情的组合和变化中度过，这种超出"期待"而表现出来的心情即"兴奋"。"兴奋点"的设计必须研究旅游消费者的心理，使旅行社产品成为非常受欢迎的产品。产品开发中的参与性不仅仅体现在让游客参与到旅游活动中，还包括参与到产品设计中。旅游活动从团队主导型转向散客主导型的过程中，传统的旅游方式趋向自主、自组、自助式，产品的主导权逐步转向消费者。

旅行社在新型团队游产品的设计开发中，要增加体验性服务和定制产品。一些旅行社与互联网企业及媒体合作，搭建模块化组合平台，同时把销售人员培养成旅游线路规划师，根据客户的个性化需求，为他们设计出性价比最佳的线路，让客户自由组合、批量定制专属于自己的团队产品。旅行社要与时俱进，采取体验式营销策略，让顾客"先试后买"，提前感知产品的适应度和体验值，并根据这种反馈意见对产品进行优化调整。

主题三　　旅行社产品设计的四大理念

在线课堂2-5

旅行社产品设计的四大理念

旅行社产品设计需要运用多方面知识，产品设计人员应具有综合思维能力。产品设计是否合理，是否可行，需要秉承一些基本的理念，包括市场理念、特色理念、创新理念、文化理念这四大理念，也可以称为四大导向。这四大理念是产品设计的基本原则和导向，是衡量产品设计好坏的依据，其他任何原则或理念都不能出其左右。

一、市场理念

市场是产品设计的出发点和落脚点，产品成功与否，最终要受到市场的检验。

1. 针对需求，迎合市场

现实和潜在的旅游者的需求都不一样，但是可以根据一定的标准来找出市场中一个个类似的消费群体，然后根据他们的情况满足他们的需求。如有喜欢观光、度假的，有喜欢娱乐、运动的；有喜欢山水的，有喜欢自然田园的；有喜欢人文的，有喜欢自然的；有喜欢带孩子的，有喜欢陪父母的；有时间充裕的，有时间比较少的；有喜欢经济型的，有喜欢高消费的；有喜欢在国内旅游的，有喜欢出国旅游的。总之，旅行社应尽量满足不同类型旅游者的需求，要调研市场、划分市场、选择市场。如何调研和选择市场有专题介绍，这里不再过多论述。

2.引领市场，创造需求

有需求才有市场，但是在某一特定的市场阶段，许多产品的市场需求并不是与生俱来的。如果坐等市场需求成熟，就意味着损失了巨大的利益空间，丧失了在竞争中的先机。同时，旅行社不要仅仅被动地追着市场走，而要学会去创造市场需求。苹果手机是一个创造市场需求的典型案例，消费者不知道有如此功能强大、体验超出想象的手机。苹果公司以一款手机占领了手机市场的较大份额，获得了高额利润。而"遥遥领先"的华为手机正以技术创新、功能创新和通信安全创造"换道超车"、引领市场的新趋势。

面对游客的非理性消费行为，旅行社还需要引导其树立正确的消费观念。如游客追求低价旅行社产品，但是这些产品往往有很多消费陷阱。为了实现良性发展，旅行社不能一味迎合游客的消费需求，而要通过设计高品质旅行产品、全程不进购物店等"新"产品，进行正面的宣传，引导游客作出理性选择，并让游客树立一个朴素的旅游消费观：价值决定价格，一分价钱一分货。有些旅行社怀着对旅游的美好情怀，做与传统产品不一样的产品，其价格虽然较高，但是旅游体验好，在游客中留下了良好的口碑，拥有一群"铁粉"。

市场细分是旅行社产品创新的前提。旅行社市场细分的标准有很多，如旅游者旅游目的因素、区域因素、社会经济与人口因素、消费行为因素、客户利益因素等。旅行社还可以根据可衡量性、可进入性、可营利性、可操作性、稳定性和发展性等来进一步细分市场。在细分市场之后，旅行社应结合自己的优势，在某一个或几个细分市场领域成为专家和权威，充分满足这一市场中顾客的需求，不仅做到"顾客满意"，而且做到"顾客赞扬"。

行业视窗2-3

厦门："司兼导"让旅程更随心

二、特色理念

特色是旅行社产品显著区别于其他同类产品的风格与形式，特色可以满足旅游者多样化和个性的客观要求，有利于提高企业竞争力。特色提炼过程也是卖点提炼过程，有特色才能吸引旅游消费者。在移动互联网时代，旅游去中间化现象越来越明显，旅行社要迎接挑战，不断创新，创造与培养新的优势。

但是由于旅行社产品的易模仿性和移动互联时代信息传播的快速性，创新特色与保持特色尤其困难。一般来说，特色可以从产品的单一要素或者产品的组合要素、资源特色、文化特色、组织形式、服务质量、产品价值等方面提炼。随着旅游去中间化程度的加深，旅行社要不断加强学习型组织的建设，整合资源，跨界发展。"旅行社+"思维是旅行社突出重围的必由之路。

三、创新理念

旅行社产品开发有两种基本形式：一是模仿，二是创新开发。旅行社产品的特殊性使其极易被模仿，尤其是产品的行程、价格等外在因素，但是旅行社产品内在的气韵、特质却难以被模仿，靠模仿或简单复制难以有效竞争。因此，要坚持创新产品设计，不断设计新产品、升级产品、换代产品，这样才能提高竞争力。

　　没有创新的产品就没有文化内涵，也就没有特点和卖点。在旅游活动日趋个性化和多样化、市场竞争日益激烈的今天，旅游者注重体验参与的特点不断加强，构思和开发具有创意的产品十分重要。

　　创新离不开创意，创意的本质就是要采取灵活多样的手段推陈出新。旅游创意有定法无定式，具体的创意活动没有固定的、一成不变的模式。旅游创意有时表现为灵机一动、豁然开朗；有时表现为反复推敲、柳暗花明；有时表现为分析研究、洞幽察微；有时表现为综合建构、把握方向。这需要不断加强对资源、市场的把握，进行头脑风暴，提高"无中生有"的能力。

　　深圳情旅设计的"阳朔有约"等系列"旅游+交友"模式的产品最初就是针对深圳市场上的单身青年男女的，深圳市场成熟之后，深圳情旅又瞄准了广东市场上的单身老年人推出了系列产品。无论是"贵族之旅"还是"深圳情旅"都是旅行社在细分市场之后，专业化地做大做强各目标市场，最后成为此领域佼佼者的。

四、文化理念

　　随着物质水平的提高，人们对精神文化的需求日益强烈。在旅游活动中，人们希望触摸文化脉搏、感知文化神韵、汲取文化营养。旅游本身是一种文化现象，提高产品的文化性有三种基本思路：

　　一是在产品中合理选择文化性产品，如文化演出、文化主题乐园、文博馆、文化性主题公园（如图2-3所示）。

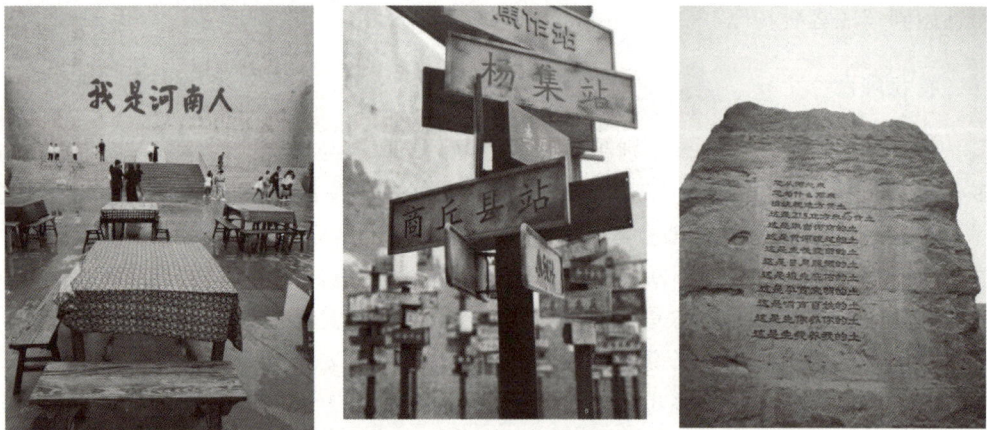

图2-3　只有河南·戏剧幻城

　　二是加强文化专项产品的设计，如加强对游学、中小学生春秋游、红色旅游等文化专项产品的开发，实现寓教于乐、寓教于游的目的。

　　三是深化产品的内在精神特质。文化主题的专项产品、文化性景点的选择只是产品文化性的外在体现，深层次的是产品的内在精神特质。就如同人一样，皮肤、毛发、血肉、骨骼等构成了外在部分，但是人的思想、精神和灵魂是人之所以成为"自己"的根本。

四大理念是有机结合的，有创新才有特色和文化，而特色和文化都是为游客服务的，最后的着眼点还是市场。产品设计者要培养广泛的兴趣爱好，学习各种有益的知识，这不但可以提高对四大理念的领悟能力，还可以不断丰富创作的源泉，迸发设计的灵感。

育德启智 2-1　　　　　从"一抹红"到"一片红"志愿服务情暖旅途

一袭红马甲，一颗火热心，一抹志愿红，一道好风景。近年来，文化和旅游部广泛发动社会力量参与志愿服务，积极推动文化元素融入志愿服务活动，创新探索常态化开展的志愿服务品牌项目。如今，从"一抹红"到"一片红"，旅游志愿服务逐步遍地开花，志愿服务精神得到更好传承和弘扬。文化和旅游部办公厅、中央文明办秘书局近期公布了2022年文化和旅游志愿服务典型案例，一批成效明显、影响力强、创新价值高、特色鲜明的旅游志愿服务实践脱颖而出，彰显出新时代我国旅游志愿服务的崭新面貌。

"上海哪些景点好玩、有特色？""想去对面的东方明珠，要怎么过去？""和旅行社签订合同，要注意哪些内容？"……像这样的咨询，上海市黄浦区旅游公共服务中心志愿者服务团队常常会遇到。上海市南京路文化和旅游资源优渥，游客量长年保持较高水平。自2002年开始，每月20日，该团队都会准时到南京路步行街，为游客提供旅游咨询、景区讲解、资料发放、线路推荐等服务。

山西省洪洞县孝亲敬茶志愿服务项目深挖洪洞大槐树寻根祭祖园景区根祖文化内涵，以中华优秀传统文化中的"敬茶"为载体，把家国情怀和家风家教相结合，让"孝亲敬茶"志愿活动成为感悟中华文化、增强文化自信的生动实践。"家的精神就是血脉与亲情。我们通过'孝亲敬茶'这一载体，既展示了景区深厚的文化内涵，传承了大槐树移民文化、根祖文化、姓氏文化和孝亲敬老美德，又可以引导游客将自身的优良家风家教传承下去，帮助孩子扣好'人生第一粒扣子'。"洪洞大槐树寻根祭祖园景区办公室主任范建刚介绍。

西子湖畔，春意渐浓。许多"红马甲"分布在西湖周围，引人注目。这支"红马甲"队伍就是"美丽杭州"志愿服务队。他们每周定期为游客提供免费旅游咨询、指路等服务，并在西湖周边志愿讲解，介绍杭州的美丽风景、历史人文。目前，团队在册志愿者1.2万余人，已经为社会提供了近26万志愿服务时数。

资料来源：范朝慧.从"一抹红"到"一片红"志愿服务情暖旅途［N］.中国旅游报，2023-02-09.

思政元素：无私奉献　文化自信

所思所感：习近平总书记指出，"志愿服务是社会文明进步的重要标志，是广大志愿者奉献爱心的重要渠道""要为志愿服务搭建更多平台，更好发挥志愿服务在社会治理中的积极作用"。党的二十大报告指出："完善志愿服务制度和工作体系。"文化和旅游部广泛发动社会力量参与志愿服务，积极推动文化元素融入志愿服务活动，有效促进互帮互助的社会文明新风尚和文明旅游发展。从"一抹红"到"一片红"，旅游志愿服务逐步遍地开花，志愿服务精神得到更好传承和弘扬。

主题四 旅行社产品设计的两大结合

在线课堂2-6

旅行社产品设计的两大结合

一、资源与市场相结合

设计旅行社产品，资源和市场是必须考虑的两大因素。核心资源、吸引力因素是产品开发的基础和依赖，市场是产品设计的出发与归宿。问题的关键是如何找到二者的结合点，将资源和吸引力因素按市场需求转化为旅行社产品。在创新原则的指导下，针对不同的资源和不同的市场，开发多种形态和档次的旅行社产品。

1.挖掘资源，创造新消费

资源和市场都处于动态变化中，一些之前不为人注意的冷门景点或者事物，可能因为某一事件、因素、时尚变化的触发，引起人们的兴趣。因而要不断挖掘现有的资源，提高热点地区的重游率，同时要从冷点中发现商机，将冷点转化为热点。

2.寻找新资源，造势"牛"行情

要不断寻找新资源，根据市场需求设计多样化的产品形态。如横店影视、丽水冒险岛等这样的"新"资源，首次面向市场时相当火爆，而且现在看来，其需求面仍然较大，持续吸引力仍然很强，已经产生了较强的二次消费效应，带动了旅游"牛"市。旅行社要善于捕捉新资源，发现新机会，精耕细作，持续提升产品的盈利能力。

3.抓住时机，引爆市场

任何一个社会事件、社会热点或者节庆活动都可能蕴藏着旅游发展的商机。设计者要有敏锐的市场嗅觉和洞察力，善于抓住时机，制造消费热潮。例如，2009年温州到厦门动车的开通，带动了一波厦门及沿线旅游的热潮。厦门是温州人传统的旅游目的地，很多人为了体验动车这一新事物选择重游厦门，来体验70米/秒的速度。又如，针对2010年上海世博会，一些旅行社嗅觉灵敏，提前布局，无论是产品设计，还是在酒店等核心资源的把握、导游储备方面都做足了功夫。当市场上对上海世博园的消费需求爆涨时，旅行社能够从容应对，接待能力得到充分释放，从而给企业带来了较为丰厚的回报。

4.创造新概念，打造新卖点

所谓产品概念，就是产品主题的概括性、抽象性描述，也是产品卖点的浓缩。产品营销不仅是产品的竞争，而且是观念的竞争，因此，要赋予产品明确的主题，创造一个独特的概念，激发市场的潜在需求。通过一个"虚幻"的概念，引发消费者的想象、联想。当一个观念植入旅游者心中时，旅游者对产品的好感也会应运而生。

比如，山东主打"好客山东"旅游口号，利用人们对山东人高大、敦厚、实诚、热情、好客的印象，激起旅游者的联想。又如，河南的"老家河南"主题形象，口号听起来似乎有些"土"，但略加思考不难发现，这一概念具有深刻的内涵。河南是中原大省，历史悠久，是中华文化的发源地，也是人口的发源地，如客家人发源于河南，浙江丽水有个村叫河阳村，其居民也是从河南信阳迁徙来的。

二、大众与小众相结合

大众旅游有两层意思：第一，从旅游人数来看，国内旅游已经从部分人享有的经济发展福利转变为普通大众共享的一种社会发展成果。第二，从旅游的形式和产品角度来看，大众旅游是指团体观光游这种旅游组织形式和产品性质。改革开放以来，中国旅游业快速发展的过程也是团体观光游快速增长的过程。团体观光游这种旅游形式对中国大众旅游的普及具有重要的历史意义。小众旅游是相对于大众旅游而言的，人数上占旅游人数的总量相对较少，从形式上更倾向于对旅游品质、旅游形式的追求。

大众旅游是全民、全域、全档次、全天候的旅游，与小众旅游是相辅相成的。前者以数量立足，后者则以品质取胜。进入21世纪，随着移动互联网的发展，消费者出游更加自主，但是团体观光游这种旅游形式仍然并且还将继续占有较大的市场份额。当前小众旅游的产品量、需求量还不多，小众旅游的生产模式、服务模式还不能满足市场需求。但是，小众旅游代表了市场未来的发展趋势，未来的"大众旅游"也必将从小众旅游中孕育出来。众信旅游等企业把稀缺资源精准配置到有效需求最强烈的地方，处理好质与量的辩证关系，定制适销、有针对性的创新产品，推动企业快速成长为中国较大的出境游产品批发商。

1.升级传统旅行社产品，巩固传统旅游市场

传统观光旅游产品价格较低、行程紧凑、团队出行、安全方便，具有较高的性价比。当前，旅行社仍然要做好大众旅游，将大众旅游作为企业发展的基础，并通过企业积累的老客户进一步开发小众旅游市场，为企业的长远发展提前布局。对传统旅行社产品的升级应从旅游消费需求角度出发，根据旅游体验的规律和特点进行。

（1）提高产品的接待标准

旅行社为了吸引游客，往往进行低价竞争，降低了产品的接待规格和标准，使消费得不到保障。而规格和标准是产品质量的基础，是旅游体验的根基，提高产品的标准应从以下两个路径展开：一是提高要素标准，使餐饮、住宿、交通、安全等要素在满足游客需求的基础上实现物超所值；二是减少不必要的购物时间、免费公共场所的游览时间，增加有分量的旅游项目，把"游"落到实处。

（2）增加产品的特色项目

传统观光旅游主要以观为主，参与性、娱乐性项目少，甚至地方标志性的景区都没有包括在产品行程中，从而使观光旅游产品变得庸俗、无趣，与旅游消费个性化、体验化的趋势相悖。因此，旅行社应在观光旅游产品中增加一些参与性、娱乐性项目，提高产品的互动性，增加游客的兴奋点和记忆点。特别是目的地具有标志性的景点、"打卡"景点都要包含进产品中，以提高产品的含金量（如图2-4所示）。

行业视窗2-4

到恭王府　在古建模型展里探寻"建筑意"

图2-4　敦煌鸣沙山的骑骆驼

（3）提高产品的服务水平

旅游服务主要体现在导游服务上，跟团游与自由行相比，其优势体现在有导游提供无微不至的服务和精彩的讲解。导游精彩的讲解可以提高游客旅游的乐趣，加深游客对文化的感知，提高游客审美欣赏的水平。旅行社应该在导游的培训和职业提升上下功夫，通过有效的激励手段提高导游的待遇和导游的职业自豪感，激发导游的工作热情，因为只有满意的导游才有满意的游客。

（4）升级产品的组织方式

观光旅游产品比较粗放，市场细分和针对性不强。长期以来，由于激烈的市场竞争，团体观光游的操作模式和盈利模式又导致市场口碑差，旅行社与消费者彼此信任感不强，"交易关系"明显。与此形成鲜明对比的是户外运动。在比较长的一段时间内，各种户外运动组织受到很多旅游者的喜爱，按理说在组织旅游方面旅行社更专业、旅游安全更有保障、市场监管也最严格，但是为什么旅游者偏偏钟情于户外运动（组织）呢？这不得不引起我们的深思。原因可能很多，但户外运动组织的个性化、冒险性的旅游方式、朋友式的相处、参与者对组织者的绝对信任、AA制消费的印象（假象）都是其中重要的原因。

旅行社应该摒弃不正当竞争，遵循市场经济的规律和相关的法律法规，合法经营，高质量竞争。就企业而言，要改变传统的盈利模式，通过服务和产品提高盈利水平。就产品设计而言，应突出产品的"活动设计"，增强旅游的社交功能，提供增值服务。

2.开发特色产品，培育与引领市场需求

旅行社要改变传统路径依赖，深入研究市场，进行产品创新，以改革和创新激发市场的潜力。在此过程中，旅行社要对市场进行长期研判，深耕市场，在满足当前市场需要的同时，引领市场需求，培育新的利润增长点。创新学习型企业组织，培育创新意识，避免在有限的市场空间里厮杀，应把眼界放到更广阔的领域，做大做强市场。

（1）以蓝海战略为引领，做大市场蛋糕

蓝海战略是指开创无人争抢的市场空间，超越竞争的狭隘思想，开创新的市场需求，经由价值创新来获得新的市场空间。红海战略是指在现有的市场空间中竞争，是在价格中或者在推销中作降价竞争，结果是增加了销售成本或减少了利润。以此理论为启发，企业不要在传统的市场中争取有限的市场份额，而要善于进行市场开发，通过跨界思维、"旅游+"思维，不断开拓新的市场空间。

（2）以长尾理论为指导，以产品广度和深度换市场空间

长尾理论是指只要产品的存储足够多，流通的渠道足够宽广，需求不旺或销量不佳的产品所共同占据的市场份额可以和那些少数热销产品所占据的市场份额相匹敌甚至更大。也就是说，企业的销售量不仅在于传统需求曲线上那个代表"畅销商品"的头部，还在于那条代表"冷门商品"、经常被人遗忘的长尾。

因此，旅行社要重视小众旅游市场的开发，投入更多的人力开发设计新产品，以充足的产品储备满足市场需求，不要总迷恋大市场，更要专注小市场。与其在相对小的大市场里拼杀，不如在小市场中占有高份额。其实小众不小，消费多了就成了大众。谁把握了小众，就可能最后赢得大众。

旅行社产品设计中的两个结合——资源与市场相结合、大众与小众相结合，既是产品设计要考虑的问题，也可以作为产品体系规划、公司发展战略的指导。

本章小结

旅行社产品设计是指以市场为导向，根据旅游资源、旅游企业的竞争优势、旅游企业战略目标，有目的、有计划、系统地对旅行社产品进行开发、优化的过程。广义的旅行社产品设计包括产品体系设计、产品线路设计、产品品牌设计、产品营销设计等。狭义的旅行社产品设计是指产品线路设计，根据市场需求，按照一定的设计方法，策划出一系列具有一定主题、性质、特色、出游时空安排可行、要素配置科学的不同类型的综合性旅游产品。根据购买目的是否明确，旅行社产品设计可以分为委托设计与非委托设计。

旅行社产品设计通过创造性的工作可以满足市场需求，创造市场需求，不断提高企业的竞争力。作为一种创造性工作，旅行社产品设计要遵循市场理念、特色理念、创新理念和文化理念。在激烈的市场竞争中，要坚持大众市场与小众市场开发相结合，不断通过产品创新开创新的市场空间，跨越红海竞争的狭隘范围，经由价值创新来获得更广阔的空间。产品创新、市场开发的出发点和立足点都是满足旅游消费者的需求，产品生命周期理论、需要层次理论、旅游动机理论、旅游体验理论都有助于企业深入理解消费者，从而把握规律，设计出令消费者满意甚至惊喜的产品。

知识听记 2-1

项目二

主要概念

旅行社产品设计　产品生命周期　旅游需要　旅游动机　旅游体验　市场理念

特色理念　创新理念　文化理念　大众旅游　小众旅游

思考讨论

1. 旅行社产品设计的内涵和分类有哪些？
2. 旅行社产品设计有哪些理论基础？
3. 旅游体验理论对旅行社产品设计有什么启发？
4. 简述旅行社产品设计四大理念的内涵。
5. 如何提炼旅游产品的特色？
6. 旅行社产品设计如何做到资源与市场相结合？
7. 旅行社产品设计如何做到大众与小众相结合？

项目作业

1. 对比几家旅行社企业，分析其产品设计之道。
2. 第19届亚洲运动会于2022年9月10日至25日在中国浙江省杭州市举行。请你结合本届赛事情况、举办地及周边资源情况、本地旅游市场需求的特点，分析与判断旅行社产品开发的机遇，按小组进行调研并在班级汇报分享。

项目三
旅行社产品设计方法

学习目标

1. 掌握旅行社产品设计流程，能够解释不同设计阶段的内涵，会分析不同阶段的设计任务。

2. 能够根据产品设计的需要实施调研。

3. 熟练掌握旅行社产品设计方案的编写内容，能够编写产品文案中的各部分内容。

4. 理解产品主题与产品特色的内涵，掌握提炼的方法，能够辨析旅行社产品的优劣与特色。

5. 理解旅行社产品体系，能够初步策划旅行社产品并形成体系。

6. 提升对本专业的认知度、理解度和热爱度。

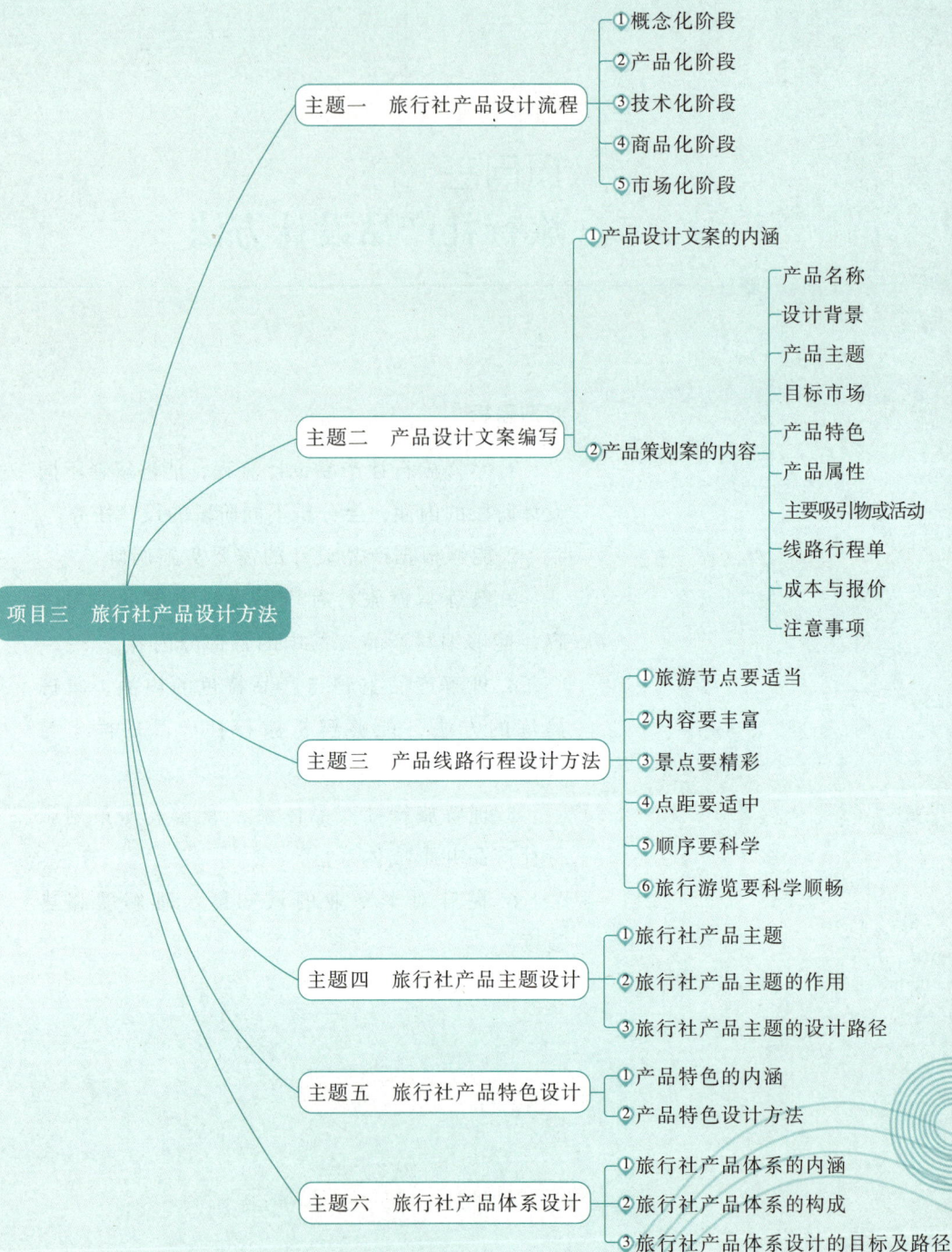

知识导图

项目三　旅行社产品设计方法

主题一　旅行社产品设计流程
- ①概念化阶段
- ②产品化阶段
- ③技术化阶段
- ④商品化阶段
- ⑤市场化阶段

主题二　产品设计文案编写
- ①产品设计文案的内涵
- ②产品策划案的内容
  - 产品名称
  - 设计背景
  - 产品主题
  - 目标市场
  - 产品特色
  - 产品属性
  - 主要吸引物或活动
  - 线路行程单
  - 成本与报价
  - 注意事项

主题三　产品线路行程设计方法
- ①旅游节点要适当
- ②内容要丰富
- ③景点要精彩
- ④点距要适中
- ⑤顺序要科学
- ⑥旅行游览要科学顺畅

主题四　旅行社产品主题设计
- ①旅行社产品主题
- ②旅行社产品主题的作用
- ③旅行社产品主题的设计路径

主题五　旅行社产品特色设计
- ①产品特色的内涵
- ②产品特色设计方法

主题六　旅行社产品体系设计
- ①旅行社产品体系的内涵
- ②旅行社产品体系的构成
- ③旅行社产品体系设计的目标及路径

主题一　旅行社产品设计流程

一项可行的受市场认可的产品开发要经过五个阶段，即概念化阶段、产品化阶段、技术化阶段、商品化阶段、市场化阶段。旅行社产品设计可以借鉴这一开发流程，以产品设计人员为主，同时协调市场调研、产品设计、计调操作、销售与售后等部门。

在线课堂 3-1

旅行社产品设计流程

一、概念化阶段

概念化阶段的任务是形成产品的构思和新的产品创意。那么，产品的构思和思路来自哪里呢？主要来自对市场的调研。

市场调研是旅游线路设计的基础，是产品设计重要的一个环节。市场调研的最终目的就是了解旅游者的现实旅游需求和潜在旅游需求，形成产品构思。只要有一流的创意，就可以开发出优秀的旅行社产品，甚至可以化腐朽为神奇。

市场调研包括以下几个方面：第一，外部市场环境分析，包括对经济、政治与法律、科技、自然、人文环境的调研；通过对环境的分析，发现有利的市场"引爆点"，形成创意。第二，内部能力分析，涉及资金、人力、管理、经验和已有产品；特别要听取导游、销售、计调等的意见和建议，因为他们在一线工作，天天与游客打交道，对游客最了解，会提出一些切实可行和有创意的想法。第三，竞争对手分析，从同行的产品中吸取经验和教训。第四，对旅游消费者进行分析，发现消费者的需求和喜好，激发设计灵感。

知识在线 3-1

旅游市场调研的三种途径和方法

例如，在对温州市场的观察、调研和分析中发现，温州年轻人的消费能力较强，在婚纱摄影上花费较高，但是本地婚纱摄影服务已经不能满足年轻人的需求。因此，旅行社可以构思"婚纱摄影游"这一产品概念，整合旅行社、影楼的资源，满足年轻人旅游和婚纱摄影的双重需要，达到多方共赢。

行业视窗 3-1

"非遗+旅游"融出吉林新魅力

二、产品化阶段

产品化阶段的任务就是将产品构想变成现实，形成产品的策划文案。对于工业产品，这一阶段是将构思变成图纸和各种量化的数据。对于旅游产品，就是将构思转化成产品的策划案。策划案一般包括产品名称、主题、创新点（或卖点）、线路行程、产品属性、成本与价格等内容。

例如，对"婚纱摄影游"这一概念进行构思，经过分析讨论，形成产品文案，选择合适的目的地和线路，进行卖点和特色提炼等，就是产品化过程。实际上，产品化阶段形成的产品不止一个，而是"婚纱摄影游"这一整体构思下的系列产品。

育德启智 3-1   **以文旅融合发展助推文化自信建设**

　　文旅融合发展是指将文化与旅游产业有机结合、相互促进和融合发展的一种发展模式。它旨在通过充分发挥文化资源和旅游资源的互补性，实现文化产业和旅游产业的良性互动和协同发展，以推动社会经济的发展和文化的繁荣。

　　在文旅融合发展中，文化不再是单纯的旅游背景或景观，而是成为旅游活动的核心和灵魂。旅游不仅仅是为了观光和娱乐，还是为了深入了解和体验目的地的文化、历史、传统和生活方式。文旅融合发展将文化资源转化为旅游产品和服务，丰富旅游体验，提升旅游的文化内涵。文旅融合发展强调文化的传承、保护和创新，注重文化价值的传播和弘扬。它推动了文化产业的发展，培育了文化创意产业和文化旅游产业，并促进了文化创新和创意经济的蓬勃发展。文旅融合发展还注重提升旅游目的地的形象和品牌价值，吸引更多的游客和投资。它推动了旅游业的可持续发展，促进了区域经济的繁荣。

　　文旅融合发展作为文化产业和旅游产业的有机结合，可以通过展示本国文化、弘扬传统价值观念等方式，提升国家文化的影响力和认同度，增强国家文化自信。通过文旅融合发展，可以让本国文化与国际旅游者产生深入的互动，促进文化的传播与交流，提高国家形象与声誉。

　　文旅融合发展，可以将文化资源转化为经济价值，推动文化产业的发展。文旅融合发展可以激发文化创意产业的创新活力，培育新的文化产品和服务，促进文化产业的蓬勃发展。同时，文旅融合发展也可以提高文化产业的国际竞争力，增加文化产品的出口和提升其国际影响力，进一步增强国家的文化自信。文旅融合发展为文化产业的发展提供了良好的机遇和平台。

　　文旅融合发展强调文化的体验和参与。游客可以通过参与文化活动、体验传统手工艺、品味地方美食等方式，深入了解和体验目的地的文化。这不仅增强了游客对目的地文化的认同感，也提升了游客的满意度和忠诚度。通过提升旅游体验，文旅融合发展为国家文化自信建设提供了有效的路径。

　　资料来源：赵亮. 以文旅融合发展助推文化自信建设［EB/OL］.［2023-06-12］. https://reader. gmw.cn/2023-06/12/content_36625112.htm.

　　思政元素：文化自信　文旅融合

　　所思所感：党的二十大报告指出："推进文化自信自强，铸就社会主义文化新辉煌。"文化自信是一个国家、一个民族的精神支撑和凝聚力所在。在当前全球化背景下，文化自信的建设变得尤为重要。加强文化自信建设，必须创新发展路径和方法。而文旅融合发展作为一种新的模式和理念，提供了实现文化自信建设的重要途径。

三、技术化阶段

　　技术化阶段的任务就是在采购、计调等部门的协作下，将产品中涉及的旅游要素等进一步落实，并对方案进行评估，将产品文案具体化为可操作、可销售的线路。如确定产品的接待与服务要素、档次、服务标准，进行成本及报价的精细化核算、旅游风险的评估及预防等，也就是使产品在操作上"可行"化。

在对要素进行配置后，产品变得进一步量化与可行，这时要对几种产品方案进行评估，从中选择最合适的方案。

评估时可以采取定量和定性分析相结合的办法，从产品的发展前景、市场销售、竞争能力、盈利能力、资源保障等方面进行评估，从中选取竞争能力强、可行性高的产品。

一是市场前景，包括市场容量的大小、需求的持久性、市场的可进入程度、产品的发展趋势等。

二是市场销售，包括产品目标市场的需求量、需求时间；潜在旅游者数量及购买能力、旅游者对新产品的要求和期望；季节变动对销售的影响。

三是竞争能力，包括生产和销售类似产品的竞争对手；各竞争对手的销售数量、产品系列、产品特点及差异程度；各竞争对手采用的竞争策略、手段及其变化情况；竞争对手的市场占有率和价格差；潜在的竞争对手及进入该种产品市场的可能性。

四是盈利能力，包括测算目标销售量、销售额及成本等，并分析竞争者的产品价格及渠道影响等。

五是资源保障，包括旅行社对产品开发与销售的人、财、物的保证程度；对资源的采购及价格、质量的掌握能力；旅行社的信誉和管理水平等。

四、商品化阶段

商品化阶段的任务是对产品进行商业化包装。其具体任务包括细化产品说明、进行卖点提炼、制作宣传手册、撰写宣传软文、准备销售工具、进行网上销售的图文编辑，以及为产品的发布与销售做好充分的准备，便于营销宣传、与客户沟通。其中的卖点提炼在产品策划编写时要进行设计。商品化阶段要根据当时的销售条件进行有针对性的细化与调整。

五、市场化阶段

市场化阶段的任务是跟踪产品的销售进度，了解销售反馈和旅游者的反馈，及时做好分析总结并进行调整。

主题二 **产品设计文案编写**

一、产品设计文案的内涵

产品设计文案也叫产品策划案、产品方案，是在市场调研分析的基础上，将对产

知识在线 3-2

旅游线路产品
组合优化三法

知识在线 3-3

创意收集与
筛选

行业视窗 3-2

错峰出游旅企
能做的还很多

在线课堂 3-2

如何编写产品
策划案

品的构思、产品的线路及活动日程安排、档次标准、特色及卖点等进行系统化整合后形成的说明性文件。

从文体上说，产品策划案是说明文，对产品的市场、创意、行程等进行说明。它是计调操作、采购、宣传及销售的依据。

从产品设计流程来看，产品策划案是商品化阶段的任务，是市场调研、产品创意、产品技术化、商品化阶段综合思考的结果。

二、产品策划案的内容

产品策划案一般包括产品名称、设计背景、产品主题、目标市场、产品特色、产品属性、主要吸引物或活动、线路行程单、成本与报价、注意事项等内容。

1.产品名称

产品名称是对产品的性质、内容和设计思路等的高度概括，因此产品名称应考虑各方面的因素，力求体现简洁明了、主题突出、时代感强、富有吸引力等原则，如"烹饪王国游"这一产品名称表明爱好美食的旅游者既可以尝遍中华名菜、欣赏烹饪技艺，又可以游览各地风光。命名方法一般有四种：

一是目的地+游程天数，如"雁荡山一日游"，简洁明了。

二是目的地+游程天数+主题。如"七夕与'泥'有约！杭州运河塘栖两日一晚游"；"夏日海风，青岛三天两晚游"等产品命名，通过特定时间、巧用谐音、享夏日海风等关键要素和命名技巧，既点明了主题，又点明了旅游目的。

三是目的地+游程天数+产品属性。如"厦门+鼓浪屿4日3晚半自助游"，目的地是厦门和重要景点鼓浪屿，时间是4天3晚，这是一款半自助游产品。又如，"上海+杭州+苏州+乌镇4日3晚跟团游·慢游"，目的地是上海、杭州、苏州、乌镇，时间是4天3晚，这是一款跟团游，产品定位为慢旅游。

四是抽象主题命名法。如"丝路三部曲之《遇见西夏国》""宝岛奇遇记""莫催"等，这类命名点明主题，或鲜明，或朦胧，令人心生联想，传达出独特的产品主题、产品意境。身未动，心已远。

2.设计背景

旅行社产品不是凭空产生的，而是在综合分析资源、市场、竞争和旅行社自身优势的基础上按照旅游消费规律开发设计的。设计背景是阐述与说明产品设计的依据和目的。产品的设计背景不仅可以作为公司内部产品方案筛选的依据和评判标准，而且可以作为产品销售和产品操作的依据，引起旅游者的兴趣，激发旅游者旅游的愿望。

设计背景包括资源、市场、企业和产品愿景。资源分析，是根据旅游目的、旅游对象的新变化、时令的变化甚至某段时间气候的变化情况等，从"产品供给"方面寻找可能存在的商机；市场分析，是根据资源的特性，判断产品适合的目标群体、可能激发哪些潜在客户的兴趣；企业分析，是从企业的经验、资源掌握情况、服务能力和与目标客户的关系角度，分析产品开发的成功概率；产品愿景分析，可以结合目标客户，分析产品可能带来的旅游体验、旅游价值，也可以从公司战略和营销视角分析产品的影响力和盈利预期等。

3.产品主题

产品主题就是此产品与众不同之处，是产品能够给客户带来的核心体验和核心价值。产品主题是产品创意的集中体现，是产品概念化阶段的主要成果。也就是说，产品主题是对资源环境和市场分析的结果。

主题决定了产品整体基调，包括产品的特色、市场、功能及档次、定价区间等。在产品主题部分文案中，要讲明旅游消费需求情况（市场导向）、旅游环境及核心资源吸引力情况（资源分析）、计划安排的特色活动（活动设计），以及可以给目标顾客带来的旅游体验（产品价值）。

主题的表述一般采取三段式：第一段对环境背景、吸引力资源和市场进行分析；第二段点明产品特色活动设计；第三段讲产品价值，自然导出产品主题。

4.目标市场

市场定位是要明确产品属于哪一个或几个消费群体。根据市场细分的标准对市场进行细分后，从中选择产品面向的市场。一般来说，职业、年龄、收入、消费行为、消费心理、目标市场的区域是比较有效的几种划分标准。

加强市场细分，有利于旅行社发现市场机会，掌握目标市场特点，针对特定市场制定营销组合策略，并提高自身的竞争能力。根据消费者市场细分标准，旅行社可以按地理、人口、顾客心理及顾客行为等因素进行细分。要实现有效细分，可以采用以下几个评价指标：同一性，细分市场内部必须同质或相似；差异性，细分市场之间必须有差异；可测量性，细分市场在购买力和规模等方面能够进行度量；可进入性，能够对细分市场进行有效促销和提供相关服务；盈利性，细分市场有足够大的规模以至于有盈利潜力；可行动性，形成吸引细分市场顾客的有效方案。只有有效细分市场，才能找准目标市场并进行正确的市场定位，从而提供目标市场所需的旅行社产品。

旅行社在细分市场之后，要建立"顾客数据库"，掌握顾客的姓名、地址、电话等基本信息，收集包括顾客习惯、偏好在内的信息资料，将所服务的每一个顾客作为"顾客数据库"的重要资源，并与其建立起密切的服务关系。旅行社要充分利用网络系统，发挥"顾客数据库"的作用，通过对顾客的分析，制订出有针对性的产品开发方案和促销方案，开发出为顾客量身定做的旅行社产品，以适应顾客的个性化消费需求。

5.产品特色

设计产品时，要思考产品的特点在哪里、亮点在哪里、卖点在哪里、制高点在哪里、渠道在哪里、利润点在哪里。如果能够清晰回答这些问题，产品就具有特色，具有竞争力。特色就是产品的与众不同之处，就是要给旅游者一个或几个选择该产品的理由。旅行社市场是充分的竞争市场，面对激烈的竞争，旅行社必须不断创新产品，寻找特色。其实，特色策划也是寻求差异化、卖点提炼的过程。

6.产品属性

产品属性是产品的功能定位、档次定位等信息。旅行社可以从旅游内容、付费方式、游览距离、时间、游览方式、旅游目的等方面定位产品属性，关键是要清晰地标明产品的类型、档次等。如"东北游""冰雪游""五日游""双飞""五星""观光"

等关键词就把东北冰雪游标注得比较清晰。

7.主要吸引物或活动

这是指对产品中包含的主要景区、景点、活动项目、特色餐饮、旅游者可以自行前往体验的其他吸引物等进行介绍，新开发的资源、吸引物中可以表现产品主题的独特之处要重点介绍。对吸引物的描述一是要有重点，要突出能表现产品主题的特色之处；二是要图文并茂；三是表达要生动，用语要时尚。

8.线路行程单

线路行程单是按照旅游的顺序，按时间节点标明主要的景点、活动、酒店、餐饮和交通工具等，对特色活动、主要项目加以简明扼要的介绍。

从形式上看，旅游线路是以一定的交通方式对线路各节点进行的合理连接。节点是构成旅游线路的基本空间单元，一个线路节点要有一个有特色的旅游目的地。节点可以是城市，也可以是独立的风景名胜区。同一条旅游线路中的各节点要具有某种关联性，满足旅游者的同一需求，表达某一旅游主题，起到相互依存、相互制约的作用。线路的始端是第一个旅游目的地，是该线路的第一个节点；终端是该线路的最后一个节点，是旅游活动的终结或整个线路的最高潮部分；途经地则是该线路中除始端和终端外的其他节点，是为主题服务的旅游目的地。因此，策划旅游线路就是策划从始端到终端以及中间途经地之间的游览顺序，在线路上合理布局节点。

9.成本与报价

根据产品中必须提供的项目进行成本核算，核算成本时应注意：一是不可遗漏，成本包括"车、房、餐、门、导"费用、综合服务费、附加费等，要按照类别、项目、单价、数量进行核算。二是注意产品的档次、品质，同时注意季节不同，成本会有明显差异。三是注意是采取整团报价还是单个报价（单价）。单个报价要注意正确使用单位，如房价，应用元/（晚·人），而不是元/（晚·间）。因为酒店房间一般是标准间，也就是双人间。如房价成本 380 元，一个人住一晚的成本是 190 元，而非 380 元。

成本核算后按照成本、销售目标、竞争目标、盈利目标、淡旺季等进行定价，给出业务操作部门的报价建议。

10.注意事项

注意事项一般包括护照、签证的办理情况说明；费用说明（如对于一些不包含在内的项目，或者需要旅游者现付的项目，要特别说明，以免引起误会；儿童价格及标准等）；旅游安全提醒；风俗禁忌、宗教禁忌；目的地政治、法律以及其他旅行和生活方面的友情提醒。

主题三　产品线路行程设计方法

产品线路行程设计是旅行社产品设计基本流程中产品化阶段的重要任务。不同类型、不同形态的产品在行程安排和要素配置上不尽相同，但是都要遵循一些基本的规律。

一、旅游节点要适当

一条旅游线路主要节点的选择要合适，不能过少，也不宜过多，以免使旅游者过度疲劳。节点多少合适应视产品性质而定。一般来说，观光游景点越多越好，节奏越快越好；而度假游景点要少，节奏要慢。

例如，山东"黄金海岸之旅"的日程安排是：第一天在青岛接团，住青岛；第二天游海滨、崂山，住青岛；第三天乘汽车赴蓬莱游览，住烟台；第四天游威海、刘公岛，晚上送团。这一线路行程中安排了青岛、烟台、威海、蓬莱四个点，突出了主要海岸景点，短小精悍。

二、内容要丰富

同一线路上的各游览点应各有特色、丰富多彩、主题突出。除了特殊的专业旅游以外，应避免将性质相同或接近的旅游点编排于同一旅行社产品中。例如，一个10日游的产品，竟然有5天是游览不同的寺庙，这对于对中国文化了解甚少的海外游客来说，无疑是一个失败的产品设计。

三、景点要精彩

各地景点千姿百态、风格各异，一定要把最精彩的、一流的、绝妙的"独家之秀"呈现出来。不要怕价格高，游客不接受。如果确实要降低成本，至少也要标明最佳景点，明确表明让游客自由选择。万不可为了省钱，带游客游览全是不花钱的广场、公园、大街。团体门票的折扣，恰恰是旅行社最大的利润来源，不在景点上下功夫，岂不是主动舍弃了利润。

四、点距要适中

各旅游点之间的距离不宜太远，以免在旅途中耗费大量的时间和金钱。例如，"江南水乡十日游"这一旅游产品是在长三角地区沿长江和古运河城市进行的，主要游览城市有江苏的南京、扬州、镇江、常州、无锡、苏州和浙江的嘉兴、杭州及绍兴等，在这个行程中，旅游城市相距适中，景点集中，交通方便，能在很短的时间内集中欣赏美丽如画的江南风光和体察水乡泽国的风土人情。

五、顺序要科学

一是城市节点要科学，具有经济性和方便性；二是游览顺序要科学，从一般的旅游点逐步过渡到吸引力较大的旅游点，使旅游者感到旅游高潮迭起。

例如，海外游客如果从北京入境游览上海、苏州、杭州、福州、泉州，然后从厦门出境，该如何安排旅游线路呢？如果按北京—上海—苏州—杭州—上海—福州—厦门—泉州—厦门线路设计，就出现了重复出入上海和厦门两个旅游地区的情况，既浪费时间和费用，又使旅游者感到疲倦，如果按北京—杭州—苏州—上海—福州—泉州—厦门的线路设计，就能使产品在价格上更有竞争力。

"康西草原、龙庆峡、八达岭三日游"这一旅游线路的日程安排是：第一天直抵康西草原，第二天早晨乘中巴去龙庆峡游览，午饭后乘中巴抵八达岭，游长城后再乘坐长途汽车进京。这一线路的第一站康西草原是一处融山、水、草原于一体的天然草场风景区，住蒙古包或仿清小楼、民族式家庭小院，品尝具有内蒙古特色的烤全羊、手把肉、宫廷活鱼等，别具特色；第二站龙庆峡蓄水成湖，是以划船、登山为主要内容的旅游区，素有"小三峡""小漓江"之誉；最后一站游览雄伟壮观、举世闻名的八达岭长城，使此次行程达到高潮。

六、旅行游览要科学顺畅

游览点、就餐点、住宿点这三点连线的顺序要考虑周到、安排得当、流畅自如，不可舍近求远，浪费时间，要始终给客人新鲜的感觉。

城市间的大交通一定要规范科学、方便快捷，以最快的速度、最短的距离、最可靠的方式到达旅游目的地，航班、车次、船次一定要准确无误。游览的时间要充分，即使"走马观花"，也要尽可能使其"下马观花"，领略佳景，时间上要有余地[①]。

主题四　旅行社产品主题设计

一、旅行社产品主题

旅游者对传统路线渐生冷落，个性化的主题旅游产品逐渐成为旅游市场的"新宠"。所谓主题旅游产品，学界并没有统一的定义。本书认为，主题旅游产品是指为了满足旅游消费者不同旅游需要所设计的市场细分准确、特色鲜明、主题突出、目的明确、活动设计佳、体验效果好的旅行社产品。主题旅游产品通常是一系列产品，在某一主题之下根据季节、时间、资源、市场进行具体产品谋划。例如，某旅行社设计了时尚系列旅游产品，包括去印度尼西亚考一张潜水证；去欧美海滩跑上一场马拉松；去非洲的海岛拍摄婚纱照；抑或到韩国来一场前卫时尚的美容之旅等。又如，某旅行社为迎接暑期的到来，设计了"全家人的暑假"主题系列旅游产品，该系列产品聚焦学龄前儿童家庭暑期的出游需求，包括"公益旅行""乐园狂欢""游学实践""世界探索"四大主题，以"陪伴是最好的爱"为口号，倡导父母陪伴孩子在暑期去探索大千世界。

主题是旅行社产品的中心思想，是旅行社产品设计者设计愿景的集中体现。从价值角度来看，主题是指产品能够给顾客带来的什么样的旅游体验，达到什么样的效果。旅行社产品主题一般通过浓缩的口号和标语鲜明地表达出来，使旅游消费者从口号和标语中能够领会出产品的目的、精华、特色，建立起产品与旅游者消费之间的供

---

① 张进伟. 旅行社OP计调实务［M］. 成都：西南交通大学出版社，2014.

需对应关系。

二、旅行社产品主题的作用

据行业反馈，有的在线企业的主题旅游产品已经占到总量的 40% 左右，主题旅游已经成为一种重要趋势。旅行社产品的主题有以下几点显著作用：

1.提高产品的识别力与竞争力

主题旅游产品以鲜明的主题区分于传统旅行社产品，也将不同企业的产品设计力与资源融合力区分开来，能显著增强产品的区分度，即将本企业的产品与竞争者产品区分开来。同时，由于旅行社产品的主题是基于一定的市场细分进行设计的，巧妙设计的旅行社产品能够引起消费者的共鸣与及时响应，使本产品从同类产品中脱颖而出。这样不但可以提高产品的销售能力，还可以提高旅行社的整体竞争力。

2.提高旅游者的消费满意度

主题旅游产品将一定的资源特点和消费者需求特点相融合，并针对其中的旅游要素与主题进行相应的设计，较传统的旅行社产品更能满足旅游者的需求。主题旅游产品不仅仅是有主题的，更重要的是产品的组织方式、服务方式、价值内涵有质的提升，从而提高了旅游者的满意度。

3.便于销售部门进行销售提炼

旅行社产品的主题本身可能就是一句别具特色、富有创意的广告语。产品设计部门的主题设计及其产生的主题口号可以直接为线上线下销售提供依据，成为吸引游客、促进购买的重要因素。销售的一项重要内容就是进行有效的产品信息沟通，取得顾客的信任。旅行社产品的生产与消费具有同一性，游客对产品的预期、想象、愿景都会成为其做出购买行为的重要依据。主题旅游产品由于自身鲜明的主题，使游客未完成旅游就可以基于已有的知识、经验在头脑中呈现出未来的旅游图景，如果与自己的期望相符，甚至有惊喜，游客就能消除对产品的怀疑、质疑与不信任，迅速做出购买与消费的决定。

4.有效提升产品的溢价力

传统旅行社产品的价格低，产品获利能力较弱，甚至零负团费的现象仍然没有完全杜绝，产品获得能力较低。而主题产品由于主题突出、市场形象鲜明、市场欢迎度高，可以以其自身的竞争力和提供的高附加值采取撇脂定价策略。这种产品定价更高，从而可以获得更高的利润。仔细观察与分析后我们会发现，诸如汽车、箱包、服装等其他消费行业，品牌溢价力都很高，主题旅游产品、产品主题设计同样可以获得较高的溢价能力。未来随着主题产品的开发、旅行社品牌的打造，市场上口碑更好、产品开发设计能力更强的旅行社会获得更强的旅游市场溢价能力。其实质反映的是产品的研发能力和服务能力，这与制造业中的产品研发、设计有异曲同工之处。

三、旅行社产品主题的设计路径

旅行社产品的主题可以从不同的视角进行分析与提炼，目前还没有一套成熟的模式可供借鉴，可谓仁者见仁，智者见智。通过研究分析，我们可以从三个路径来设计旅行社产品主题。

1.从资源特色的角度进行设计

旅行社是为了满足旅游者的需要而对旅游资源进行开发与设计的，一些大型的旅游项目通过充分的论证与调研，会请专业的团队进行策划、运营。旅行社作为资源与顾客的媒介，完全可以挖掘资源本身具有的属性、特色，对产品特色进行巧妙的转化，从而形成自己的旅行社产品主题。转化的方法可以是转述、浓缩、集中、拆分、换概念等，这种借助旅游目的、旅游景区、旅游资源、目的地其他吸引物等已有的主题进行旅行社产品主题设计与提炼的方法也可以称为"借题发挥法"。

如山东省的旅游主题口号是"文化圣地，度假天堂——好客山东欢迎您"；河南省的旅游主题口号是"心灵故乡，老家河南"；云南省的旅游主题口号是"七彩云南"；浙江省的旅游主题口号是"诗画江南、山水浙江"；大连市的旅游主题口号是"浪漫之都"；宁波市的旅游主题口号是"港通天下、书藏古今"；自贡市的旅游主题口号是"一个有盐有味的城市"……这些主题口号具有高度的认可度和传播性，其本身就包含着可以进一步深入挖掘的主题，即挖掘这一主题之下的二级主题、三级主题，通过借题发挥，设计出主题鲜明的产品，而非"××地××天××晚××日游"这样干瘪的旅游产品名称（主题）。

也可在既有产品主题的基础上进行主题内涵的深入完善，例如，在婚庆产品中将婚俗文化融入，在奖励旅游产品中将企业文化融入等。[①] 同样是到海南、阳朔旅游，深圳某旅行社针对大龄青年以"旅游 + 交友"的方式推出，在时间安排上则利用周末，周五下班后出发，周一还能准时上班，不影响工作。这比单纯的北京、海南、桂林数日游显然有新意得多。以某地为旅游目的地的旅游线路均可设计成采用这种包含特定主题和特殊目的方式，并且同一旅游目的地，可设计成多个不同的主题以满足不同年龄层次、不同爱好者的需求，使消费者的关注点转移到特殊目的地上，从而形成新亮点。

2.从市场需求的角度进行设计

市场需求是旅行社产品的出发点和归宿点，产品是否满足旅游者的需求是检验产品的唯一标准。因此，产品主题可以从市场需求的角度进行提炼，将消费者的需求转化为产品，将消费者对产品需求的期望转化为产品的主题。消费者因性别、年龄、职业、兴趣、爱好、家庭、消费能力、身体状况、生活环境、宗教信仰等不同而具有不同的需求，因此可以从不同的视角设计不同的主题产品与产品主题。

根据旅游者的需求划分，旅行社产品有度假主题产品、游学主题产品、体育旅游产品、亲子旅游产品、宗教朝觐旅游产品、疗养旅游产品、摄影旅游产品等。在单项

---

① 陶静. 产品创新的方法［N］. 中国旅游报，2014-02-10（11）.

产品方面，旅行社可以结合主题、目的地、活动设计等有针对性地提炼产品主题。

3.从产品传达的体验角度进行设计

旅游体验是旅游的本质，是旅游活动的终极目标。如果说从资源的角度、从市场需求的角度设计产品主题，是从物质消费与消费实效角度进行提炼，那么从旅游体验的视角设计产品的主题便是从精神角度、感受角度进行提炼。"人生就像一场旅行，不在乎旅行的目的，在乎的是沿途的风景及陪你看风景的人"表达的正是这种旅游的感受。

文化因素是旅游者的主要旅游动机，是旅游资源的主要内涵，是旅游业的灵魂和支柱。景以文显，文以景传，二者相互映衬，共同传递着强烈的旅游文化信息。旅行社以某一种文化为脉络，利用不同文化与地域的有机结合，开发出众多不同类型的产品，提高了旅游者对该产品的消费价值，增强了这种产品的吸引力。例如，依托胡杨林"活着一千年不死，死后一千年不倒，倒后一千年不朽"的文化内涵策划生命体验主题的旅行社产品（陶静，2014）。

研究收集旅游者的体验，并将这种体验通过艺术化、文学化的手法表达出来，替游客讲出想说而又表达不出的那种消费体验，正是主题设计的重点工作。

主题五　旅行社产品特色设计

一、产品特色的内涵

我国多数旅行社的产品同质化现象比较严重，产品的个性化特征不突出。无论是在创意理念、日程安排、游览内容、组织形式和服务质量方面，还是在广告宣传和营销策略方面，产品都极为相似，没有将顾客划分为不同的细分市场，更没有根据各市场的不同需求有针对性地开发产品。

特色就是产品的特别之处，是与一般产品或同类产品相比的突出之处、差异之处。特色能够增强产品的区分度，提高产品的竞争力。旅行社要想摆脱低价竞争的困境，就必须有效地创造和扩大产品的差异化。旅行社产品差异化是指在同类产品的生产和经营中，不同旅游企业所提供的产品具有的不同特点和差异。旅行社产品的差异化不仅指物理上的差异，同时，由于旅行社产品在多数情况下是通过服务来体现的，因此，其差异化更取决于旅游消费者心理上的主观差异。旅行社采取的差异化方法通常包括开发新旅游线路的横向差异和提高服务质量、提供增值服务的纵向差异。[1] 从产品价值角度来看，核心产品、展现产品和附加产品这三部分都可以展现产品的特色，或者说产品特色蕴藏在产品的三个层次之中。

产品主题与产品特色紧密相关，有主题的产品都是具有特色的产品，特色是产品主题的具体体现。产品的主题或产品的命名中就已经包含了产品的特色，是产品特色

---

① 杨丽，李帮义，兰卫国. 基于博弈分析的旅行社产品差异化策略研究［J］. 管理评论，2010（1）.

最集中的浓缩。产品的名称、主题和特色可谓一脉相承。需要说明的是，有特色的产品未必主题鲜明，但是没有特色的产品一定没有主题。

之所以进行产品特色的设计，是为了吸引旅游者，形成独特的卖点。特色就是要给旅游者一个或几个选择该产品的理由。产品特色的挖掘、提炼过程也是寻求产品差异化、产品卖点的过程，在一定程度上产品的特色就是产品的卖点。所以，产品特色、产品卖点在旅行社产品设计中可以通用。

二、产品特色设计方法

个性化旅行社产品的推出有助于将旅行社从恶性价格竞争的困境中摆脱出来，并向增强以产品设计、服务质量和品牌为导向的核心竞争力方向努力。旅游者和旅行社之间相互融合创造出来的个性化产品没有价格参照性，因此旅行社间的主要竞争手段由价格转移到产品设计、服务质量、旅行社品牌形象等方面。以顾客差别化为基础的个性化产品有助于旅行社提高对市场需求变化的适应能力和应变能力。旅行社单凭创造热线产品品牌来吸引游客的做法已显得过于被动和消极，而主动提供充满创造力、个性化的定制产品和服务，会对游客有更大的吸引力。

产品特色的提炼可以从不同角度、不同层次进行，如按有形产品和无形产品划分，可以从物质和精神两个角度进行提炼；按产品包含的人与物划分，可以从服务与物质两个方面提炼；按产品价值层次划分，可以从核心体验、产品展现、增值服务方面进行提炼。具体方法有：

第一，从单一要素中提炼。食、住、行、游、购、娱任何一方面的独特性都可以提炼为特色和卖点，如全程米其林餐厅、全程挂牌五星酒店、住特色民宿、金牌导游、全程方言导游等。

第二，从元素的组合中提炼，如纯玩团。

第三，从产品档次中提炼，如五星团、品质团。

第四，从旅游方式中提炼，如双飞、动车游。

第五，从增值服务中提炼，如资深主持人、旅游达人带您游。

第六，特殊的活动设计。特殊目的与旅游线路结合起来，可形成若干新的产品形态，如南京某旅行社推出的"英语夏令营""赏识亲子夏令营"（赏识教育+旅游线路）等，这些产品形态使各旅行社产品由原来的价格竞争转变为高层次的特色服务竞争，具有广阔的市场空间。

在线课堂3-3

旅行社产品体系及构成

主题六　旅行社产品体系设计

一、旅行社产品体系的内涵

旅行社产品体系是指旅行社所有产品在数量、结构、质量、功能等方面的构成与组合关系，各种不同类型、不同功能、不同档次、不同质量的产品构成了旅行社产品库。旅行社产品的丰富程度、创新程度反映了一个企业产品开发能力、创新能力的大小，也反映了企业的综合实力。

市场营销学从宽度、长度、深度和关联度四个维度制定产品组合的战略。其目的是使产品的广度、深度及关联度处于最佳结构，从而提升企业的竞争力。

产品组合的宽度是指旅行社生产经营的旅游产品线的多少。如旅行社开发与销售观光产品、度假产品、专题产品、单项产品及特种旅游产品等。

产品组合的长度是指旅行社所有产品线中产品项目的总和。

产品组合的深度是指旅游产品线中每一条产品线包括的产品数量。如旅行社观光游产品线下的产品项目有10种，古镇观光游是其中一种，而古镇观光游又有5个古镇和3个档次，则古镇观光游产品的组合深度是15。

产品组合的关联度是指各产品线在生产条件、分销渠道、开发资源及其他方面相互关联的程度。

行业视窗 3-5

沿着文物主题
游径走进历史

二、旅行社产品体系的构成

1.根据产品范围划分

根据旅行社产品范围划分，可以将旅行社产品体系分为三类：单项旅游产品、旅游线路产品、区域旅游产品（如图3-1所示）。

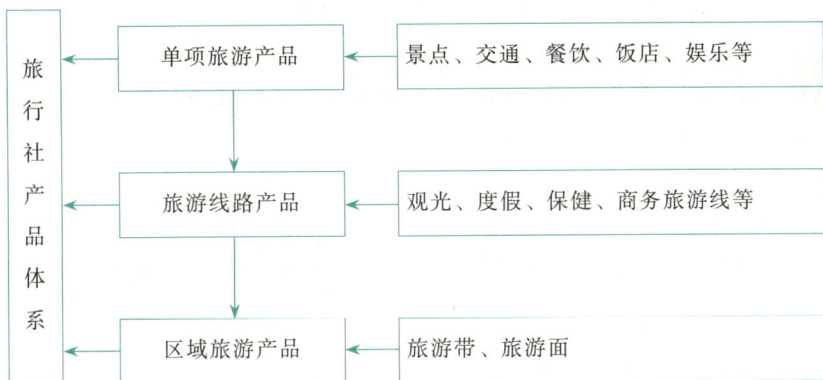

图3-1　旅行社产品体系（根据产品范围划分）

（1）单项旅游产品

单项旅游产品是指旅游六大要素"食、住、行、游、购、娱"中的单个要素产品，包括旅游饭店、旅游交通、旅游餐饮、旅游景点、娱乐场所、旅游商店提供的产品和服务，如一个景区、一间客房、一次供餐、一件旅游纪念品、一次导游服务、一场民俗歌舞等。当然，单项旅游产品也包括旅行社提供的签证服务、预订服务等。

（2）旅游线路产品

旅游线路产品是旅行社产品的典型形式。它是旅行社以旅游吸引物为中心，将食、住、行、游、购、娱等单项服务组合在一起，并以一条旅游线路的形式表现出来，提供给旅游消费者的产品。旅游线路产品是单项旅游产品按照某一逻辑或者主题组合而成的，由于组合的多样性，形成了丰富多彩的线路产品。有学者根据线路的主题和特色，归纳出了旅游线路产品的"家族谱"。

（3）区域旅游产品

区域旅游产品是指一个区域所能提供的各种形式的旅行社产品的总和，包括所有单项旅游产品和线路旅游产品。这些单项旅游产品和线路旅游产品都存在于这个区域，并且由某种地脉和文脉相互联系，形成一个整体，体现出地区的整体形象。区域并非一个行政区域的概念，它既包括传统的行政区域，也包括特定的地缘区域。如东北、西北、华北、华中、华南、西南，长三角、珠三角、环渤海等都可以有特色的旅行社产品。

区域旅游产品按照特色可以划分为区域内观光产品、红色旅游产品、区域生态旅游产品、文化旅游产品等。一般来说，区域旅游产品有一个整体形象，这个整体形象的支撑点是区域里最经典、影响力最大的景区和旅游线路。区域里的景区与旅游线路有一个层次结构，如果按照产品的知名度、影响力和市场号召力来分，区域旅游产品又可以分为拳头产品、重要产品、补充产品。拳头产品是区域中少而精的景区及线路，主要面向区域外的市场，并形成区域旅游产品的整体形象；重要产品是区域中数量较多、质量较好的景区和线路，主要针对区域周边和内部市场；补充产品是区域中大量的一般景区和线路，是其他类产品的有益补充，主要针对区域内部居民。

2.根据接待规格划分

旅行社产品根据接待规格的不同，可分为豪华型、标准型和经济型产品。

（1）豪华型产品

酒店宾馆选择具有当地特色、经营品质优秀的五星级或四星级宾馆，餐饮以目的地的特色风味餐为主，市内交通为豪华旅游车，城际交通以火车软卧、动车和高铁二等座以上、飞机头等舱为主。配备最优秀的导游，提供最优质的服务，让游客获得最佳的旅游感受。

（2）标准型产品

酒店宾馆选择三星级宾馆或同档次宾馆，餐饮以标准餐团餐为主，适当安排当地风味餐，市内交通一般选择空调旅游车，可以达到安全舒适的服务标准，城际交通一般以火车硬座、动车二等座、飞机经济舱或者旅游大巴为主。

（3）经济型产品

酒店宾馆一般以经济型酒店为主，餐饮为普通团餐，以游客吃饱为基本标准，市内交通多采用普通大客车，城际交通以火车硬座、旅游大巴为主。

豪华型、标准型、经济型不仅体现在旅行社产品中物质产品的规模、档次和舒适度方面，还体现在非物质部分的导游服务、主题设计等体验方面，同时体现在其他人性化的服务方面，如酒店的位置、装修水平、经营时间、目的地标志性景区景点的含金量、自由活动时间的安排、城际交通的出发与抵达时间等方面。如同一路线，早间飞机和晚间飞机在旅游的便捷程度和旅游体验方面会有较大差异。

3.根据产品性质划分

从产品性质看,旅行社产品可以分为观光旅游产品、度假旅游产品、文化旅游产品、生态旅游产品、商务旅游产品、特种旅游产品等不同类型。

（1）观光旅游产品

观光旅游产品在长期发展中形成了内容广泛、种类繁多的产品类型,从内容上看,主要有自然景观、国家公园、野生动物园、海洋公园、城市观光等。观光旅游产品作为一项基本的旅行社产品,在今后相当长一段时期内仍然占有重要的地位和市场份额。

（2）度假旅游产品

度假旅游产品是人们为了疗养的目的或者放松身心,去环境幽美、设施优良的地方度过一段时间的旅游活动。度假旅游产品的发展历史很长,从传统的温泉度假、海（湖）滨度假、森林度假等度假旅游产品发展到包括滑雪度假、野营度假、乡村度假等在内的综合性度假旅游产品,其不仅发展迅速,内容丰富,而且特色更加鲜明,规模不断扩大。度假旅游产品是目前深受旅游者喜爱的旅行社产品,旅游者不仅可以在度假过程中放松身心、恢复体力,还可以欣赏优美的自然风光,陶冶情操,获得美的享受。相对于传统的观光旅游产品,度假旅游产品可以显著提升旅游休闲的质量和体验,已逐渐成为最受欢迎和流行的旅行社产品。

（3）文化旅游产品

文化旅游产品内容丰富、种类繁多,概括起来主要有文物古迹、博物馆、文化艺术、民俗风情、宗教朝觐等。随着社会经济的发展,还涌现出了许多以文化旅游产品为主的文化旅游区或旅游文化中心。

（4）生态旅游产品

生态旅游产品是以生态环境为基础,以不破坏和不影响生态环境为前提,合理满足旅游者需求的旅行社产品,是一项认识大自然、欣赏大自然和回归大自然的旅游活动,也是一项充分体现人与自然和谐相处的旅游活动,因此许多人也把生态旅游称为"绿色旅游"和"健康旅游"。生态旅游产品的内容十分丰富,包容性较大,与其他旅游产品的组合性较强。

（5）商务旅游产品

商务旅游产品是为了满足公司、企事业单位商务洽谈、业务往来或交流信息、会议展览、奖励员工等需要而提供的产品与服务。

（6）特种旅游产品

特种旅游产品是为了满足旅游者在某些方面特殊的需要而开发的个性突出、主题鲜明、目的明确的旅行社产品。这类产品的游玩方式不同于一般的观光、度假和文化旅游,需要有一定的心理、体验方面的训练以及专业知识方面的培训。

根据产品性质不同,国内旅游学者将旅行社产品划分为不同的类型和项目,如孙国学、赵丽丽将旅行社产品分为11大类（见表3-1）,张素娟、宋雪莉将旅行社产品分为7大类（见表3-2）。

表 3-1   旅行社产品体系

序号	产品类型	产品项目
1	观光型旅游产品	自然观光产品：地表类观光产品、水域类观光产品和生物类观光产品等 人文观光产品：历史遗迹、现代观光产品、人造景观产品和观光农业等
2	休闲度假型旅游产品	海滨海岛度假、温泉疗养度假、乡村旅游度假、内陆湖泊度假、城市度假、山地度假、野营度假、森林度假和高山雪原度假等
3	商务会展型旅游产品	一般商务旅游、政务旅游、会议旅游、会展旅游和奖励旅游等
4	文化型旅游产品	一般文化遗产旅游、博物馆旅游、艺术欣赏旅游、摄影旅游、民俗旅游、怀旧旅游、祭祖旅游、宗教旅游、文学和影视旅游及红色旅游等
5	生态型旅游产品	自然旅游、绿色旅游、环保旅游、观鸟旅游、森林旅游、海洋旅游、草原旅游、乡村旅游、农业旅游、自然保护区旅游和科普旅游等
6	康体健身型旅游产品	一般体育旅游、水上运动、滑雪、漂流、高尔夫旅游、军事旅游、温泉旅游、体育赛事旅游、医疗旅游、疗养保健旅游等
7	刺激型旅游产品	探险旅游、探秘旅游、沙漠旅游、海底旅游、登山旅游、火山旅游、漂流旅游、太空旅游、极限运动旅游、狩猎旅游、惊险游艺旅游和斗兽旅游等
8	业务型旅游产品	修学旅游、教育旅游、校园旅游、工业旅游、观光农业和农业旅游、学艺旅游和科考旅游等
9	享受型旅游产品	休闲娱乐旅游、豪华列车旅游、豪华游船旅游、游艇旅游和美食旅游等
10	主题公园旅游产品	情景模拟、游乐、观光、主题和风情体验等
11	节事旅游产品	文化类、体育类、商贸类、民俗类、宗教类和自然景观类等

资料来源：孙国学，赵丽丽. 旅游产品策划与设计［M］. 2 版. 北京：中国铁道出版社，2016.

4.其他分类方法

旅行社产品按照旅游组织形式可以分为团队游产品、散客游产品、自由行产品；按照旅游付费方式可以分为全包价产品、半包价产品、小包价产品和单项产品；按日程可以分为一日游、两日游、三日游、多日游；按距离远近可以分为周边游、国内游、出境游；按出游方式可以分为汽车游、普通火车游、高速铁路游、飞机游、游船游；按游客流向可以分为地接游、组团游。

表 3-2 旅行社产品体系

序号	产品类型	产品项目
1	观光旅游产品	自然观光产品：地表类观光产品（名山、洞穴、峡谷、沙漠、岛屿等）、水域类观光产品（湖泊、温泉、喷泉、瀑布、海滨）、生物类观光产品（森林、草原、野生动物） 人文观光产品：历史遗迹（古典园林、寺庙、宫殿、古城、古民居、其他建筑）、现代观光产品（革命纪念地、城市风光、各类场馆、社会活动场所、观光工业、大型工程）、人造景观产品（微缩景观、仿古村落、主题公园、外国城（村）、野生动物园、水族馆）、观光农园
2	度假旅游产品	海滨度假旅游产品（度假地）、乡村度假旅游产品（度假地）、森林度假旅游产品（度假地）、野营度假旅游产品（度假地）、城市度假旅游产品（度假地）、温泉度假旅游产品（度假地）、湖滨度假旅游产品（度假地）
3	康体休闲旅游产品	体育旅游产品：滑雪、高尔夫、戏水、球类运动 保健旅游产品：医疗型旅游产品、疗养型旅游产品、力量型康体运动项目 生态旅游产品：乡村旅游、绿色旅游、野地旅游、赏花旅游、森林旅游 娱乐休闲类旅游产品：游乐项目（如游乐园）、被动休闲产品（如桑拿、按摩）、歌舞文艺类（如MTV、KTV）、游戏类产品（如电子游戏、棋牌游戏）
4	商务旅游产品	会议旅游产品、奖励旅游产品、大型商务型活动（大型国际博览会或交易会、大型国际体育活动、大型纪念或庆祝活动）、大型艺术节
5	文化旅游产品	修学旅游产品、民俗旅游产品、艺术欣赏旅游产品（喜剧、影视、音乐、绘画、雕塑、工艺品）、宗教旅游产品、怀旧旅游产品（怀古、仿古、寻古、寻根）、名人故居、墓地游产品
6	专项旅游产品	登山、潜水、考古、运动、探险、科考
7	特色旅游产品	享受型旅游产品（豪华列车、豪华游艇、美食）、刺激型旅游产品（探险旅游产品、冒险旅游产品、秘境旅游产品、海底旅游产品、沙漠旅游产品、斗兽旅游产品、狩猎旅游产品、体育观战旅游产品）

资料来源：张素娟，宋雪莉. 旅游产品设计与操作［M］. 北京：化学工业出版社，2012.

三、旅行社产品体系设计的目标及路径

1.旅行社产品体系设计的目标

旅行社产品体系设计的目标是设计出一系列类型多样、项目众多、搭配合理、可供销售的旅行社产品，满足旅游消费者不断增长的对旅行社产品的消费需求，通过不断的市场营销，实现较高的市场占有率，产生良好的经济效益和社会效益。

2.旅行社产品体系设计的路径

从产品的市场占有率角度来说，产品越多越好，而实际上企业的资源、人力和财力总是有限的，产品的类型、项目和总量也是有限的，因此要根据企业的实际情况进

行产品体系的设计，形成数量充足、结构合理，同时又能集中有限资源打造热销产品的结构体系。

（1）从产品组合的长度、深度和关联度上设计

一是延长产品组合的长度，根据企业掌握的上游资源和企业自身的经营能力、开发能力增加不同品种和类型产品的开发。二是提高产品组合的深度，以满足市场对同类产品不同规格、不同游览目的地、不同出行方式的要求，提高市场占有率和游客对企业产品的重复购买率。三是强化产品的关联性，根据企业的资源、市场情况、渠道等方面的关联度，增强产品的丰富程度，从而集中优势，提高产品竞争力。

（2）从拳头产品、基础产品、补充产品三维角度进行设计

根据产品市场的占有率和销售的贡献率，可以将产品分为拳头产品、基础产品和补充产品。拳头产品是资源掌握度好、销售贡献率高的热销产品，占总产品的少数。基础产品是具有一定的销量、能满足不同细分市场需求的产品，其占旅行社产品的大多数，构成了产品的"基础盘"。补充产品是产品的延伸部分，是相对冷门的产品或者市场销量较少的产品，形成了对拳头产品和基础产品的补充，能够满足部分游客的需要。

二八定律表明，少数产品占有了较高的市场销售率和市场贡献率。旅行社要通过大数据分析，集中有限的资源开发、维护、更新热销产品，形成拳头产品；同时培育基础产品，从基础产品中不断发现新的明星产品。

（3）从性质、距离、游程等多维角度进行设计

以旅行社产品的性质、旅游距离、旅游日程等为坐标，根据交叉点发现不同产品，再根据市场、竞争企业和可行性进行分析，从中选择可以进一步开发的产品。采用这种方法可以避免市场盲点，发现新的产品开发机会。

本章小结

旅行社产品设计以市场为导向，需要向前延伸到调研环节，向后延伸到售后服务及消费反馈环节。借鉴产品设计的一般流程，旅行社产品设计可以分为概念化阶段、产品化阶段、技术化阶段、商品化阶段、市场化阶段五个阶段。这是国内首次提出的旅行社产品设计的系统化方法，可以解释当前旅行社产品设计的实践做法，也可以为学习者提供有效的指引。旅行社产品设计的成果是形成产品设计文案，文案包括产品名称、设计背景、产品主题、目标市场、产品特色、产品属性、主要吸引物或活动、线路行程单、成本与报价、注意事项等内容。从文体上说产品策划案是说明文，对产品的市场、创意、行程等进行说明，它是计调操作、采购、宣传及销售的重要依据。产品设计的重点是产品主题的策划、特色的提炼和旅游行程的合理安排。产品主题是产品的中心思想，是产品设计师设计愿景的集中体现，从价值角度来看，是产品能够给游客带来什么样的旅游体验，取得什么样的效果。产品特色是产品与众不同之处，也就是产品的主要卖点，通过实践和理论研究，本书提出六条卖点提炼路径。主题和特色紧密关联，主题性强的产品一般富有特色。主题和特色可以有效地提高产品的辨

识度和区分度，提高产品的市场号召力。要真正地取得上述效果，需要在旅游行程、产品配置甚至营销中将主题和特色充分展示出来。

旅行社众多的产品汇集成为产品体系。对产品设计经理来说，应该具有全面的产品体系策划与诊断能力，根据市场和环境及时优化、调整产品，不断创新产品设计，提高产品的储备和新产品的供应能力。

知识听记 3-1

项目三

主要概念

旅行社产品设计流程　概念化　产品化　技术化　商品化　市场化　产品设计文案　旅行社产品主题　旅行社产品体系

思考讨论

1. 简述旅行社产品设计流程的内涵及各部分的主要任务。
2. 产品策划案包括哪些内容？
3. 旅行社产品主题的作用是什么？
4. 如何设计旅行社产品主题？
5. 如何提炼旅行社产品特色？
6. 简述旅行社产品体系的划分与构成。
7. 如何规划旅行社产品体系？

项目作业

1. 接受一家旅行社的委派，就某一产品设计进行前期调研分析。

要求：设计一份针对游客的问卷，了解游客的需要、动机、旅游消费的需求和建议；设计一份访谈问卷，了解旅行社人员和有关专家（如资深媒体人、旅游达人、产品设计领域的专家、老师等）的意见和建议；同时调研当前的消费环境。最后结合产品设计知识，提出本项产品设计的可行性建议。

2. 分析一家旅行社的产品体系，提出优化建议。

项目四
旅行社产品定价

学习目标

1.掌握影响旅行社产品价格的因素。

2.掌握旅行社产品的定价方法。

3.理解与掌握旅行社产品的定价策略。

4.掌握旅行社产品的计价方法，能够核算旅行社产品的成本；综合运用定价方法、定价策略制定产品的价格。

5.提升对本专业的认知度、理解度和热爱程度。

知识导图

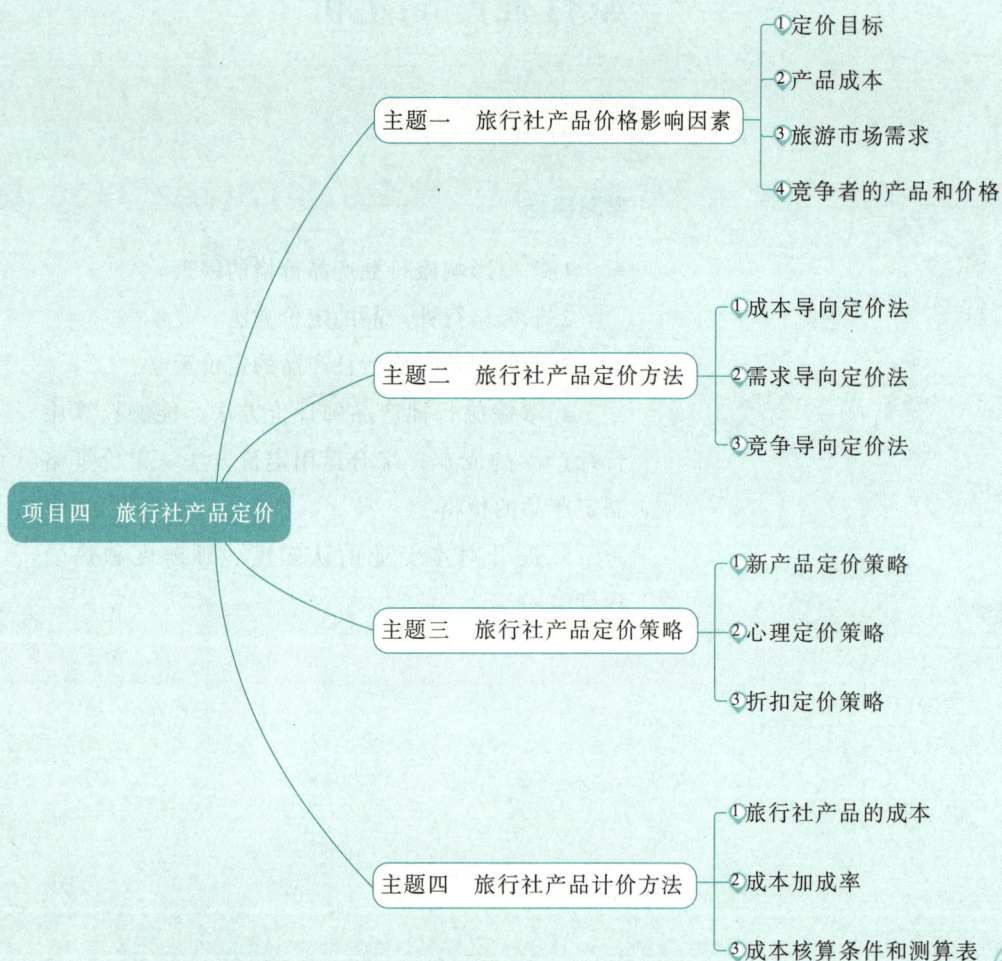

项目四　旅行社产品定价

主题一　旅行社产品价格影响因素
- ①定价目标
- ②产品成本
- ③旅游市场需求
- ④竞争者的产品和价格

主题二　旅行社产品定价方法
- ①成本导向定价法
- ②需求导向定价法
- ③竞争导向定价法

主题三　旅行社产品定价策略
- ①新产品定价策略
- ②心理定价策略
- ③折扣定价策略

主题四　旅行社产品计价方法
- ①旅行社产品的成本
- ②成本加成率
- ③成本核算条件和测算表

主题一　旅行社产品价格影响因素

产品最终要推向市场，需要考虑市场的接受程度。在购买产品时，价格是最敏感的因素。产品设计既要有可行性，即要以市场为导向，考虑顾客对价格的接受程度，根据市场的消费心理、消费习惯和消费能力进行设计，也要综合考虑产品的成本及价格对产品质量的影响。一般来说，旅行社对产品定价时要根据定价目标选择合适的方法，进行三方面六个要素的分析，最终做出定价决策。这三方面六个要素是：成本和财务分析（成本核算、财务分析）、消费和市场分析（确认消费者、细分市场分析）、竞争分析（确定竞争者、竞争分析），如图4-1所示。

在线课堂4-1

旅游产品价格影响因素

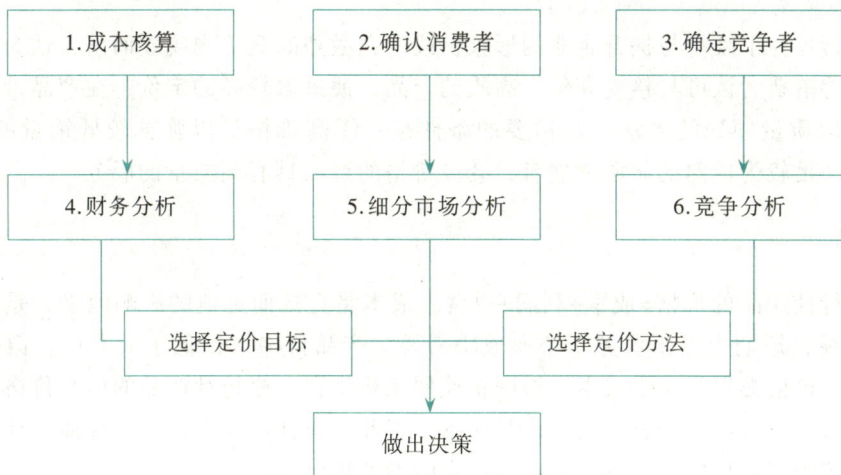

图4-1　旅行社产品定价步骤

旅行社产品的价格受到定价目标、产品成本、旅游市场需求以及竞争者的产品和价格的影响，因此制定价格时要综合考虑这些因素的影响。

一、定价目标

旅行社产品的定价受企业的目标市场战略、企业的竞争情况、市场环境因素的影响，产品定价要服务于企业战略，短期目标要服务于长期目标。旅行社产品的定价目标多种多样，不同时期、不同季节、不同市场竞争情况的旅行社有着不同的定价目标。

1.生存目标

如果市场产品供应过剩，竞争激烈，企业面临生存危机，就要把生存作为主要目标。相对于利润，企业首先要活着，只有做到盈亏平衡，企业可以维持生存，才有继续发展的可能。

2.利润最大化目标

当旅行社产品有较强的竞争力，旅游消费需求旺盛时，旅行社就要将需求转化成利润。此时，企业通过制定较高的价格，并通过扩大销售，获取高额的利润。一般来说，旅游旺季销售的产品、热门产品的价格较高，可以获得较大的收益，并弥补淡季的低收益。

3.市场占有率目标

如果企业想取得较大的市场销量、具有较高的市场占有率，继而提高企业知名度，带动销量和销售额的全面提升，或者通过销量促使采购成本降低，一般应采取低价渗透策略。同时，低价还可以有效地提高市场进入门槛，排斥竞争对手。如上游供应商按照一定的客人招徕量也就是采购量给予价格折扣，并在财务周期内进行销售奖励，此时旅行社常常为了年终"冲量"而选择低价策略。

具备下述条件之一，企业可以通过低价来提高市场占有率：①市场对价格比较敏感，价格降低使旅游需求迅速增长；②成本会随着销量的增加而下降；③低价能对竞争者形成有效阻隔。

4.质量领先目标

旅行社为了维持与提升企业的形象，或者在激烈的竞争中脱颖而出，认为理性成熟的旅游消费者认可与接受高价、高质的产品，便采取较高的定价，在产品设计与销售时采取质量领先的方法。其需要的条件是：①高价格足以弥补较低销量的损失；②拥有一批较为成熟的旅游消费者；③高价格的产品具有高质量的服务。

二、产品成本

旅行社产品的价格=成本+利润+税费。成本是直接而迅速的影响因素，是产品价格的底线，短期内由于服务于企业战略需要，产品价格可以低于成本价，但是长期看，产品价格必须要高于成本，否则企业便无法生存。旅行社产品的最高价格取决于市场需求，而最低价格就取决于产品成本。因此，设计产品定价时必须清楚计算其成本，并按照定价目标和定价方法给出一定的参考售价。

1.固定成本

固定成本即不随旅行社产品销量的变动而变化的成本，如旅行社的物业租赁费、设施设备支出、管理人员工资、旅行社责任险等，不论旅行社产品的销量有多少，都必须支出。

2.变动成本

变动成本指随旅行社产品销量变动而变化的成本，如旅行社产品要素采购成本、工人工资、营销宣传费用等。

3.总成本

总成本即固定成本与变动成本之和。

4.平均固定成本

平均固定成本等于总固定成本除以总销量。固定成本虽然不随销量的变动而变动，但是平均固定成本随着销量的增加而减少。

5.平均变动成本

平均变动成本等于总变动成本除以总销量。平均变动成本随着销量的增加有一个

先递减、达到一定销量后又增加的趋势。原因是随着销量的增加，由于人员的业务熟练程度提高以及采购优势增加等，平均变动成本逐渐降低，但是当销量达到一定规模后，由于相关费用的增加，平均成本又有上升的趋势。这个转折点就是"最大最小值"，也就是最大销量、最小成本时的点。

6.平均总成本

平均总成本等于总成本除以总产量。从平均固定成本、平均变动成本的变化趋势来看，平均总成本一般随旅行社产品销量的增加而减少。

三、旅游市场需求

旅游市场需求对企业产品定价有着重要影响。当需求旺盛、处于卖方市场时，旅行社就可以定较高的价格；当需求不足、处于买方市场时，高价格就没有竞争力。旅游市场需求受到价格、收入、政策、产品性质、替代品和对旅行社消费认知等多方面的影响。一般来说，旅游者的国内旅游消费需求弹性较大，而出国旅游的消费需求弹性较小。

行业视窗 4-2

旅游淡旺季现象是行业常态

四、竞争者的产品和价格

根据竞争状况，市场可以分为完全竞争市场、完全垄断市场、寡头垄断市场和不完全垄断市场。旅行社市场是一个接近于完全竞争的市场，在旅行社行业中有大量的企业向旅游者提供大致相同的产品，其价格也都基本相同。企业向市场推出新产品时要了解竞争者产品的性价。如果自身的产品具有较强的创新性、独特性、新颖性，则可以定高价，反之只能随行就市。同时，企业要注意及时调整价格或营销组合，以应对市场和竞争的变化。

主题二　　旅行社产品定价方法

旅行社进行产品定价时要综合考虑成本、需求及竞争等多种情况，实际定价时应主要考虑其中一种影响因素。具体来说，旅行社主要采用三种导向定价方法，即成本导向定价法、需求导向定价法和竞争导向定价法。

在线课堂 4-2

旅行社产品定价方法

一、成本导向定价法

以成本为定价依据的方法即成本导向定价法，这是旅行社普遍采用的、简单便捷的定价方法。按照性质的不同，成本导向定价法也可以分为成本加成定价法、边际贡献定价法和目标成本定价法。

1.成本加成定价法

成本加成定价法，是以单位成本加上一定比例的成本利润率来定价的方法。成本利润率是利润总额与成本总额的百分比。成本加成定价法是成本导向定价法的基本形式，也是最简单的定价方法。其计算公式为：

P=c×（1+r）

其中：P为旅行社产品的单价；c为产品的单位成本；r为产品的成本利润率。

例如，某旅行社产品（旅游线路）的单位成本为800元，成本利润率是20%，则该旅行社产品的单价为：

单位价格=单位成本×（1+成本利润率）

　　　　=800×（1+20%）

　　　　=960（元）

成本加成定价法计算简便，能够确保旅行社销售产品的成本得到补偿，并取得合理利润。但是其定价的条件是旅行社经营正常、需求较稳定、成本相对稳定。其缺点是忽视了市场竞争、供求变化等因素，定价的主观性较大。

2.边际贡献定价法

边际贡献定价法又称变动成本定价法，是以旅行社产品的变动成本加上一定的边际贡献计算产品价格的方法。其实质是价格高于变动成本就可以销售。其计算公式为：

单位产品价格=单位变动成本+边际贡献

即：边际贡献=单位产品价格-单位变动成本

边际贡献，就是单位产品销售收入减去变动成本后的余额。这个余额用于补偿固定成本费用，在达到盈亏平衡点之前，所有销售出去的产品获得的边际贡献的总额都用来补偿固定成本费用，此时虽然无盈利，但可以减少亏损。在达到盈亏平衡之后，也就是售价大于成本后，企业才能实现盈利。

由于旅游市场竞争激烈，旅游淡旺季明显，淡季时需求明显不足、市场供大于求，如果此时仍然以总成本为基础定价出售，就难以为市场所接受，销量不大，会造成人力资源的浪费，不仅不能补偿固定成本，连变动成本也无法收回。此时，可以采取边际贡献定价法，只要售价大于变动成本，就可以定价销售。因此在淡季，与其让人员闲置，不如采取低于总成本但高于变动成本的低价策略来扩大销售，这样不但可以减少固定成本的亏损，实现对固定成本的补偿，而且可以起到减少裁员、储备人才、维系顾客、不断创新的作用。

如某旅行社在淡季推出一日游包价产品，市内交通费50元，餐费60元，导服费10元，门票30元，固定成本为20元，共计170元。

由于处于淡季，如果按照170元难以销售，此时可以采取边际贡献定价法，只要售价大于150元，即可销售。

边际贡献定价法的优点是旅行社在市场不利的情况下仍可以维持一定的市场份额，并可根据需求和季节的变化进行灵活的价格调整。但要防止陷入低价或者价格战的陷阱，甚至出现零负团费的现象。

3.目标成本定价法

目标成本定价法，不是以当前的实际成本而是以期望达到的目标成本为依据，并结合目标利润来定价的方法。这种定价方法建立在旅行社长期目标、总体利益和市场竞争力的基础上，由于预期成本低于当前的实际成本，因此价格较有优势。其计算公式为：

产品价格=目标成本×（1＋目标利润率）

采用此定价法时，目标成本的测算是关键。目标成本是用盈亏平衡分析的原理加以确定的。盈亏平衡点是总收入减去总成本与税费后不亏不赚的那一个销售点（量）。采用目标成本定价法，当前价格具有一定的优势，能保证企业按期收回投资，并能获得预期利润。但是定价是依据预估的销量推算的，由于旅行社行业的竞争性和脆弱性，预估的销量并不一定能够完成。因此企业应具有较强的产品生产、销售和管理能力，同时具有较强的上下游资源整合能力，对未来生产经营中主客观条件的变化具有较强的判断与应对能力。

二、需求导向定价法

需求导向定价法，是根据产品的需求程度和价格接受能力来定价的方法。它不是以产品的成本为定价依据，而是根据市场容量、消费者支付能力和消费心理接受程度确定旅行社产品价格。

1.反向定价法

反向定价法，是指旅行社对市场需求状况、竞争状况及同行产品价格进行充分预测、评估后，确定消费者可以接受和理解的价格，然后调整产品的内容和成本的定价方法。采用反向定价法的关键是正确测定旅游者可接受的价格水平。测定的标准主要有：产品的市场供应情况、产品的需求情况及消费者对价格的敏感程度、消费者愿意接受的价格水平、与同类产品的性价比等。这种定价方法考虑了同行的情况、消费者的支付能力和支出意愿，具有较强的针对性。

2.理解价值定价法

价值决定价格，价格是价值的反映。对价值的理解具有主观性，因而消费者对产品价值的判断与产品的实际价值常常会发生偏离，导致价值常常被高估或低估，但经常被低估。理解价值定价法是以旅游者对旅行社产品的价值理解和认知程度来定价的方法。其关键是企业要利用各种营销手段，增强旅行社产品的购买"获得感"，影响旅游者对旅行社产品的认知，形成有利于企业的价值观念。如果价格刚好在消费者的价值判断区间内，就会促使旅游者做出购买行为。

3.需求差异定价法

需求差异定价法，又称歧视性定价法，是根据旅行社产品的需求强度和需求的价格弹性来定价的方法。其主要形式有：

（1）以不同的旅游者群体为基础的差别定价

不同职业、阶层、收入、年龄、教育背景的人群，会有不同的旅游需求，其支付能力和价格敏感程度也不同。一般来说，低收入群体的消费能力弱，对价格敏感；高收入群体的支付能力强，更注重产品的质量、特色与内涵，价格敏感性较低。

（2）以不同的旅行社产品为基础的差别定价

根据不同的产品性质进行产品定价时，成本是唯一考量的因素。一般情况下，新产品、度假产品、主题文化性强的产品、稀缺资源的产品价格较高。

（3）以不同地域为基础的差别定价

相同的产品出售给不同地域的旅游者，其价格可以有差异，主要视目的地客人的消费水平和接受程度而定。

（4）以不同时间为基础的差别定价

不同季节、不同日期、不同时间，旅行社产品的成本及旅游需求程度会有明显不同。旅行社在定价时，应综合考虑旅游淡旺季、旅游时间、节假日等因素。

实行差异性定价的基本条件包括：一是能够进行市场细分，不同市场之间有明显差异；二是细分市场之间无法相互流通，即旅游者不可能以低价买来旅行社产品倒卖给其他游客；三是在高价市场中用低价竞争的可能性不大；四是价格差异不会引起消费者的反感和厌恶。

三、竞争导向定价法

竞争导向定价法，是以市场上竞争对手的价格作为制定企业同类产品价格主要依据的方法。

1.随行就市定价法

随行就市定价法，即本旅行社产品的价格与同行的产品价格水平保持一致的定价方法，也称随大流定价法，主要应用于需求弹性较小或供求基本平衡的产品。在这种情况下，单个企业提高价格，就会失去顾客；而降低价格，需求和利润也不会增加。随行就市定价法可以避免过度竞争，减少市场风险，获得适度利润和市场份额。目前，各旅行社的产品差异不大，其大多采取这种随行就市的定价方法。

2.竞争价格定价法

竞争价格定价法是根据本旅行社产品的实际情况及与竞争对手产品的差异状况来确定价格的方法。这种方法一般为实力雄厚或产品独具特色的企业所采用。定价时，首先，将竞争产品价格与企业估算价格进行比较，分为高于、等于、低于三种价格层次；其次，将本企业产品的性能、质量、成本等与竞争企业进行比较，分析产生价格差异的原因；再次，根据以上综合指标确定本企业产品的特色、优势及市场地位，在此基础上，按定价所要达到的目标，确定产品价格；最后，跟踪竞争产品的价格变化，及时分析原因，相应调整本企业产品的价格[1]。

3.投标竞争法

在旅行社产品销售中，特别是在大客户市场，投标竞争是一种很普遍的方式。投标竞争法是根据招标方的规定和要求进行报价的方法。一般情况下，价格相对低的产品更有竞争力。

[1]　赵兴军. 现代市场营销学案例教程［M］. 北京：北京交通大学出版社，2007.

主题三　旅行社产品定价策略

一、新产品定价策略

　　旅行社产品都有一定的生命周期，在生命周期的不同阶段，定价策略各有不同。新产品定高价还是定低价要根据市场需求、市场潜力、竞争情况和外部情况综合考虑。

1. 撇脂定价

　　撇脂定价是高价格策略，是指旅行社产品在投入市场初期，把产品的价格定得较高，以撇取最大利润。这种定价策略就如同从牛奶中撇取奶油，因而被形象地称为撇脂定价。优质的具有特色的旅行社产品投入市场时，可以定高价格，这符合一般的规律。这种定价策略有利于在市场上快速地树立起优质的市场形象，形成良好的品牌和口碑效应，吸引旅游者购买，同时有利于获得高额的利润，降价空间大。采取撇脂定价的条件是产品具有特色和吸引力，市场上有足够的购买者并且他们对高价持认同态度，高价格足以弥补因高价导致的销量减少的损失。

2. 渗透定价

　　渗透定价是一种低价策略，是指将旅行社新产品的价格定得相对较低。这是利用消费者求实惠、求廉价的特点吸引大量顾客，提高市场占有率。这种方法的优点是能够以较低的价格打开销路，迅速地占领市场，并且可以阻止其他竞争者加入。采取渗透定价的条件是游客对价格敏感，低价能够刺激销量的大幅增加，旅行社的总成本会随着销量的增加而下降。

二、心理定价策略

1. 声望定价

　　声望定价指利用消费者对产品品牌的信任感、荣誉感和满足感的心理所采取的一种定价方法。旅游消费者购买的不仅仅是产品，还有产品的附加值所带来的购买便利、优质服务和荣誉感等。一般来说，名牌产品特别是奢侈品故意把价格定得很高，就是利用了名牌产品所具有的财富、身份、地位、品位等象征意义，满足了消费者的求名心理和炫耀心理。

　　真正优秀的旅行社产品制定较高的价格，不仅不会影响销量，反而可以扩大销量。因为旅行社产品具有无形性，看起来同样的线路，其内涵与品质存在较大的差异，成熟的消费者已经开始意识到高价格代表高质量、低价格代表低质量，往往选择价格较高的产品。"价值决定价格，价格是价值的反映"是基本的经济学原理，聪明的旅游者已经学会依据价格选择旅行社产品，减少购买的风险，他们相信一分钱一分货。

2.尾数定价

尾数定价是指利用人们对数字认知的错觉和求便宜的心理，在定价时保留零头，使消费者产生价格实惠、成本核算清楚的感觉，吸引潜在旅游者购买。如某种产品定价为698元，给人的错觉是不到700元，而且利用了尾数8的吉祥寓意，所产生的效果比定价700元要好得多。

3.招徕定价

招徕定价，是指利用顾客求廉的心理，特意将某几种产品的价格定得较低以吸引顾客。如超市会随机推出降价商品，或每天或定期推出一些低价商品，以吸引顾客经常来采购，同时也带动了其他产品的销售。如网店会以低价打造一两款"爆款"产品，借以提高排名，引来流量，带动产品销售。旅行社产品在定价时，也可从企业整体角度出发，通过这种策略带动整体产品销售。

三、折扣定价策略

旅行社在定价时，可以根据不同的交易方式、数量、时间、条件等，给予一定的折扣，以此来吸引个人或团体购买，如数量折扣、现金折扣、季节折扣、同行折扣等。

主题四 旅行社产品计价方法

行社整体产品的定价要综合考虑市场因素、竞争因素，从而确定产品定价的指导方向，服务于企业整体战略和经营管理目标。而对于单个产品的定价，通常采取成本加成定价法，一般在直接成本的基础上加上15%左右的成本利润率。

一、旅行社产品的成本

成本是定价的基础，在旅游线路中，成本包括各项消费要素费用、综合服务费、附加费、固定成本等。

1.大交通费

大交通费指国际旅游交通和城际旅游交通费用。大交通包括飞机、轮船、火车、汽车四种形式。国际交通一般是飞机，国内城际交通根据距离、时间、成本因素考虑采取合适的形式。一般10人以上可以申请团队机票，不足10人时可以散拼成团，申请一定的折扣。火车票和轮船票一般无优惠，但需提前预订[①]。

2.市内交通费

市内交通费是指地接的接待用车费用，一般根据人数的多少和接待规格采用不同的车型。

---

① 张进伟. 旅行社OP计调实务［M］. 成都：西南交通大学出版社，2014.

3.住宿费用

根据产品设计的不同标准，酒店等级会有较大差异。核算时，根据协议价格计算。计算房价时，要注意房型，酒店一般是标间，也就是一个房间住两人。如果有特殊要求，如一个人住一间（大床房），或者出现单男、单女时，要补相应的房差。

4.餐费

餐费应根据数量及相应的单价进行计算。一般情况下，早餐费用包含在房费里，无须单独核算，导游落实接待时也无须预订和付费，客人凭餐券或房卡用餐。但是在特殊情况下，如乘坐轮船、火车等清晨到达时，要根据情况另行安排早餐。

5.门票

景区参观费用除了首道大门票外，还有自主选择的观光车费用、观光索道费用、电梯费等。一般来说，团队游只包括首道大门票，其余费用由客人自理。但是对于高品质的旅游，景区内的二次付费项目也应包含在产品价格内。

育德启智4-1　　　　　　　　　　**旅游扮靓幸福生活**

在上海的中共一大纪念馆，大学生李响重温革命历史、感悟红色文化；在贵州安顺黄果树瀑布景区，辽宁游客杨阳刷脸入园，享受智慧旅游便利；在四川剑阁县双旗美村，成都游客王佳美和朋友徜徉花海，体会美丽乡村韵味；在山东济宁任城区"运河书屋"，市民郭璐在假期读书"充电"，感受文旅融合魅力……

新中国成立以来，我国旅游业从无到有、从小到大、从弱到强，逐步发展成为增强国民幸福感、提升国民健康水平、促进社会和谐的重要产业，成为具有优化区域布局、统筹城乡发展、促进新型城镇化功能的新经济增长点。特别是党的十八大以来，我国旅游业以更好满足人民美好生活需要为根本目标，推进文旅融合、拥抱智慧旅游、丰富旅游供给、优化市场秩序，在高质量发展之路上阔步前行。

改革开放后，我国旅游业发展迎来了春天。1981年，我国旅游业第一个发展规划出台，国内旅游逐渐起步并不断发展壮大，从增加创汇的单一功能向促进国民经济发展和增加就业等多种功能转变。

如今，旅游已走进百姓的日常生活。旅游市场供需两旺、欣欣向荣，旅游日益成为中国人小康生活的重要标志，也成为世界认识现代中国、开放中国、文明中国、美丽中国、幸福中国的途径。

旅游业的蝶变，得益于供需两侧所下的功夫。需求侧，持续强化消费激励和消费引导，把扩大旅游消费同提高人们的生活品质结合起来，拓宽旅游消费领域、释放旅游消费潜能；供给侧，不断丰富和优化旅游产品体系，推动旅游供给提质、扩容、升级，以高质量旅游产品供给引领和创造旅游新需求。

随着收入水平提高和市场持续发展，旅游从"有没有、缺不缺"的阶段到了"好不好、精不精"的阶段。紧跟消费新趋势，我国推进旅游供给侧结构性改革不断深化，从追求数量和规模向追求质量和品质转变，努力改善国内旅游供给品质，持续提升旅游服务质量，增加旅游市场有效供给。

资料来源：王珂. 旅游扮靓幸福生活［N］. 人民日报，2021-06-25.

思政元素：文旅融合　人民至上

所思所感：习近平总书记指出："文化产业和旅游产业密不可分，要坚持以文塑旅、以旅彰文，推动文化和旅游融合发展，让人们在领略自然之美中感悟文化之美、陶冶心灵之美。"党的二十大报告也对繁荣发展文化和旅游产业做出重要部署，提出"推进文化和旅游深度融合发展"。伴随着改革开放的进程和经济的快速发展，我国一跃成为世界上最大的旅游市场。改革开放 40 多年，旅游产业的发展和变迁正是我国经济发展和人民生活水平提高的一个缩影。旅游是幸福生活的一扇窗，也是世界认识美丽中国的重要窗口。

6. 导服费

导服费包括领队、全陪、地陪和景区讲解员的服务费用。

7. 保险

保险分为旅行社责任险和旅游意外险。旅行社责任险的投保人为旅行社，其作为成本一般计入固定成本中。根据法律规定，旅游意外险由旅行社向游客说明，由游客自愿购买。但是在实际操作过程中，旅行社往往采取事先向游客说明，征得游客同意后代为购买的方式。因此，根据实际情况，旅游意外险一般作为要素费用直接计入成本中。

8. 固定成本

经营管理过程中产生的固定成本，包括物业租赁及物业费、工资、水电费、办公费、旅行社责任保险及其他费用，需要以人均每天的成本计入价格中。实际运营时，一般采用简便的办法以"综合服务费"计入成本。

二、成本加成率

对旅行社产品来说，成本加成率一般以 10%～15% 为基准。成本加成定价的优点是简便易行，在正常情况下按此方法定价可使企业获取预期盈利；缺点是仅从企业的角度考虑价格，固定成本的分摊难以准确和合理地体现出来。

实际测算时，普通观光产品的成本加成率低于 15%，短程旅游产品的成本加成率低于 10%，而对于具有主题性的产品、度假性的产品、特色产品和出境游产品，企业可以获得较高的溢价，成本加成率一般在 15% 左右。

三、成本核算条件和测算表

1. 成本核算的基本条件

成本核算的基本条件包括定线路、定标准、定日期、定项目、定数量。

定线路：旅游行程是进行成本核算的基本依据。

定标准：接待标准决定了产品要素的采购价格，无标准就无法核算成本，如餐饮标准（是团餐还是风味餐）、酒店星级、交通座位标准等。

定日期：日期不同，价格不同。特别是汽车、酒店、景点的价格随着淡旺季、周

（左侧边栏）

知识在线 4-2

旅行社责任险
与旅游意外险
的区别

在线课堂 4-4

旅行社产品
成本测算表的
使用

末和非周末而浮动。确定了日期，方可核算成本或成本区间。

定项目：根据对产品线路的设计和旅游时空节点的安排，确定包含项目和推荐项目。在核算成本时，包含的项目——计算好单价和总价，不可遗漏也不可多加。

定数量：一是各个成本项的数量，如住宿天数、餐饮次数、交通数量等；二是产品的销量或目标销量，其与采购成本相关，如游客人数不同，则汽车均摊费用不同。

2.成本测算表

初学者除了对单价容易混淆外，第二个难点是对采购要素的成本价不清楚。因此，我们可以按照5~7折计算成本价。实际参与企业工作后，按照本企业与供应商的合同价格执行即可。第三个难点是计算成本时，容易漏项。因此，我们开发了成本测算表辅助学生学习，按照要素类别，在表格里填入相应的门市价、成本价、数量，即可自动得出小计和总计，再在此基础上按照一定的定价方法和定价策略确定销售价格。

本章小结

旅行社产品设计要以市场为导向，而价格是旅游消费最为敏感的因素。当前，旅行社市场竞争激烈，如何为产品确定合理的价格，既能提高产品质量，又能提高产品获利能力和企业竞争力是一个不小的挑战。旅行社产品设计者和产品经理要熟悉企业定价的影响因素、定价方法和定价策略，既能快速正确地核算产品的成本，又能综合考虑产品目标和企业目标，从而确定产品价格。

旅行社产品定价的影响因素包括定价目标、产品成本、旅游市场需求和竞争者的产品和价格等。产品的定价方法有成本导向、需求导向和竞争导向三种。成本导向定价法按照性质可分为成本加成定价法、边际贡献定价法和目标成本定价法；需求导向定价法可以分为反向定价法、理解价值定价法、需求差异定价法；竞争导向定价法可以分为随行就市定价法、竞争价格定价法、投标竞争法。旅行社产品定价策略有新产品定价策略、心理定价策略和折扣定价策略。

旅行社产品的成本包括消费要素费用、综合服务费、附加费、固定成本等，在核算成本时需要一些基本条件，如定线路、定标准、定项目、定日期、定数量。正确核算成本需要熟练掌握要素的类型、数量、采购价格，特别要注意各项要素及报价单位的使用。

知识听记4-1

项目四

主要概念

定价目标　成本导向定价法　需求导向定价法　竞争导向定价法　撇脂定价　渗透定价　心理定价　声望定价　尾数定价　招徕定价　折扣定价

思考讨论

1.旅行社产品定价受哪几个方面因素的影响？

2.旅行社产品定价有哪几种方法？

3. 简述新产品定价的策略。

4. 什么情况下旅行社产品可以采取撇脂定价策略？

5. 什么是心理定价策略？如何应用？

6. 旅行社产品成本包括哪些？

7. 旅行社产品成本核算的基本条件有哪些？

8. 旅行社核算产品成本时常犯哪些错误？

项目作业

1. 对比分析相同线路的产品，分析其价格的差别及产生原因。

2. 访谈旅行社，了解其产品定价方法，并在班级分享其产品定价规律。

实 训 篇

　　旅行社产品设计的实践性强，最终要接受市场的检验。本篇根据旅游市场的发展趋势和学生学习规律，选取观光游、度假游、商务游、老年游、亲子游、专题游（包括红色旅游、节庆旅游、邮轮旅游、研学旅行）等典型旅行社产品进行介绍，并对这些典型的旅游产品设计实践进行教学化处理，以项目化、任务化的方式，按照产品设计工作流程进行教学。在对各类型旅行社产品的基本内涵、特点进行阐述后，引导学生运用理论篇所学的产品设计方法进行产品设计，要求学生重点掌握产品的设计策略、线路安排和接待要素的配置。特别引入企业实际案例，产教融合，由产品设计师"现身说法"给学生以启发。

项目五
观光游产品设计

学习目标

1. 掌握观光游的内涵与特点，能够判断观光游的发展趋势。

2. 掌握观光游产品的内涵，能够区分观光游产品的类型，辨析观光游产品的优点与不足。

3. 掌握观光游产品设计策略，创新性设计旅行社产品主题与特色。

4. 掌握观光游产品的要素线路安排和要素配置的方法，根据需要有针对性地策划线路，配置适当的接待要素。

5. 能够分析不同观光游产品的特点和可行性，综合运用产品设计方法设计观光游产品。

6. 培养技能宝贵、知行合一的职业素养。

学习目标

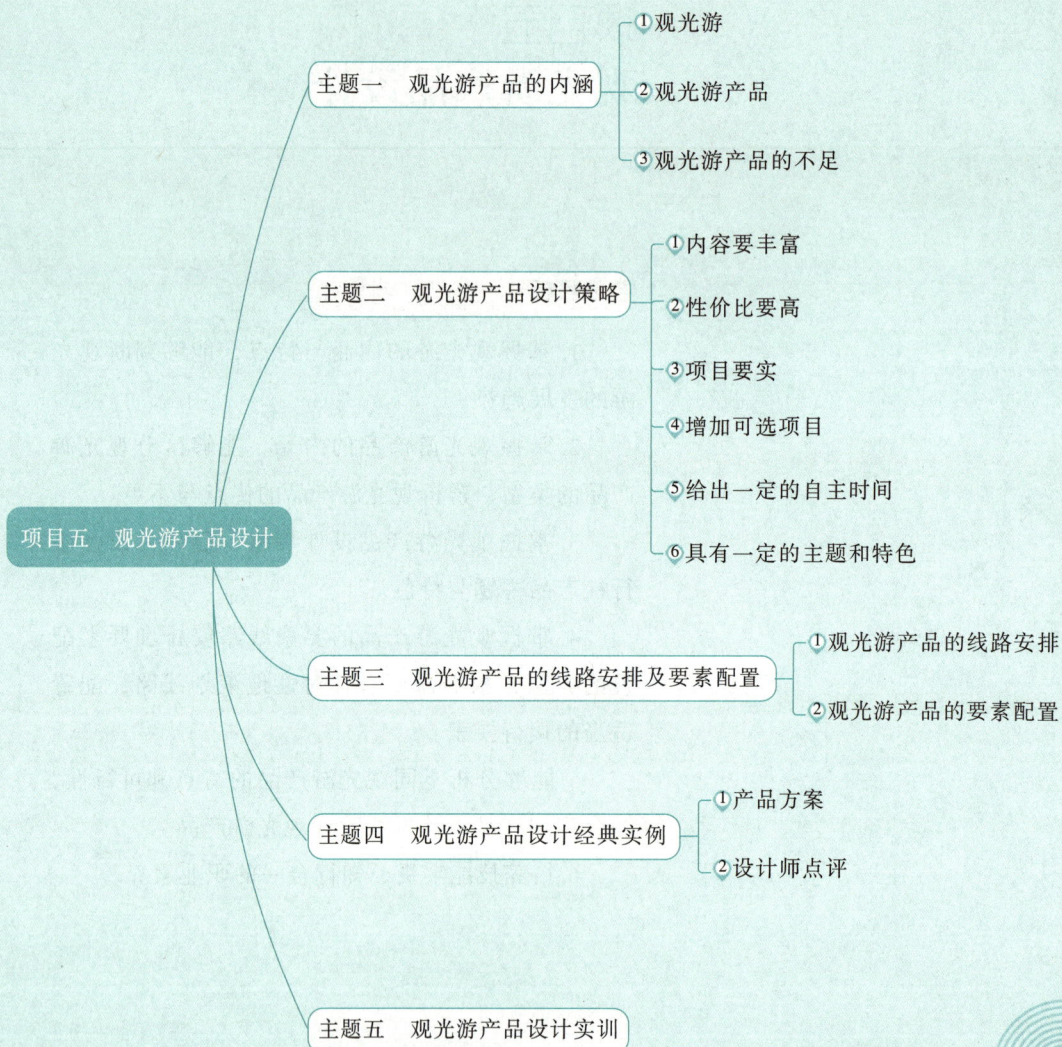

项目五　观光游产品设计

主题一　观光游产品的内涵
① 观光游
② 观光游产品
③ 观光游产品的不足

主题二　观光游产品设计策略
① 内容要丰富
② 性价比要高
③ 项目要实
④ 增加可选项目
⑤ 给出一定的自主时间
⑥ 具有一定的主题和特色

主题三　观光游产品的线路安排及要素配置
① 观光游产品的线路安排
② 观光游产品的要素配置

主题四　观光游产品设计经典实例
① 产品方案
② 设计师点评

主题五　观光游产品设计实训

主题一　观光游产品的内涵

一、观光游

1.观光游的概念

在线课堂 5-1

观光游是以观赏自然风光、城市风光、名胜古迹和民俗风情为目的，从而开阔视野、增长见闻、满足好奇心、获得美的享受和愉悦的旅游形式。《旅游业基础术语》（GB/T 16766—2017）中将观光旅游定义为"以欣赏自然景观、历史古迹遗址、民俗风情等为主要目的和游览内容的旅游"。"观光"一词出自《易经》"观国之光"，即巡游其他地区以扩大见闻，了解实情。中国台湾以及日本、韩国等地区仍然用"观光"来指代"旅游"。

观光游及其
发展趋势

观光旅游者的主要目的是追求审美和求知，在观光游的过程中，旅游者旨在通过对异域风光、名山秀水、风土人情、古建园林等自然与人文景观所呈现出的形式美、色彩美、声音美及意蕴美的观赏，寻求一种感官的满足和享受，进而获得一种别样的身心体验。这一过程既包括"悦耳悦目"的感官体验，也包括在此基础上形成的"悦心悦意"的心灵慰藉与"悦志悦神"的精神升华。当然，旅游者的观光过程也包含着大量的求知内容，对旅游者的成长和进步具有重要的影响。[①]

2.观光游的特点

（1）以观光、游览为主，以文化娱乐、运动体验为辅

考察观光游的内涵和目标追求可以发现，观光游以静态的观光和游览为主要活动，在自然风光、城市风光和民族风情的欣赏中实现好奇心满足、求知和审美等旅游目的。相对于度假和其他专题旅游，娱乐、运动等在观光游中不占主导因素，居于次要位置，作为观光游的补充和延伸。

（2）冷热点明显，以知名城市和景区为主要目的地

中国当代的旅游活动始于接待华侨和外国游客，中国的大好河山和独具特色的中华文化成为重要的吸引因素。改革开放后特别是20世纪90年代后，观光游成为旅游的主要形式。作为基础的旅游形式，观光游的目的地主要集中在知名度高的景区和城市，加上"黄金周""小长假"等假期因素的促进效应，游客在特定时间内集中出游，出现了"高峰集聚"现象。观光游的客流分布不均，热门旅游目的地人头攒动，拥挤不堪。

（3）行程跨度较大，追求多城市多景区

观光游多采取环游式的游览方式，一次旅游去多个旅游目的地和多个景区，跨越几个城市甚至几个省。由于观光旅游者的主要目的是在有限的时间内游览更多的景点，因此旅游过程中在"行"上花费的时间比较多，交通支出占花费支出的比重

①　谢春山，邱爽.观光旅游与度假旅游的差异分析［J］.旅游研究，2015（4）.

较高。

（4）在一地停留的时间较短

观光旅游者重在追求感官刺激所带来的陌生感和新奇感，而不太在意景观本身所独具的底蕴和内涵以及娱乐度假、休闲养生因素，故多采取"走马观花"式的旅游方式，以便在较短的时间内观赏和游览更多的景观或景点。观光旅游者在旅游目的地的停留时间一般较短，常常按照预设的线路在有限的时间内游览和观赏事先安排的景观，很少在某一景点处驻足观赏，细细品味。

（5）重游率较低

曾经游览过的旅游目的地多难以满足人们求新求异求奇的旅游需求，因此旅游者一般不会"故地重游"。即使有重游的情况，重游率也较低。"到此一游"的目的已经达到，人们更愿意把时间和财力花在未曾观赏过的景观上，以寻求一种新感觉。

3.观光游的现状及趋势

行业视窗 5-1

以标准提升旅游品质　满足人民美好生活向往

观光游是最早、最基本、最常见的旅游形式，在旅游市场中所占的比例非常高。在相当长的一段时间内，国民的旅游主要以这种观光式的旅游为主，在整个旅游消费构成中，观光游带来的收入也占了相当大的比例。观光游在旅游普及、实现旅游初级消费和领略祖国山水方面发挥了重大作用。作为一种基础性产品，观光游具有坚实的消费市场基础，观光游的旅游模式将继续占有较大的市场份额。其主要原因在于：

一是价格相对便宜。从结构上来说，观光游处于金字塔结构的基础层。消费能力是有效旅游需求产生的基础，价格是影响消费需求的重要依据。观光游价格低，大部分人消费得起，特别是能满足旅游初级消费者的需求。观光游以其低价格有效满足了大部分人的旅游消费需求，提高了全社会的旅游福祉。

二是旅游形式上组团全包价，便捷安全。团队旅游形式、全包价的付费方式方便快捷、安全有保障，解决了旅游者的后顾之忧，可以满足旅游经验不丰富人群的需要。

三是一线多点，景点丰富。一次游览地点较多，可以充分满足旅游者观光游览和猎奇求知的心理。我国地域辽阔，观光游可以节省旅游者的时间，满足旅游者游览祖国好山好水的需要。

育德启智 5-1　　　　生态旅游是实现"两山"转化的重要路径

生态旅游的实质是促进当地的环境保护和经济发展，这是生态旅游与传统旅游之间的最大区别。生态旅游是一种以有特色的生态环境为主要景观，以可持续发展为理念，以保护生态环境为前提，以统筹人与自然和谐发展为准则，并依托良好的自然生态环境和独特的人文生态系统，采取生态友好方式，开展的生态体验、生态教育、生态认知并获得身心愉悦的旅游活动。其不以追求经济效益最大化为价值诉求，根本目标是促进区域的可持续发展。因此，从更高的层次和更广阔的视野来看，生态旅游不仅仅是一种旅游产品、一种旅游形式，更是一项追求旅游活动生态化、环境影响减量化以及目的地居民福祉的区域可持续发展开发战略。

位于太岳山东麓的山西省沁源县，不断巩固提升良好生态本底，着力增绿、增色、增景，保护沁河源头，积极构建"全域旅游+全域度假+全域康养"格局；大力发展休闲农业和乡村旅游，积极打造文化旅游、运动康养融合的战略性支柱产业，将绿色发展融入经济社会发展全过程，将生态资源优势转化为沁源可持续发展的竞争优势，形成了具有沁源特色的绿色发展战略规划。

生态旅游是"绿水青山"变成"金山银山"的转换器

绿水青山就是金山银山内在地包括一个问题，即生态系统的价值化问题，也就是生态产品"变现"的问题。"转化"是"两山"理念的关键实践路径，而生态旅游则扮演着从"绿水青山"到"金山银山"转换器的角色。

福建省南平市浦城县大水口村，森林覆盖率达94%，一年四季花开不断，自然环境和地域条件得天独厚。浦城县通过"回归工程"引进乡贤回乡投资建设大水口旅游度假区项目，打造以山林养生环境为依托，兼有生态景区、度假酒店、乡村民宿、创意田园功能等于一体的综合型乡村旅游度假区。种有月季、绣球花、山茶花等3 000余种花卉的"无忧花谷"更是以"花"为媒，串联天师流瀑布、古树群公园等景点，结合当下流行元素，打造网红桥、喊泉、莲池、山谷游泳池等网红打卡地，通过发展"夜间经济""直播经济"等新业态，塑造起"共聚水口·留恋花谷"的浪漫乡村旅游形象。

资料来源：李群，王成慧.生态旅游是实现"两山"转化的重要路径［N］.湖南日报，2023-05-15（1）.

思政元素：生态旅游　保护环境

所思所感：习近平总书记强调，"绿水青山就是金山银山""保护生态环境就是保护生产力，改善生态环境就是发展生产力"。发展生态旅游，保护生态环境，促进地方社会经济发展，改善当地居民生活水平，有助于实现"绿水青山"到"金山银山"的转化和跨越。

二、观光游产品

1.观光游产品的概念

观光游产品是指旅行社专门针对观光游客的需求规律所设计的满足游客观光游览需要的综合性旅游产品。

2.观光游产品的类型

（1）自然风光观光游

自然风光是以名山大川、森林草原、海滨岛屿、江河湖泊（如图5-1所示）等为主要观赏对象而设计的产品，这是观光游产品中主要和基本的产品形式。自然风光

在线课堂5-2

观光游产品及其类型

图5-1　海西州翡翠湖

观光游产品可以满足旅游者欣赏自然之美、陶冶情操、放松心情的需要。

图 5-2　扬州瘦西湖

（2）城市风光观光游

城市作为政治中心、经济中心、文化中心、商业中心、教育中心、交通枢纽的集聚地，集中体现了现代社会物质文明和精神文明发展的成果。城市不但是旅游的集散中心，还以其物质和精神文明发展成果、独特的历史风貌、现代化的建设成就等成为旅游者观光的对象（如图 5-2 所示）。

（3）名胜古迹观光游

名胜古迹观光游以名胜古迹为观赏对象，通过丰富多彩的宝贵遗产满足旅游者旅游观赏的需要，同时以历史和文化内涵感染游客，增强其文化自信和民族情感。

（4）农业观光游

农业观光游是指以优美的田园风光、农村风貌为对象设计的观光游产品。农村具有良好的生态环境、质朴的民风、四时的农事活动，可以满足旅游者亲近自然、了解农村的旅游需要。

（5）人造景观游

人造景观游以微缩景观、仿古景观等为观光对象。微缩景观以有限的空间复制世界著名的景观，使游客不出国门便可欣赏到世界各国的景点。仿古景观通过在一定地域空间复制或复原历史建筑、历史风貌，给人身临其境的参观体验。英国伦敦的"15世纪一条街"、西班牙马德里市郊的"堂吉诃德城"、中国的"宋城"、横店影视城的"清明上河图"等都是成功的案例。

（6）动物园和海洋馆观光游

动物园尤其是野生动物园可以为旅游者提供接触野生动物的机会。海洋馆、海洋动物表演、海底观光等也受到各年龄段游客的喜爱。

学思悟行 5-1

党的二十大报告指出："坚守中华文化立场，提炼展示中华文明的精神标识和文化精髓，加快构建中国话语和中国叙事体系，讲好中国故事、传播好中国声音，展现可信、可爱、可敬的中国形象。加强国际传播能力建设，全面提升国际传播效能，形成同我国综合国力和国际地位相匹配的国际话语权。深化文明交流互鉴，推动中华文化更好走向世界。"

思考：请你结合旅游业特点，谈一谈如何在旅游产品和旅游服务中讲好中国故事、传播好中国声音。

三、观光游产品的不足

观光游产品具有诸多优点，但是从长期的发展实践来看，当前的观光游产品与游客对观光游的期望还有一定差距，游客对观光游产品的整体评价还不高。其主要原因有以下几点：

1.行程较紧，旅游较累

观光游产品一线多目的地、一目的地多点的特点，在满足游客追新求奇的同时，为了提高游览的效率，行程安排上也十分紧凑。在一日游行程中经常出现"早出晚归"的情况，景区、购物、餐饮、交通安排十分密集，游玩过程十分消耗体力。

2.行程不自由，限定较多

由于行程目的地多、城市多、参观项目多，需要环环相扣，否则就有可能耽误行程，出现违反合同的风险，因此，观光游需要严格执行游玩的时间规定，游客常常需要在事先规定的时间和地点活动。同时，团队的活动特点又要求团内游客严格遵守时间规定，游客活动不自由，自由活动的时间少，束缚感很强。

3.旅游体验不深，服务水准不高

观光游走马观花式的旅游方式，停留的时间短，导致游客对欣赏对象的体验不深，浅尝辄止。"上车睡觉、下车拍照、回到家全忘掉"是观光游的生动写照。由于价格的影响，接待档次不高，服务水准不高，也影响了游客的旅途生活体验。为了节约成本，旅行社常常将一些不需要付费的城市广场、公园、街区作为游玩项目，而一些标志性、优质景点又没有包含在项目中，从而降低了游客的体验感。

4.操作不规范，强迫消费现象时有发生

旅行社为了形成价格优势，往往压缩成本，一些地接社甚至为了招揽游客，以低于成本的价格接待组团社的游客。为了弥补损失，旅行社又会推销自费景点、购物点等自费项目，甚至出现强迫消费的现象。

观光游产品的这些不足之处在产品设计时就需要加以改进，力争使观光游产品更具有生命力，带给游客更好的体验。值得注意的是，强迫消费这种现象是操作或者商业模式的问题，而不是观光游产品的固有问题，但是观光游产品的特点助长了这种不规范、违法的操作模式。良好的产品设计可以降低发生这种现象的风险。随着现代旅游的发展，许多观光游产品已不仅仅是单纯的观光旅游，而是融入了更多的文化内涵和休闲度假内容，使观光游产品的内容更加丰富多彩和富有吸引力。

主题二　观光游产品设计策略

根据观光游产品的特点和存在的问题，旅行社要扬长避短，把握以下设计策略：

在线课堂 5-3

观光游产品
设计策略

一、内容要丰富

观光游客希望在有限的时间内尽可能游览多个城市、多个景区，特别是对长距离旅游，希望一次性把富有特色、有代表性的城市与景区都游玩到。游客花费了宝贵的时间成本、昂贵的交通费用和住宿费用，希望到此一游，不虚此行。产品设计时要做到：行程内容要丰富，应包含尽可能多的可观、可看、可玩的城市、景区、景点、风

情风貌；行程内容要多样，形成目的地、景区、景点的合理数量和类型配置，通过时空的转换给游客尽可能多的新奇体验，力求丰富多彩。

二、性价比要高

观光游追求高性价比，如何在游玩的体验和价格之间寻求合理的平衡点，需要精心设计，要通过各种办法降低成本，提高性价比。如中短途旅游交通选择旅游大巴，住宿选择经济型酒店，餐饮采用经济型标准；选择有实力的地接社，其资源掌控能力较强，可以有效降低成本；尽可能选择淡季、非周末、非假期出游以降低成本；景点安排上通过冷热点合理搭配来降低成本，从而取得较高的性价比。

三、项目要实

观光游产品要做到"华而实"，关键景区、代表性景观不可偷工减料或遗漏，要落到实处。对于那些经典项目、必游不可的项目，应尽可能设计到包价产品里。这既是对游客负责，达到旅游体验的目的，也是对旅游业负责，以较高的产品质量赢得消费者的信任。对于旅游接待项目中的餐饮、住宿等要精心选择，严控质量。特别是住宿，要选择经营管理规范的酒店，以确保安全、卫生和舒适。

四、增加可选项目

观光游产品设计必须考虑到市场竞争、价格、消费者对产品价值的理解程度等因素，旅行社很难将目的地最优的项目全部包含其中，但又不可一味地满足游客对廉价的追求，甚至在操作上违规违法经营。为此，旅行社可将一些特色项目、景点景区内需要二次消费的项目推荐给游客并做出明确的自费与自愿购买的说明，供需要的游客自由选择，最大限度地满足游客的个性需求。

旅行社可以根据所含项目的多少推出全包价、半包价或小包价产品，供游客选择；同时，也可以设计不同规格的产品，设计高、中、低档产品，让游客在对比中明明白白消费，引导和培育高质量的旅游消费观。

五、给出一定的自主时间

观光游时间紧凑，行程不自由，游客在身体、心理上的紧张感、束缚感不消除，就很难留下美好的旅游记忆。观光游客来源广，团内游客差异大，旅行社可通过合理的设计，在行程中的每一地留出自由活动时间，让游客自主安排，去体验当地美景、美食、风情特色，这样不但可以满足游客的个性需要，而且可以延长游客在一地的游览时间，从而增加了游兴，留下了记忆。例如，留出半天加晚上时间，晚餐自理，晚上自由活动，游客自主休闲，以获得体力、精神上的放松。

六、具有一定的主题和特色

传统观光游产品一般没有主题，所采取的命名方式也通常是"目的地+游览天数"。观光游产品需要针对旅游需求的实时变化不断升级，产品的开发要凸显创新价值，通过不断创新挖掘资源的特色和市场的需求，开发出具有特色的主题观光游产品。

主题的开发应遵循"资源与市场相结合的原则"，从资源特色、旅游消费诉求两个方面进行设计。一是从资源的特色出发，根据目的地及资源固有的内涵与特色，提炼不同的观光游产品主题，再将这些主题在产品上进行技术化与商品化的包装，进而寻找合适的旅游者。二是进行市场细分，根据消费者对观光游产品的需求和愿景进行主题设计，再寻求合适的资源使这一主题得以彰显。前者是依托目的地资源向市场有效传达目的地特色，通过产品名称暗示旅游的预期体验，引起消费者共鸣，吸引消费者购买。后者是从市场研究的角度出发，满足不同消费者相似的旅游愿望。主题设计可以把有同样诉求的消费者聚集到一起，使旅途更和谐，旅游体验更完美，也可以提高旅行社产品的竞争能力。

知识在线 5-1

旅游线路产品
组合的评价
标准

主题三　观光游产品的线路安排及要素配置

在线课堂 5-4

观光游产品的
线路安排及
要素配置

旅游线路也叫行程，是旅行社产品设计中最重要的内容，线路行程是旅行社业务操作、导游带团的重要文件依据，也是指导游客游览的重要说明文件。

一、观光游产品的线路安排

在项目三中，我们已经阐述了旅行社产品线路行程编制的要求。根据游客追新求异、参观游览项目多、游览节奏快而紧凑等特点，观光游产品线路行程的设计要把握以下要点。

知识在线 5-2

观光游产品设
计的基本原则

1.不走回头路

要合理安排起始点、中间点、吃住行的地点，避免折返、走回头路。折返容易拉大距离、浪费宝贵的游览时间。尽可能使游客所到之处和游走的路线是第一次出现的，这样能够给游客新鲜感。如果返回不可避免，也尽可能地选择不同的路线。线路可以是线形、环形和网状。尽可能将不同性质、景色相异的景点安排在同一旅游线路上，避免风格相同的景点和项目同时出现。

2.点间距离适中

同一线路上的旅游景点间距过大，就意味着交通时间长。进行线路安排时，景点间距离不能过大，一天内如此，几天内也是如此。一般来说，交通时间控制在全部时间的1/3以内。

3.时间节点合理

时间把握要合理，一是要做到正点准时，交通、餐饮、休息时间需安排得当，预留足够的时间，避免导游操作时出现意外的风险。二是要符合游览对象的特点和规律。景点最佳观赏时间、表演项目的表演时间都有规律可循，设计师要掌握其规律进行恰当的安排。三是松弛有度。不可过于紧张，急于赶路和赶景点会使游客过度疲劳；也要避免过于松散，令人产生价高质次的感觉。

4. 排序科学

充分把握游客的身体和心理活动规律，将游客的心理、兴致与景观特色结合起来。将自然景点与人文景点、冷点与热点相结合，不断产生旅游兴奋点，激发游客的游兴。将动点与静点相结合，使游客能得到休息，保持充沛的体力。

5. 机动灵活

观光游的内容丰富、项目多，行程安排得比较紧。设计产品时要有风险意识，在时间上要留有余地，以便特殊情况下能及时补救，安排上要讲究前紧后松，在紧张行程之余又有机动灵活性。如在离开一地前，不可安排过于重要、距离过远、情况复杂的景点，以便准时到达机场（车站、码头），避免误机（车、船）情况的发生。

二、观光游产品的要素配置

1. 酒店

观光游一般选择经济型酒店。特别是在热点旅游城市、发达旅游城市、旅游旺季，酒店比较紧俏，更要以经济型酒店为主。为了提高观光游产品的品质，满足对高质量观光游的需求，可以对酒店进行升级，配置星级酒店，一些升级型或品质型观光游也可安排四星级酒店甚至五星级酒店。根据旅游规律，也可以在旅游的最后一站和最后一晚升级酒店，将体验推向新高，给游客留下深刻的印象。无论安排什么档次的酒店，都要严格控制酒店质量，要注意酒店的卫生、早餐和设施等情况，以防引起不满和投诉。通常通过酒店的建设年份、装修或重新装修时间、顾客反馈、网评等可以基本了解酒店的情况。

2. 餐饮

观光游以经济型团餐为主，根据当前物价水平，标准一般是50元每餐，以达到吃饱的目的。在每一地可以安排一次标准不低于100元的风味餐。也可以根据客人的需求，让客人自主用餐，满足客人就餐方面的多样化需求，提高旅游的体验。

要严格监控餐饮质量，严把"进口关"。由于区域、季节差异，同样餐标，地区间的差异较大；不同地域的客人对食物的偏好及口味不同，如江浙游客一般不喜辣食，内陆地区游客不喜海鲜的腥味，要根据客人的特点选择与推荐合适的餐饮。餐饮环境与质量千差万别，旅行社要严格控制，确保餐饮质量与餐饮安全。

3. 交通

中短距离的观光游一般以汽车为主、火车为辅，可以有效降低产品成本；长距离观光游以动车和飞机经济舱为主。也可以选择多样化的交通工具，如选择海陆空组合交通、景区特色交通项目（需二次付费的），在不同的交通工具变化中，让游客体验不同的美感与经历。

4. 游览

为了降低观光游产品成本，往往不把优质的景点纳入包价项目中，客人消费后满意度不高。针对这种状况，旅行社产品设计师要从旅游的本质出发，把好的项目包含在包价项目中，至少要把特色必看的景点等推荐给游客，并明确提出消费的建议，让游客自由选择和自行前往。

5.购物

购物是旅游者的需求之一，也是拉动消费、刺激经济增长的手段。观光游对购物的需求比较大，但这也是客人投诉的主要方面。产品设计师应自觉抵制以观光之名行购物之实的产品。当然也可以设计专门的购物团，前提是要明确产品的性质；也可以在行程中安排购物，但是购物的场所要符合《中华人民共和国旅游法》等相关法律的规定。如《浙江省旅游条例》第二十五条规定，旅行社不得以不合理的低价组织旅游，不得以任何形式诱骗、强迫或者变相强迫旅游者购物或者参加另行付费旅游项目；第二十六条第一款规定，安排的购物场所和付费旅游项目应当是合法营业并且向社会公众开放的。

行业视窗 5-2
炎炎夏日如何做好清凉文章？

知识在线 5-3
"欺骗、强制旅游购物"行为的认定及处罚标准

主题四 观光游产品设计经典实例

一、产品方案

1.产品名称
轻车慢行过北疆，喀纳斯、赛里木、吐鲁番11日游①。

2.产品路线与日程
第1天：乌鲁木齐集合
住：乌鲁木齐孔雀都城酒店或同级。

晚餐不含，可以自由品尝新疆的美食。在入住的酒店隔壁，就是热闹的夜宵一条街，各种烧烤、椒麻鸡、新疆拌面、新疆芦花鸡等，足够让你的舌头体验一下西域风情。

第2天：吐鲁番葡萄沟、火焰山、坎儿井、鄯善沙漠
餐：早、中、晚餐，中午为歌舞水果宴，298元/位。
住：鄯善商务型酒店或同级。

前往吐鲁番，游览坎儿井、葡萄沟。中餐品尝水果之乡——吐鲁番的招牌水果餐，欣赏一场盛大的民族歌舞表演。午餐后一路向西，经过火焰山，下车去感受一下传说中地上50℃、地表70℃的中国极致高温区域。晚餐后前往鄯善沙漠，大家可以在沙漠里自由体验骑骆驼、滑沙等项目。

第3天：天山、乌鲁木齐
餐：早、中、晚餐。

在线课堂 5-5
轻车慢行过北疆

---

① "轻车慢行过北疆，喀纳斯、赛里木、吐鲁番11日游"，温州小众国际旅行社有限公司在售产品，由陈良辰设计。

住：乌鲁木齐孔雀都城酒店或同级。

主要游览中国两大天池之一的天山天池。天池湖面呈半月形，湖水清澈，晶莹如玉。周边环绕着雪山、森林、碧水、草坪、繁花，一片纯净，很是圣洁。

第4天：乌鲁木齐/乌尔禾魔鬼城/篝火晚会

餐：早、中、晚餐。

住：乌尔禾商务型酒店或同级。

将前往北疆，入住当地最好的酒店，但是标准也仅仅相当于商务型酒店，特此提醒。约17：30将前往世界上最大的魔鬼城游览，这个时间也是魔鬼城比较好的旅行时间，温度略有下降。当晚会安排民族篝火晚会，在这里度过一个愉快的戈壁滩之夜。

第5天：乌尔禾/禾木

餐：早、中、晚餐，中午为布尔津鱼羊鲜，100元/位；晚上在禾木山庄用餐，70元/位。

住：禾木山庄或同级。

前往额尔齐斯河五彩滩游览，中途在布尔津非常有特色的餐厅品尝额尔齐斯河里的野生冷水鱼和羊肉一起炖煮的鱼羊鲜美味。然后继续前往禾木，一路上草原渐渐呈现在我们的面前，路上我们还可以选择合适的草原让大家下来拍拍照，放松一下。约傍晚抵达禾木，入住禾木山庄。

第6天：禾木/贾登屿

餐：早、中、晚餐，中午为一羊三吃，100元/位。

住：贾登屿白桦林度假酒店或同级。

前往禾木村，先登上山顶欣赏美丽的禾木之晨。山顶的草原和雪山都值得我们慢慢徜徉。中午在当地图瓦人家里宰杀一只羊，品尝著名的一羊三吃。下午可以在禾木村以及白桦林里自由拍照。3点多集合，前往喀纳斯景区门口的住宿地：贾登屿。

第7天：喀纳斯，哈巴河

餐：早、中、晚餐，晚为胖姐肥牛，70元/位。

住：哈巴河紫金酒店或同级。

今天将游览喀纳斯景区。先前往观鱼台欣赏喀纳斯的全景，雪山、美丽的湖泊和开满鲜花的草原。午餐后游览著名的三道湾：神仙湾、月亮湾和卧龙湾。当晚前往胖姐肥牛品尝美味的火锅。

第8天：哈巴河/克拉玛依/奎屯

餐：早、中、晚餐，晚为天悦粤菜，60元/位。

住：奎屯天悦假日酒店或同级。

今天是行程中单程时间较长的一天。前往石油重镇克拉玛依，游览黑油山看原油井，了解石油开采的过程。今天我们特地为大家换个口味，品尝一下广东师傅的手艺。

第9天：奎屯/赛里木湖/奎屯

餐：早、中、晚餐，晚为天悦粤菜，60元/位。

住：奎屯天悦假日酒店或同级。

今天是全程路程最长的一天，我们将前往伊犁地区最美的湖泊——赛里木湖，绕着赛里木湖观光，湖水在阳光的折射下不断变幻颜色，走进湖边，你会发现湖水非常纯净。

第10天：奎屯/乌鲁木齐、国际大巴扎

餐：早、中餐。

住：乌鲁木齐孔雀都城酒店或同级。

今天我们将返回乌鲁木齐，游览新疆国际大巴扎，这里有几乎新疆所有的土特产，也有来自哈萨克斯坦、巴基斯坦等西域国家的产品。晚餐大家可以自行品尝新疆的各种美食。

第11天：乌鲁木齐返程，含早

早餐后，大家根据自己的机票前往机场，搭乘航班返回自己的家。

二、设计师点评

设计师：陈良辰，温州小众国际旅行社创始人、著名旅游达人、旅游美食达人。

小众新疆游是怎么设计出来的

跟大家分享一款产品的设计——小众新疆游是怎么设计出来的，希望大家从这个案例中得到启发，领悟与学习品质游设计的奥秘。

这款产品的名字叫"轻车慢行过北疆，喀纳斯、赛里木、吐鲁番11日游"。

1.名字很重要

首先，起名字的时候，希望大家注意，现在的客户越来越反感传统行程上的表述，如××几日游。所以，在做产品设计的时候，应尽可能地给自己的线路起一个看起来高大上的名字，这很重要。

我们这条线路叫"轻车慢行过北疆"，这条线路主要写的是北疆。

2.产品缘起

任何线路首先都要调查市场，因为有市场需求你才能去做产品。新疆这款产品这几年有很多游客咨询，累积这么多的客户咨询后，我们认为可以做这个产品。大家都知道，新疆前几年曾经受到了市场冷落，直到2019年开始才逐渐恢复。那么这几年新疆到底有什么变化呢？为此，我们特地进行了一次实地考察。我通过自己的朋友圈招募合适的客人跟我一起去考察。带上客人去考察是一件很有意思的事情。一共有12位朋友参加了这次新疆考察之旅。

在这次旅行的过程中，几乎看遍了整个新疆的北部，11天其实挺累的，但是收获很多。与此同时，我们也发现了新疆旅游的5个问题。

第一是坐车时间太长。

新疆的面积约占全国总面积的1/6，因为面积非常大，所以旅途中坐车的时间就会很长。暑假旺季的时候疆内机票几乎不打折，价格非常贵。

虽然新疆有不少机场，但是短短的一个小时的行程，在旺季的时候，机票费用往往需要 1 000～2 000 元，对旅行来说，这个成本实在是比较高。但是如果是坐汽车，每天行车 8 小时以上是很正常的事情，这在旅行中是一件非常吓人的事情。

第二是让人摸不到头脑的就餐时间。

新疆人的吃饭时间跟我们是不一样的，一般早上 7—8 点钟吃早饭，下午 2—3 点钟吃午饭，然后晚上 9 点钟才吃晚饭。对夏季带小孩出行的人来说（因为新疆的旅游季节基本上都是夏季，正赶上暑期，游客基本上都会带着孩子），会完全打破他们的生活规律。

第三是每天行程太紧。

新疆的夏季白天时间极长，早上 6 点钟天就亮了，晚上一直到 10 点钟才日落。也就是天黑的时间不到 8 个小时。在这种情况下，旅游者往往早上 7、8 点钟就出来了，一直玩到晚上 9、10 点钟才回酒店。在这里游览的时间比其他的地方要长很多。可能很多游客还很开心，"我在这里玩一天，相当于在别的地方玩两天"。但是人不是铁打的，一天中用这么长的时间旅行，你会非常疲劳，尤其在夏天中午的时候，日晒非常严重。

第四是吃过多的牛羊肉会很腻。

新疆的美食非常多，但是当地的美食以牛羊肉为主，可能很多游客前几日刚到新疆的时候吃牛羊肉吃得很开心，但是从第四天开始就会没了胃口。毕竟顿顿吃肉会有点腻，而且新疆大多数餐厅口味偏川菜系，会比较辣，对沿海的客人来讲，还是很难接受的。

第五，新疆的导游问题。

因为一年只做 4 个月的生意，所以新疆的导游工作压力会比较大。他们需要在 4 个月里把全年的收入都赚出来，所以自费景点、购物这些众所周知的旅游中的一些"雷点"比较普遍。

综上，在设计旅游方案的时候我们就要想到如何面对这五个问题。

最后我们提出了这样的思路，要更舒适、更合理、更有文化，这是我们线路设计的主题。所以，在后面我们进行了一些细节性的调整。

比如说，我们把传统的 8 天游拉长到了 11 天，在市场上几乎所有旅行社推出的新疆旅游产品都是 8 天。为什么都是 8 天游？因为 8 天成本更低。但是 8 天的行程对很多客户来讲，其实满足不了需求。尤其在夏季，很多人的假期是比较长的。所以我们把传统的 8 天游拉长到了 11 天，而且尽可能让每一段行程中行车的时间不超过 4 个小时。大家都知道，车程控制在 4 个小时之内的话，大部分人的舒适度还是能保证的。一旦超过 4 个小时，人的疲劳度就会加倍上升。

新疆最炎热的地区是吐鲁番和魔鬼城这两个地方，我们安排下午最热的时间回酒店休息，晚上再出来玩，因为新疆的晚上 10 点钟天还亮着。这些方面，传统旅行社是不会注意到的。吐鲁番最热的时候甚至可以达到 50℃，在 50℃的情况下安排客人进火焰山，客人自然是非常不满意的。

在就餐方面，我们中午安排了团餐，但是晚上会精心挑选社会餐厅来就餐。因为大家都知道，团队餐厅跟社会餐厅其实是有本质区别的，团队餐厅做的菜跟社会餐厅是没法比的。我们通过前期考察，挑选了一部分餐厅。除了牛羊肉，还安排了小火锅、广东菜、新疆大盘鸡、椒麻鸡、冷水鱼这些不同地区的美食。所以在整个11天的旅行中，我们几乎每个晚上都会变换花样，让大家在旅行中不光玩好、睡好，而且要吃得好。通过我们这样的调整，终于可以让大家在比较正常的饭点吃上饭了，基本上可以在中午12—13点、晚上7—8点吃上午餐和晚餐。因为在夏季旅行的时候，保证正常吃饭时间是非常重要的。

在导游方面，我们做了一些很有意义的调整，比如把所有有价值的景点都包含进去，就可以让导游不再加自费项目了，也可以不进购物店了。因此，给当地导游不菲的工资，导游就可以无压力地带领客人们尽情游览了。

另外，新疆的行车时间是比较长的，虽然我们把每段行程的时间控制在4个小时以内，但是确实有时候一天下来还是要走8～10个小时的路程。所以，这对车的性能要求就非常高。考察的时候，我们使用了38座的旅行车，一共坐了13个人，4 000多千米的路程，朋友们都说：幸亏这个车这么宽敞，要不然的话会非常辛苦。所以在设计方案的时候特地安排了座位数在客人总数2倍以上的车型，如20个客人会选用40几座的大巴，这样能保证一个客人有2个位置，坐着就会更舒服。

主题五　观光游产品设计实训

>>>>>>>>>任务1：市域观光游产品设计

1.实训任务
以当地城市为旅游目的地，设计一款观光游产品。

2.实训要求
（1）内容要求
① 产品性质：地接观光游。
② 主题明确，特色突出。
③ 目标市场明确。
④ 进行成本核算和报价时，合理设定客人出发城市（涉及到达方式、到达时间、送站服务等要求）。
⑤ 合理设定出游的季节与日期。
⑥ 时间至少是2天1晚。
⑦ 产品文案包含完整的要素（参照提纲），文本格式要规范。
（2）分小组完成
① 主创人员：组织小组讨论、任务分配和文案统筹。

在线课堂5-6

市域观光游
产品设计方法

② 质检人员：进行文案质量审核，将意见和建议反馈给主创人员。

③ 小组成员：按分工完成任务。

④ 汇报人员：在规定时间内进行简洁清晰和有重点的汇报。

3.实训目的

① 掌握本地的资源优势、特色，从市场角度出发，设计合理的主题，并能够用简洁凝练的词语把主题表达出来。

② 能够有针对性地设计可行的观光游产品。

③ 锻炼综合运用多学科知识的能力。

④ 提高小组团结协作的能力。

⑤ 提高对文案的口头陈述能力。

4.设计方法指引

按照旅行社产品设计的理念、方法，遵循旅行社产品设计流程进行市域观光游产品设计，按旅行社产品设计大纲的内容进行文案编写。下面以温州观光游为例说明产品设计要点，供初学者参考，学习者根据情况进行合理吸收和拓展。

（1）资源分析——摸清家底

温州以山、海、江、田园风光见长，有国家5A级旅游景区雁荡山、楠溪江，有区域知名景区南麂岛、洞头旅游区、文成铜铃山、泰顺廊桥、南雁荡山、中雁荡山、江心屿等。图5-3为江心屿西园。温州是浙江省第9个国家历史文化名城，至今仍然保存"斗城"的历史文化格局，有五马街-禅街历史文化街区、南塘风情街。温州是数学家的摇篮，涌现出了苏步青、谷超豪等著名数学家。温州还是民营经济的发源地，创造了举世瞩目的"温州模式"，温商遍布全球。新时期，温州通过大建大美实现城市蝶变，正以崭新的姿态步入新的发展阶段。掌握本地自然、历史、文化、人文、经济、城市化资源的类型、特点和内涵，是进行观光游产品设计的基础。

图5-3　江心屿西园

（2）市场分析——概念化

通过专项调研、基于旅游大数据，分析温州游客的来源、分布与特征，通过给游客"画像"，精确分析其消费需求及满足的程度、变化的趋势等。根据游客的喜好和偏好，如游山玩水、观赏城市风光，品尝温州美食，了解民俗、文化，探秘温州旅游经济现象等需求，设计出不同的主题产品。

从来源上分为本地游客和外地游客两个市场，本次产品设计以外地游客为对象，更能体现资源的吸引力，同时更有利于进行全面的产品设计训练。

（3）主题构思

根据温州的山、海、城、文、经济等资源特色，再结合客源地、客人的特质等进行组合，形成产品主题。如可以开发以下系列观光主题产品：

①山水田园风光游——以楠溪江山水田园风光为主要游览区，游山、玩水、观赏田园风光、品味村落文化。

②海城风光游——以洞头（如图5-4所示）、南麂岛、苍南渔寮等海洋风光为主，并体验城市风光。

图5-4　洞头海景

③森林观光游——以雁荡山、铜铃山等山地风光为主。

④文化观光游——以城市风光、名人文化、楠溪江古村落、泰顺廊桥等为主。

确定了系列主题（大主题）后，再根据具体的行程路线及景点设计项目产品的主题。

（4）产品设计构思——产品化

将产品的主题等融入产品的行程设计之中，形成针对外地游客的二日游、三日游观光游产品构思，最终形成产品的草案。从产品性质上看，本次设计的产品是观光游，在业务上属于地接产品。因此，在产品设计和价格测算上要综合考虑产品的特点与属性（针对温州本地游客可以开发组团性质的本地一日游、二日游观光游产品，同时开发单项产品，满足自助游需求）。

（5）行程设计和要素配置

行程设计和要素配置是产品化阶段的重要任务，同时也是技术化阶段的任务，通过技术化处理使产品具有可操作性，作为市场销售、计调操作说明的指导文件。

①目的地和景点。根据顾客和产品属性进行合理筛选，进行自然和文化、冷点

和热点、动静和远近的合理搭配，力求丰富多彩。如雁荡山三大核心景区可以有选择性地游览1~3项，再搭配雁荡山国家森林公园等门票相对便宜的景点。楠溪江风景名胜区范围大、景点多，有登山、漂流、古村落观光等众多观光项目，要对其进行科学合理的搭配。

②交通。本地市内交通以汽车为主，南麂岛选择游艇登岛可以给游客多样化的体验。

③娱乐。观光游娱乐项目较少，为了丰富观光游产品，可以将楠溪江漂流作为包价项目或者重点推荐自选项目，让楠溪江旅游更难忘。此外，文成天鹅堡滑雪、洞头游艇等可以供客人选择。

④购物。温州的海鲜产品、轻工产品和特色工艺品具有一定的知名度，可以根据客人的需要合理安排，一般在市区中心、五马街区等安排客人活动，如购物、漫步、品尝特色小吃等。

（6）特色等提炼——商品化

根据主题、线路构成和接待规格等对产品进行特色提炼。可以从资源的特色、文化的内涵、满足客人的需求点等方面进行提炼，也可以通过产品对比，进行差异化提炼。

5.热身训练

①本市十大最受游客欢迎的旅游景区。

②本市十大最受游客欢迎的经济型酒店。

③本市十大最受游客欢迎的餐厅。

④本市最受游客欢迎的购物街。

⑤本市最受游客欢迎的旅游商品。

6.案例解析

以某个市域旅游产品为例，分析其产品特点。

7.分组设计市域观光游产品并在班级分享

>>>>>>>>>>任务2：省域观光游产品设计

在线课堂5-7

省域观光游
产品设计方法

1.实训任务

以省域内的目的地为游览对象，设计一款省域观光游产品。

2.实训要求

（1）内容要求

①产品性质：组团游、观光游。

②主题明确，特色突出。

③目标市场明确。

④进行成本核算和报价时，合理设定客人出发城市（可以是本地客人去省内其他地方旅游，也可以是省内游客或者是外地游客）。

⑤ 合理设定出游的季节与日期。

⑥ 时间至少是2天1晚。

⑦ 产品文案包含完整的要素（参照提纲），文本格式规范。

（2）分小组完成

① 主创人员：组织小组讨论、任务分配和文案统筹。

② 质检人员：进行文案质量审核，将意见和建议反馈给主创人员。

③ 小组成员：按分工完成任务。

④ 汇报人员：在规定时间内进行简洁清晰和有重点的汇报。

3.实训目的

① 掌握本省的资源优势、特色，从市场角度出发，设计合理的主题，并能够用简洁凝练的词语把主题表达出来。

② 能够有针对性地设计可行的观光游产品。

③ 锻炼综合运用多学科知识的能力。

④ 提高小组团结协作的能力。

⑤ 提高对文案的口头陈述能力。

4.设计方法指引

按照旅行社产品设计的理念、方法，遵循旅行社产品设计流程进行省域观光游产品设计，按旅行社产品设计大纲的内容进行文案编写。下面以浙江观光游产品设计为例，说明省域观光游产品设计应注意的要点。

（1）资源分析——摸清家底

"诗画江南，山水浙江"，浙江经济发达，旅游资源丰富，有全国知名的城市、景区、景点等。有"上有天堂，下有苏杭"的杭州，"书藏古今，港通天下"的宁波以及养生福地丽水、鲁迅故里绍兴、世界小商品城义乌；有5A级旅游景区、世界文化遗产西湖以及京杭大运河、千岛湖、钱塘江、绍兴鉴湖、宁波东钱湖等名水资源；有江南古镇乌镇、鲁迅故里、天一阁藏书楼等文化资源；有舟山海洋、台州湾、乐清湾、洞头等海洋资源。产品设计者要对资源的分布、特点了如指掌，对新建资源、二次开发资源等有敏锐性，掌握资源动态。

（2）市场分析——概念化

浙江省旅游业有良好的市场基础和口碑效应。浙江省内资源富有特色，知名度、美誉度、观赏性、文化性、区域性都比较强，可以满足游山玩水、休闲放松、文化体验和品尝美食的旅游需要。根据来浙江游客的喜好和偏好，设计出不同的主题产品。一是掌握现有产品的主题与满足情况，从中发现空白点；二是根据旅游业发展情况发现与创造新的产品概念。

（3）主题构思

根据浙江省的旅游资源和文化特色，结合客源地、客人的特质等进行组合，形成产品主题。浙江省已形成以杭州西湖为中心，由东、南、西、北四条各具特色的线路构成的旅游网络。"浙东风情之旅"途经绍兴、宁波、舟山等地，是一条文物古迹众多、陆路与海路融为一体的黄金旅游线路。"浙西名山名水之旅"沿钱塘江上溯至千岛湖，是一条融江、湖、山洞于一体的神奇旅游线路。"浙南奇山奇水之旅"经金华、丽水至温州。"浙北运河古踪之旅"经嘉兴或湖州至江苏。此外，浙江省还有钱塘观潮、农家乐、书法旅游、古文化旅游、畲乡风情等许多特色旅游项目。[①]

主题构思还可以从以下角度提炼：如以城市特色来定位产品的主题；以主要景点的特色来定位产品的主题；以线路行程的组合来定位产品的主题；以游览时间来定位产品的主题；以游客来定位产品的主题；以价值来定位产品的主题等。

（4）产品设计构思——产品化

将产品的主题等融入产品的行程设计之中，形成针对外地游客的一日游、二日游、三日游产品。省域观光游可以对一个省进行较全面和深入的体验，根据线路长短，可以是在一地的全景式观光游，也可以跨越数个主要城市游览有代表性的、特色的景区与景点，以加深游客对浙江省的全面了解。

（5）行程设计和要素配置

①目的地和景点。以1~2个主要城市的几个主要目的地为主，根据客人特征、主题、游览时间进行合理选择，对自然和文化、冷点和热点合理搭配，对动静、远近的需求进行综合平衡，力求丰富多彩。

②交通。省内观光游一般以汽车为主，汽车机动灵活，可以省去转车的时间；其次以动车为辅，使城际旅途更舒适。外省来本地旅游也应以汽车为主、动车为辅，以汽车为城市间、目的地间的交通工具成本最低，可以有效降低团费。在目的地或者景区内可以选择游船、游艇、索道等多种形式，增加旅途的乐趣。

③娱乐。浙江省旅游演艺事业较为发达，有宋城千古情、印象西湖；主题乐园和人造景观发展较为先进，有横店影视城、宁波方特东方神画乐园、罗蒙环球乐园、丽水冒险岛、湖州 Hello Kitty 乐园、太湖龙之梦乐园等。此外，浙江是江南水乡，河网密布，滨江滨海的优势使得行程中可以加入漂流、游船等娱乐项目。还可以选择一些提供娱乐服务的酒店，借力酒店增加观光游产品的娱乐元素。图5-5为湖州太湖龙之梦旅游度假区酒店。

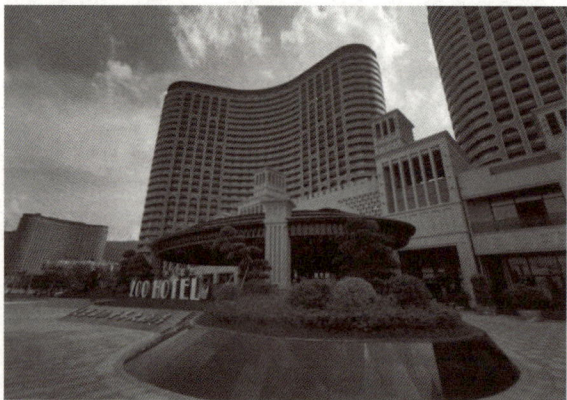

图5-5　湖州太湖龙之梦旅游度假区酒店

① 浙江省旅游局. 浙江导游文化基础知识［M］. 北京：中国旅游出版社，2010.

④购物。浙江省市场经济发达，旅游购物市场规范，为游客购物提供了良好的保障。浙江海鲜产品、特色工艺品、丝绸品、海宁皮革、杭白菊等特产历来受游客的欢迎。可以根据游客需要安排集中购物，也可在游客游览历史街区、商业综合体自由活动时自由选择。

（6）特色等提炼——商品化

根据主题、线路构成和接待规格等对产品进行特色提炼，也可以根据要素、要素组合情况加以提炼。从产品主题、特色以及客人潜在和现实的诉求方面进行商业包装，以刺激、唤醒消费意愿，进而满足其现实的消费需要。

5.热身训练

① 本省十大最受游客欢迎的旅游景区。
② 本省十大最受游客欢迎的经济型酒店。
③ 本省十大最受游客欢迎的餐厅。
④ 本省最受游客欢迎的购物街。
⑤ 本省最受游客欢迎的旅游商品。
⑥ 本省的旅游主题口号及其内涵。
⑦ 本省各市县区的旅游主题口号及其内涵。
⑧ 本省最受欢迎的旅游产品线。

6.案例解析

以省内观光旅游产品为例，分析其产品特点。

7.分组设计省域观光游产品并在班级分享

>>>>>>>>>>任务3：国内观光游产品设计

1.实训任务

以国内旅游区为旅游目的地，设计一款观光游产品。

2.实训要求

（1）内容要求

① 产品性质：组团观光游。
② 主题明确，特色突出。
③ 目标市场明确。
④ 进行成本核算和报价时，合理设定客人出发城市（涉及到达方式、到达时间、送站服务等要求）。
⑤ 合理设定出游的季节与日期。
⑥ 时间至少是3天2晚。
⑦ 产品文案包含完整的要素（参照提纲），文本格式规范。

（2）分小组完成

① 主创人员：组织小组讨论、任务分配和文案统筹。

② 质检人员：进行文案质量审核，将意见和建议反馈给主创人员。

③ 小组成员：按分工完成任务。

④ 汇报人员：在规定时间内进行简洁清晰和有重点的汇报。

3.实训目的

① 掌握中国的主要旅游区划及旅游资源特色；掌握国内著名的观光旅游资源；了解国内精品观光旅游线路；能从市场角度出发，设计合理的观光游主题，并能够用简洁凝练的词语表达出来。

② 能够针对市场设计可行的主题观光游产品。

③ 锻炼综合运用多学科知识的能力。

④ 提高小组团结协作的能力。

⑤ 提高对文案的口头陈述能力。

4.设计方法指引

按照旅行社产品设计的理念、方法，遵循旅行社产品的设计流程进行国内观光游产品设计，按旅行社产品设计大纲的内容进行文案编写。中国旅游资源种类齐全、类型丰富、独具特色、绚丽多彩，自然旅游资源与人文旅游资源交相辉映、紧密结合，而且各大旅游区不同的特点形成了独特的旅游主题。设计国内观光游产品需要熟练掌握资源的分布、特色和各大旅游区的特征。

（1）资源分析——摸清家底

旅游资源：依据中华人民共和国国家标准《旅游景区质量等级的划分与评定》，中国的旅游景区分为五级，从高到低依次为 AAAAA、AAAA、AAA、AA、A 级。5A级为中国旅游景区最高等级，代表着中国世界级精品的旅游风景区等级。截至 2020年 1 月 7 日，我国共有 5A 级旅游景区 280 家。

截至 2021 年 7 月 25 日，经联合国教科文组织审核被批准列入《世界遗产名录》的中国世界遗产共有 56 项，其中世界文化与自然混合遗产（双重遗产）4 项、世界文化遗产 38 项、世界自然遗产 14 项。此外，还有人类口述和非物质遗产/无形遗产 39项、记忆遗产 10 项；含跨国项目 1 项（丝绸之路：长安—天山廊道路网）。我国的昆曲、古琴艺术、新疆木卡姆艺术、蒙古族长调民歌等被列入人类口头和非物质遗产，由于这类资源属于人类罕见的、极其珍贵的旅游资源，具有垄断性和无法替代性，因此具有极高的旅游价值。

我国还拥有 244 处国家级风景名胜区（截至 2017 年 3 月）、142 座国家级历史文化名城（截至 2023 年 3 月）、全国重点文物保护单位 5 058 处（截至 2019 年 10 月）。这些旅游资源分布在全国各地，以其独有的魅力吸引着来自四面八方的游客。

地域区划：中国疆域宽广，从地形、气候、人文、经济和政治各个角度分析，有各种类型的地理区域。按地理区域划分，可以把全国分为七大地理地区：东北（黑龙江省、吉林省、辽宁省）；华东（上海市、江苏省、浙江省、安徽省、福建省、江西省、山东省、台湾地区）；华北（北京市、天津市、山西省、河北省、内蒙古自治区）；华中（河南省、湖北省、湖南省）；华南（广东省、广西壮族自治区、海南省、香港特别行政区、澳门特别行政区）；西南（重庆市、四川省、贵州省、云南省、西藏自治区）；西北（陕西省、甘肃省、青海省、宁夏回族自治区、新疆维吾尔自治区）。也有四分法，即四大地理区域，包括北方地区、南方地区、西北地区和青藏地区。其中，秦岭—淮河一线是北方地区和南方地区的分界线。大兴安岭—阴山—贺兰山为北方地区和西北地区的分界线。不同区域的生产方式、生活习惯、文化传统等方面有很大差异。

旅游区划：根据地域相对完整性原则、相对一致性原则、综合分析和主导因素分析相结合原则、旅游中心地原则、多级划分原则、覆盖性与不连续性原则等可以把整个中国划分成相似性较大而差异性较小的10个旅游区。华北旅游区：包括京、津、河北、山东四省、市。东北旅游区：包括黑龙江、吉林、辽宁三省。中原旅游区：包括河南、陕西、山西三省。西北旅游区：包括新疆、内蒙古、宁夏和甘肃四省、自治区。华东旅游区：包括上海、江苏、浙江、安徽、江西四省一市。华中旅游区：包括四川、湖南、湖北、重庆三省一市。西南旅游区：包括贵州、云南、广西两省一区。青藏旅游区：包括青海和西藏一省一区。华南旅游区：包括福建、广东、海南三省。港澳台旅游区：包括香港、澳门、台湾地区[①]。

（2）市场分析——概念化

2019年，国内旅游人数达60.1亿人次，比上年同期增长8.4%；实现国内旅游收入57 251亿元，比上年年末增长11.7%。面对如此庞大的消费市场，企业可以通过专项调研，基于旅游大数据，分析游客的来源、分布与特征，通过给游客"画像"，精确分析其消费需求及满足的程度、变化的趋势等，根据游客的偏好设计出不同的主题产品。

（3）主题构思

各大旅游区、各个省份、各个城市和旅游景区都可以形成或不断构建鲜明的主题，旅行社要加以认真研究，通过直接借用目的地形象、概括旅游体验需求和旅行社创意设计等开发出主题鲜明的观光游产品。中国国家旅游年主题及宣传口号见表5-1。区域旅游主题见表5-2及表5-3。

表5-1　　　　　　　　　　中国国家旅游年主题及宣传口号

年份	旅游主题	宣传口号
1992	中国友好观光年	"游中国、交朋友"
1993	中国山水风光游	"锦绣河山遍中华，名山胜水任君游"
1994	中国文物古迹游	"五千年的风采，伴你中国之旅""游东方文物的圣殿：中国"
1995	中国民俗风情游	"中国：56个民族的家""众多的民族，各异的风情"
1996	中国度假休闲游	"96中国：崭新的度假天地"
1997	中国旅游年	"12亿人喜迎97旅游年""游中国：全新的感觉"

① 王春梅. 中国热点旅游线路［M］. 北京：中国物资出版社，2012.

续表

年份	旅游主题	宣传口号
1998	中国华夏城乡游	"现代城乡，多彩生活"
1999	中国生态环境游	"返璞归真，怡然自得"
2000	中国神州世纪游	"文明古国，世纪风采"
2001	中国体育健身游	"体育健身游，新世纪的选择""遍游山川，强健体魄"等
2002	中国民间艺术游	"民间艺术，华夏献宝""体验民间艺术，丰富旅游生活"等
2003	中国烹饪王国游	"游历中华胜境，品尝天堂美食"等
2004	中国百姓生活游	"游览名山大川、名胜古迹，体验百姓生活、民风民俗"等
2005	中国旅游年	"2008北京——中国欢迎你""红色旅游年"
2006	中国乡村游	"新农村、新旅游、新体验、新风尚"
2007	中国和谐城乡游	"魅力乡村，活力城市，和谐中国"
2008	中国奥运旅游年	"北京奥运，相约中国"
2009	中国生态旅游年	"走进绿色旅游，感受生态文明"
2010	中国世博旅游年	"相约世博，精彩中国"
2011	中华文化游	"游中华，品文化"
2012	中国欢乐健康游	"旅游、欢乐、健康""欢乐旅游，尽享健康""欢乐中国游，健康伴你行"
2013	中国海洋旅游年	"美丽中国，海洋之旅""体验海洋，游览中国""海洋旅游，精彩无限"
2014	智慧旅游年	"畅游美丽中国"
2015	丝绸之路旅游年	"游丝绸之路，品美丽中国""新丝路、新旅游、新体验"
2016	丝绸之路旅游年	"漫漫丝绸路，悠悠中国行""游丝绸之路，品美丽中国""神奇丝绸路，美丽中国梦"
2017	丝绸之路旅游年	"游丝绸之路，品美丽中国""古老丝绸路，美丽中国行""传承丝路精神，共享丝路旅游"
2018	全域旅游年	"新时代，新旅游，新获得""全域旅游，全新追求"

资料来源：根据公开资料整理。

表5-2　　　　　　　　　　　　区域旅游主题（一）

序号	省份	区域名称	旅游主题
1	北京、天津、河北	京华旅游区	名山海景、京都古迹
2	河南、山西、陕西、山东	中原旅游区	黄河文明、华夏寻根
3	黑龙江、吉林、辽宁	东北旅游区	北国风光、关东文化
4	安徽、江苏、江西、浙江、上海	华东旅游区	江南水乡、吴越文化
5	湖北、湖南	华中旅游区	平湖山川、浪漫荆楚
6	四川、重庆	巴蜀旅游区	巴蜀胜景、山川峡谷
7	广西、贵州、云南	西南旅游区	奇山异水、民族风情
8	福建、广东、海南	华南旅游区	岭南风韵、连天山海
9	内蒙古、宁夏	蒙宁旅游区	塞北风光、游牧草原
10	甘肃、新疆	西北旅游区	大漠绿洲、丝路西域
11	青海、西藏	青藏旅游区	世界屋脊、雪域藏乡

资料来源：邢淑清，戴卫东. 中国旅游地理［M］. 北京：电子工业出版社，2008.

表5-3　　　　　　　　　　　　区域旅游主题（二）

序号	省份	区域名称	旅游主题
1	北京、天津、河北	燕赵文化旅游区	京畿要地
2	河南、山西、陕西、山东	中原文化旅游区	中华民族摇篮
3	黑龙江、吉林、辽宁	关东文化旅游区	林海雪原
4	安徽、江苏、江西、浙江、上海	吴越文化旅游区	山水神秀
5	四川、重庆、湖北、湖南	巴楚文化旅游区	峡谷巨川
6	福建、广东、海南	岭南文化旅游区	南国侨乡
7	云南、贵州、广西	西南少数民族农业文化旅游区	石林洞乡
8	内蒙古	蒙古游牧文化旅游区	坦荡草原
9	宁夏、新疆、甘肃	西北少数民族农牧文化旅游区	沙漠绿洲
10	青海、西藏	藏族高原游牧文化旅游区	世界屋脊

资料来源：李娟文. 中国旅游地理［M］. 6版. 大连：东北财经大学出版社，2017.

5.热身训练

① 全国十大最受游客欢迎的旅游景区。

② 全国十大最受游客欢迎的经济型酒店。

③ 全国十大最受游客欢迎的购物城市。

④ 全国十大最受游客喜爱的旅游商品。

⑤ 全国各省区、市的旅游主题口号及其内涵。

⑥ 全国各主要城市的旅游主题口号及其内涵。

6.案例解析

（1）国家旅游线路。

国家旅游线路是依托品牌线路、连接重要旅游区（点）的产品组合，是以品牌化的航线、交通、河流、海岸等作支撑的旅游线路。国家旅游线路必须在国际国内旅游市场上具有较强的影响力和吸引力，着眼于吸引海外游客，并满足国内旅游发展需要，能够引导国民旅游消费。国家旅游线路是国家级旅游品牌，必须是充分体现中国自然和文化的典型景观，具有国家层面的代表性和权威性。国家旅游线路要尽可能覆盖主要旅游地区和各省、区、市，但要尊重市场、尊重客观规律，不刻意强求覆盖全国旅游市场。

推出国家旅游线路的目的是形成若干具有统一、清晰、明确形象的国家旅游线路品牌，并作为国家旅游总体形象的有力支撑。通过国家旅游线路进一步加强国际、国内宣传促销和市场推广，引导海内外游客旅游流向，打造一批旅游热点线路、热点地区和热点产品，形成若干新的旅游消费热点。

按照典型性强、知名度高、交通通达、跨越多省等条件，国家旅游线路首批推出的备选名单有12条，包括"丝绸之路""香格里拉""长江三峡""青藏铁路""万里长城""京杭大运河""红军长征""松花江—鸭绿江""黄河文明""长江中下游""京西沪桂广""滨海度假"。

•中国"丝绸之路"国家旅游线路。该线路以丝路文化为核心，跨越河南、陕西、甘肃、宁夏、青海、新疆六省区，是一条典型的国际旅游线路，在海内外具有较大的市场影响力。

•中国"香格里拉"国家旅游线路。该线路以川滇藏民族文化和特色景观为内涵，形成了从昆明经大理、丽江至迪庆的核心旅游线路，并辐射至四川甘孜及西藏等地，是中国目前的热点旅游线路之一，在海内外旅游市场中深受欢迎。

•中国"长江三峡"国家旅游线路。该线路以峡谷景观、高峡平湖风光、大坝景观、历史文化、地域文化为主要吸引物，是中国对外推广的经典旅游线路。

•中国"青藏铁路"国家旅游线路。该线路是以青藏铁路为依托形成的通往雪域高原的旅游线路，东起青海西宁，西至西藏拉萨，并延伸至西藏其他地区。

•中国"万里长城"国家旅游线路。长城是中华文化的象征，也是我国最为重要的旅游吸引物之一。该线路东起山海关，西至嘉峪关，跨越东西多个省、区、市。

•中国"京杭大运河"国家旅游线路。该线路以京杭大运河历史遗存为内涵，北起北京通州，南至杭州，跨越北京、天津、河北、山东、江苏、浙江六省市，是我国东部贯穿南北的文化旅游线。

•中国"红军长征"旅游线路。红军长征旅游线是目前我国红色旅游中最受欢迎的旅游线，该线从江西瑞金出发，经江西、湖南、贵州、四川，直达延安，是我国贯穿东西、连接南北、重点在西部的旅游线。

•中国"松花江—鸭绿江"国家旅游线路。该线路以东北三省林海雪原、白山黑水、民族文化、边疆风情为内涵，以冰雪旅游、文化旅游、生态旅游、边疆旅游为核心，以大江界河旅游贯穿东北三省。

•中国"黄河文明"国家旅游线路。该线路以黄河文明为纽带，自西向东连接青海、甘肃、宁夏、陕西、内蒙古、山西、河南、山东八省区，重点是陕西、河南、山西、山东等中原黄河文化旅游区。

•中国"长江中下游"国家旅游线路。该线路以长江中下游城市群和世界遗产为核心，连接湖北、湖南、江西、安徽、江苏、上海，以都市旅游、遗产旅游、山水观光为特色。

•中国"京西沪桂广"国家旅游线路。该线路主要以空中航线为主，连接北京、西安、上海、桂林、广州五个著名旅游城市，是中国旅游市场最早对外推出、保持长久不衰的典型旅游线路，被誉为"经典中国"旅游线。

•中国"滨海度假"国家旅游线路。该线路以空中航线、海上航线贯穿我国东部沿海度假城市，从北向南包括大连、烟台、威海、青岛、日照、连云港、福州、泉州、厦门、深圳、珠海、海口、三亚、北海等，突出中国滨海度假旅游品牌，引导居民休闲度假。

请分析：

① 国家旅游线路与主题设计线路有什么不同？

② 国家旅游线路对主题观光游产品设计有何借鉴之处？

（2）以某一个国内长线旅游产品为例，分析其产品特点。

7.分组设计国内观光游产品并在班级分享

本章小结

观光游是基本的旅游形式，《旅游业基础术语》将观光旅游定义为"以欣赏自然景观、历史古迹遗址、民俗风情等为主要目的和游览内容的旅游"。观光旅游者的主要目的是追求审美和求知。观光游具有以下特点：一是以观光、游览为主，以文化娱乐、运动体验为辅；二是冷热点明显，以知名城市和景区为主要目的地；三是行程跨度较大，追求多城市多景区；四是在一地停留的时间较短；五是重游率较低。观光游产品是指旅行社专门针对观光游客的需求规律所设计的满足游客观光游览需要的综合性旅游产品，可以分为自然风光观光游、城市风光观光游、名胜古迹观光游、农业观光游、人造景观游、动物园和海洋馆观光游等不同的类型。

根据观光游产品的特点和存在的问题，进行产品设计时要扬长避短，把握以下要点：产品内容要丰富、性价比要高、项目要实、增加可选项目、给出一定的自主时间、具有一定的主题和特色。根据观光游客追新求异、参观游览项目多、游览节奏快而紧凑等特点，线路行程的设计要做到：不走回头路、点间距离适中、时间节点合理、排序科学、机动灵活。观光游产品的食、住、行、游、购、娱等要素配置以经济型为主，也可以进行适当的升级以提高产品档次，同时在进行产品设计和营销时要加强产品质量控制。

知识听记 5-1

项目五

主要概念

观光游　观光游产品　观光游产品类型

思考讨论

1. 观光游的内涵及特点是什么？
2. 观光游产品的类型有哪些？
3. 观光游产品的优点与不足有哪些？
4. 观光游产品的线路安排需注意哪些要点？
5. 观光游产品要素应如何配置？

项目作业

1. 结合实训环节的任务1、任务2、任务3，分组设计一款观光游产品，并在班级分享。

2. 与旅行社合作，对设计出的产品进行销售，根据销售情况进行分组比较并提交报告。

项目六
度假游产品设计

学习目标

1. 掌握度假游的内涵与特点，能够阐述度假游与观光游的异同。

2. 掌握度假游产品的内涵与特点，能够区分度假游产品的类型。

3. 掌握度假游产品设计策略，创新性设计度假游产品的主题与特色。

4. 掌握度假游产品的要素线路安排和要素配置的方法，根据需要有针对性地策划线路，配置适当的接待要素。

5. 能够分析度假游产品的特点和可行性，综合运用产品设计方法设计度假游产品。

6. 培养技能宝贵、知行合一的职业素养。

知识导图

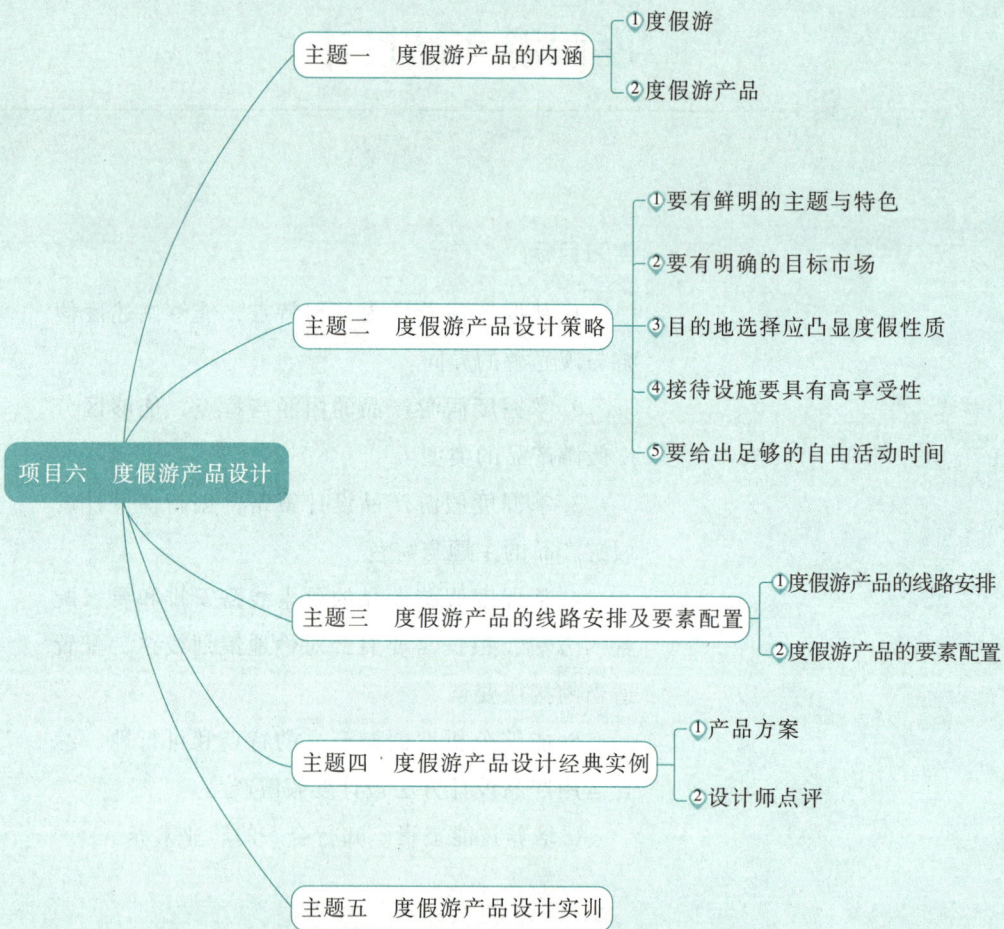

项目六　度假游产品设计

主题一　度假游产品的内涵
①度假游
②度假游产品

主题二　度假游产品设计策略
①要有鲜明的主题与特色
②要有明确的目标市场
③目的地选择应凸显度假性质
④接待设施要具有高享受性
⑤要给出足够的自由活动时间

主题三　度假游产品的线路安排及要素配置
①度假游产品的线路安排
②度假游产品的要素配置

主题四　度假游产品设计经典实例
①产品方案
②设计师点评

主题五　度假游产品设计实训

主题一 **度假游产品的内涵**

一、度假游

1.度假游的概念

度假游是以消遣娱乐、休息疗养、放松身心、康体健身为主要目的的旅游活动。度假游包括海滨度假、山地度假、温泉度假、森林度假、高山滑雪度假以及乡村度假等形式。

在线课堂6-1
度假游的内涵
及特点

度假游作为西方自19世纪以来流行了100多年的传统主流旅游方式，其典型特征就是利用带薪假期在度假胜地特别是海滨度假胜地度过一段美好时光，从而获得身心恢复、放松和享受，达到身心健康的目的。1871年，英国实行的"海滨休假日"揭开了大众度假旅游的序幕。第二次世界大战以来，随着各国经济的迅速发展，人们的休闲度假旅游方式也更加多样化。除了传统的温泉、海滨旅游外，还出现了保健疗养旅游、分时度假旅游等。我国的度假游产生较早，古代帝王的避暑消夏活动是我国古代度假游的典型代表，但发展较慢。1992年以后，我国陆续批准了12个国家旅游度假区，第一次有了旅游度假区的国家品牌。1996年，"度假休闲游"宣传口号的提出和度假游产品的推出，进一步促进了中国度假游的发展（谢春山，邱爽，2015）。

关于度假游的定义及其内涵，国内外学者进行了较为深入的探讨。J.D.Strapp认为，所谓度假游，即利用假日外出进行令精神和身体放松的康体休闲方式。D.Pearce认为，度假游的动机多出自人的内在需求，包括生理和心理的放松和康复，活动的目的是康体休闲。吴必虎将度假游定义为：利用假期在一地相对较少地流动而进行休养和娱乐的旅游方式。周建明则主张度假游是以度假（健身康体、消磨闲暇等）为主要目的，有明确目的地（良好的度假环境）的旅游活动。徐菊凤认为，度假游是人们利用假日在常住地以外的地方所进行的较少流动性、达到令精神和身体放松目的的休闲性旅游方式。谢春山认为，度假游是人们利用假期在环境优美的异地所进行的较少流动性的康体休闲活动。

相对于观光游，度假游是一种更高层次的旅游形式，更强调安全、宁静、优美的环境，丰富多彩的娱乐生活，增进身心健康的游憩设施和高品质的服务。观光游与度假游的比较，见表6-1。

表6-1 观光游与度假游的比较

类型	层次	目的	目的地固定性	时间	娱乐配套
观光游	基本层次	自然和人文观光、增长见识、放松心情	固定性较低	行程紧密，在一地停留时间较短	对娱乐的要求较低
度假游	高层次	康体休闲、消遣娱乐、离退休健身、休息疗养、放松身心	较固定	行程放松，在一地停留时间较长	对娱乐的要求较高

育德启智 6-1   **用情用力讲好中国旅游故事**

　　长期稳定成长的国家经济、越来越具有吸引力的壮丽河山、越来越高的开放水平和越来越自信的国民等聚合成的民族复兴和人民幸福中国梦，既是我们述说中国旅游故事的基本内涵，又为我们讲述中国旅游故事提供了全新动能。

　　讲好中国旅游故事，要树立最能代表中国变革和中国精神的经典旅游形象体系。博大精深的中华文明是中华民族独特的精神标识，也是经典旅游形象体系构建的根基。经典旅游形象体系要根植于最深厚的历史文化沃土，要依托最优势的文化和旅游资源，要联通最鲜活的时代生活，更要最贴切地呼应世界的认知习惯。不仅要突出中国优势，也要有国际视野和共情能力。

　　讲好中国旅游故事，要树立大历史观、大时代观，在把握历史进程和时代大势的基础上，积极强化我国设置议题和优化话语主题的能力。从时代之变、中国之进、人民之呼中提炼话语主题、萃取题材，展现中华历史之美、山河之美、文化之美，抒写中国人民奋斗之志、创造之力和发展之果。在对外旅游推广和目的地、产品形象品牌塑造中反映中华民族的千年巨变，弘扬民族精神和时代精神。在推广内容上不仅要形成中国气派和中国风范，还要与国际社会形成共鸣，创造更多的主场发声机会，向世界阐释中国文化和旅游的发展理念、优秀成果、和谐声音。

　　讲好中国旅游故事，要把目光投向世界、投向人类。既要在百年未有之大变局下做好世界旅游发展的引领者、变革者和推动者，又要踏踏实实当好世界旅游新秩序的建设者。通过深入的业界洽谈、丰富频繁的交流合作和可触可及的发展成果将中国旅游故事用实实在在的行动讲述出来，以此凝结心灵和沟通世界。在与国际社会同舟共济、同声相应和同气相求的高水平交流中，持续构筑和扩大我国的"朋友圈"。

　　讲好中国旅游故事，既要坚守原则，又要有灵活的方法。坚守原则就是要坚守中国立场，传播当代中国价值观念，反映全人类共同价值追求。同时要在塑造旅游品牌、展示优质旅游资源和旅游发展成果的过程中注重内容和形式的统一，有历史沉淀、有民族传统、有时代潮流，也要有多样化的模式和丰富的载体。特别要优化旅游话语国际传播的语言形式，话语构建应尽可能地展现中国的文化意蕴，同时又能被国际社会理解。

　　讲好中国旅游故事，要重视并熟悉国际受众的认知习惯和趋势潮流，有所区分和侧重地增强贴近性与对象性。找准当代中国价值观念与国际各方需求及利益的契合点，努力争取"讲故事"主动权。打破有理说不出、有话传不开的困局，并以此为切入点来提升中国旅游形象。

　　资料来源：杨劲松. 用情用力讲好中国旅游故事［N］. 中国旅游报，2022-01-20.

　　思政元素： 讲好中国故事　传播好中国声音　家国情怀

　　所思所感： 党的二十大报告提出："加快构建中国话语和中国叙事体系，讲好中国故事、传播好中国声音，展现可信、可爱、可敬的中国形象。"旅游业是讲好中国故事的重要载体和窗口，新时期，我们一定要坚定文化自信，讲好中国旅游故事。

2.度假游的特点

（1）以家庭和朋友结伴的方式出游

相对于观光游广泛的游客来源，度假游以家庭和朋友结伴出行方式居多。度假游的氛围应温馨、放松，互动参与、沉浸其中才有高质量的旅游体验，需要彼此之间有共同的兴趣爱好、共同的旅游消费行为。

（2）在目的地的长滞留体验

度假游以获得身心放松、疗养、休闲为目的，游客在一地的停留时间较长。度假游与身心健康、休息休闲、游憩体验密不可分，它与观光游"走马观花"的旅游方式以及求识、欣赏自然和文化风景，追求旅游审美体验的目的明显不同。观光游尽管也是利用假日外出，但游客主要以求知求识为根本目的，以欣赏风景为基本内容，是一种多点停留的审美性休闲旅游活动。相对于多点停留式的观光游，度假游在目的地的选择上往往是一个城市或景区、景点，甚至是某一度假酒店。

（3）"一站式"服务的旅游体验

"一站式"（one-stop）服务理念是20世纪中后期西方国家在公共服务改革运动中提出的，是指在"一站式"范式下，一个顾客的所有业务都能够在单一的接触中完成。度假游产品是度假旅游经营者向度假游客提供的服务，其"一站式"服务要求度假游客的所有需求能够在旅游休闲设施相对集中的特定区域内、在一系列连贯的服务接触中得到满足。[①] 拥有一站式服务的旅游目的地、旅游度假地、旅游综合休闲地成为度假游的首选地。一站式服务表现为：与旅游目的地（城市）相关的旅游景区景点、度假酒店、餐饮娱乐业、商业综合体和街区、公共服务设施等在空间集聚，形成度假游产业集群，满足度假旅游者的综合需要；或表现为相关的旅游要素在度假区内集聚，形成方圆几十千米的产业集群；或者是相关旅游要素在某一景区内集聚，不出景区就可以满足度假、休闲、娱乐、饮食的需要，为度假游客提供全方位、无缝隙的"一站式"服务。

（4）注重参与性和文化娱乐性

Leiper（1984）认为，度假旅游者希望得到三方面满足：休息（从身心疲劳中恢复过来）、放松（减轻紧张感）、娱乐（摆脱单调沉闷的日常生活方式）。传统上以"观光"为目的的大众化、标准化的旅行社产品已经不能适应游客的异质化需求与旅游方式的差异化趋势，观光游逐渐向度假游过渡。度假游更注重游客身心的参与，让游客有闲暇的时间，通过调动游客的嗅觉、触觉、味觉等多种感觉器官感知对象，通过想象、联想等思维参与深刻体验，以文化性、刺激性的项目为载体让游客获得休闲放松。

（5）以中近距离为主

度假游的目的是休闲度假，游客不可能像观光游那样走马观花，花太多时间在旅游途中，所以度假游以中近距离为主。在当前，跑到很远的地方只"安安稳稳地睡了

行业视窗 6-1

我国国家级旅游度假区数量已达六十三家

---

① 刘少和．度假旅游与观光旅游的差异及其服务主张［C］//中国区域科学协会区域旅游开发专业委员会，海南省旅游发展委员会，海南大学．区域旅游：创新与转型——第十四届全国区域旅游开发学术研讨会暨第二届海南国际旅游岛大论坛论文集，2009.

两晚"的旅游方式并不被大多数人所接受。

二、度假游产品

1.度假游产品的概念

度假游产品是旅行社为满足游客度假游的需要，根据度假游的特点和规律开发出的主题突出、特色鲜明的旅行社产品。典型形式是包价旅游线路和"景区+酒店"的小包价产品。

中华人民共和国成立后，中央有关部委及地方政府有关部门、企业先后在国内一些风景胜地、温泉胜地修建了一批具有福利性质、度假功能的疗养院。从开发规模来说，这些疗养院都比较小，空间分布极其有限。度假游真正开始发展是1992年国家陆续批准了12个国家旅游度假区（大连金石滩、上海佘山、苏州太湖、无锡太湖、杭州之江、青岛石老人、南平武夷山、莆田湄洲岛、嘉兴南湖、三亚亚龙湾、北海银滩、昆明滇池）。1996年，国家提出了"度假休闲游"的主题，希望以12个国家旅游度假区为主体，推出中国度假游产品，促进中国度假游的发展。

度假游具有鲜明的一站式服务的特点，因此旅游度假地构成了旅行社度假游产品（线）的重要内容。我国度假游产品的类型日渐丰富，从早期的山地避暑和滨海度假发展到温泉、森林、冰雪、山地、草原等多种类型并存的局面。高尔夫球专项度假游产品的发展相对成熟；冰雪旅游客源市场与度假游产品近年来发展异常迅猛，各地兴建了众多室内外滑雪场；温泉度假旅游成为最受欢迎的冬季度假游产品，但由于受地热资源的制约，具有较强的地域性；森林康养旅游正成为新的受欢迎的度假游产品。

2.度假游产品的特点

（1）产品价格和服务水准高

度假是一种享受的生活方式，目前旅游者普遍接受了度假游产品，同时也愿意为这种旅游方式付费。度假游由于选择高档或特色化的酒店、舒适的交通工具等接待设施，因此比观光游产品的价格高、服务水准高。度假游产品的盈利方式与观光游产品不一样，它将隐藏在操作模式下的成本显性化，直接反映在产品价格上，因此直观价格较高。

（2）"两点一线式"出游方式

传统观光游产品注重在食、住、行、游、购、娱的功能上下功夫，而度假游注重商、养、学、闲、情、奇六要素方面的体验。度假游追求一种清闲的生活方式，通过度过一段时间的慢生活，追求舒适、优雅、安静的生活格调。线路行程为"居住地—目的地"两点一线，在目的地往往以某一度假区、度假酒店为核心，进行点对点或辐射状的活动。

（3）主题鲜明

度假游以慢为主要特点，但是在不同的群体中有不同的表现形式，形成明显的人群化主题差异。又由于不同的度假目的和度假方式而形成鲜明的资源差异和度假方式差异。

（4）康乐设施要求高

积极的康体健身是获得身心休养的最好方式，度假游绝不是慵懒的消极生活方式。度假者通过如登山、跑步、打网球、游泳、健身、泡温泉等多种运动方式提高身体机能，通过美食、咖啡、阅读等获得感官和精神的愉悦和放松。因此，度假游对康乐设施及服务的综合配套要求较高。

（5）个性化和定制化趋势

度假游追求一种放松的生活方式，小而精的团队成员之间可以形式一致的意见，更适合度假游。度假游的私密要求高，熟人圈常常结伴出游，因此个性化、定制化、家庭化旅游成为度假游的主要趋势。

3.度假游产品的类型

（1）按包价形式划分

度假游产品按包价形式可以分为全包价产品和"景区+酒店"的小包价产品两种。其中，"景区+酒店"产品是自由行式的度假游产品，旅行社通过精选能满足综合度假需要的景区，将景区门票和酒店两种标准化的产品销售给游客，满足游客自由度假的需要。由于门票和酒店是标准化产品，因而这种产品组合形式灵活、自由度大、游客满意度高。在此基础上也可以实现产品的延伸，如形成半包价产品、团队产品等。

（2）按区域划分

度假游产品按区域可以分为古村古镇度假游产品、乡村度假游产品、城市度假游产品。以特色突出、原生态环境保存完好的古村古镇为主要目的地的古村古镇度假游产品（线），常常与文化游具有交叉性；乡村度假游产品是以优美的田园风光和原生态的环境为依托开发的度假游产品，其通常又与民宿度假相交融；城市度假游产品是以城市的资源和服务要素为依托开发的度假游产品。通常，人们认为度假游客人是由城市向乡村流动，其实这只是表象，从度假游产品的休闲、参与、娱乐、享受等本质特点和规律来看，城市同样可以开发出度假游产品。

（3）按住宿要素划分

度假游产品按住宿要素可以分为酒店度假式产品和民宿度假式产品。相对于度假酒店，民宿近年来发展迅速。所谓民宿，是指依托祖居老屋、农村生态环境和民族文化环境改造与仿旧新建的具有文化性、艺术性、民族性的非标准住宿产品。其经营主体、资本投入、建筑设计、运营模式与农家乐有显著不同。当前，在浙江，民宿整村开发正在成为新的趋势，其打造的方向是形成以民宿为主题的综合性旅游产业集聚区。

（4）按主要吸引物划分

度假游产品按主要吸引物可以分为温泉度假、山地森林度假、冰雪度假、草原度假、滨海（河、湖）度假。温泉度假是以温泉洗浴、温泉娱乐、温泉度假酒店为主要吸引物设计的度假游产品。山地森林度假是以山地资源、森林生态环境、运动健康设施和生态有机食品为主要吸引物设计的度假游产品。冰雪度假是以冰雪文化、冰雪运动为吸引物设计的度假游产品。滨海（河、湖）度假是以阳光、沙滩、海水和水上运动为吸引物设计的度假游产品。

主题二　度假游产品设计策略

一、要有鲜明的主题与特色

如今，度假游产品已占旅游市场的半壁江山。相对于传统的观光游产品，度假游以散客和家庭小团体为主，一地停留时间长，个性化私人定制的趋势较明显。在线旅游平台由于具有海量的旅游信息、强大的资源整合能力、便捷的预订功能而更受游客偏爱。对于中长距离的度假游，旅行社的专业服务、产品整合和采购优势仍然具有竞争力。开发出更具特色和令游客惊喜的产品仍然是发展的关键。由于度假游的出游形式、目的地选择、出游时间等更具多样性和灵活性，因此可以开发更多主题性的度假游产品。

度假游产品主题的开发仍然遵循"资源与市场相结合的原则"，从度假目的地的资源特色和度假游消费群体的需求两个方面进行设计。要善于借助旅游目的地的性质和特征以及旅游度假村、度假区和度假酒店的主题，或加以直接引用，综合提炼。同时要从消费需求出发，根据市场调研和大数据分析，发现度假游的消费趋势，分类设计出不同的主题产品。要善于创新，从而设计出能够引领度假游市场的新主题、新玩法。

二、要有明确的目标市场

有研究表明，年龄和收入与旅游次数、休闲度假天数、同行人数、每天消费数额呈现出明显的相关关系。随着年龄的增长，其年收入一般会增加，旅游次数、时长、消费等都会有所增长。[①] 度假游的个性化和定制化较强，不同的消费者在目的地的选择、游览方式、服务需求、出行方式、出游时间、同伴的选择上都具有不同的偏好。不同于观光游产品具有普遍的适应性，度假游产品的市场针对性更强。

旅行社在设计度假游产品时，应进行市场调研、市场细分、市场选择，并注意设计的针对性。首先，要进行市场调研，根据专项调研和企业顾客大数据，掌握度假旅游者的需求特征；其次，根据一定的标准如客源地、目的地、职业特征、年龄特征、家庭生命周期、出游方式等对游客进行划分，从中选择市场容量足够大、可衡量和可营销的目标市场；最后，根据选择的目标市场设计有针对性的产品。

三、目的地选择应凸显度假性质

关于休闲、休闲旅游和休闲度假三者之间的关系，杨振之教授认为，休闲是一个

---

① 葛南南，樊信友. 城市居民休闲度假旅游的消费动机与行为规律：重庆例证［J］. 重庆社会科学，2014（5）.

空间的连续体，休闲旅游是一种异地休闲，休闲度假游则是休闲的高级形态，是旅游者出于追求身心健康和享乐的目的而在常住地以外进行的休憩活动。正是因为度假游具有鲜明的休闲特征，所以常在其前面加上"休闲"二字而称为"休闲度假"。休闲、放松、舒适、安逸成为度假旅游者主要的身心追求。设计度假游产品时要首选具有"度假性质"的城市及景区、景点。从城市上看，主要沿海城市及苏州、杭州、无锡、桂林、丽江、西安、珠海、成都等都是热门的度假城市；以酒店为中心的轻奢型周边游已成为爆款，乐园主题酒店、文化创意酒店、国际度假酒店品牌等格外受到追捧，消费者愿意为更好的消费体验和更好的产品埋单；从目的地（景区）特征看，海洋旅游、温泉旅游、乡村旅游、森林旅游、山地旅游、古镇旅游、湖泊旅游和游轮旅游等受到游客的喜爱；各类度假村、度假区、度假酒店、度假中心受到游客的青睐。此外，无景点旅游或全域旅游成为休闲度假的主要趋势，在生活服务优越、娱乐活动丰富的基础上，是否游览景区已不是度假旅游的主要衡量标准，旅游目的地的自然地理条件、经济社会发展概况、文化氛围正在成为影响游客选择的重要因素。在此意义上，从地域上来说，城市也可以实现度假，能否得到"度假的体验"是设计度假游产品的核心标准。休闲度假游决策的影响因素见表6-2。

表6-2　　　　　　　　　休闲度假游决策的影响因素

影响因素	百分比（%）
气候	45.4
生态环境	54.5
交通	57.5
价格	43.9
观光景点	43.8
娱乐活动	47.1
用餐条件	25.5
住宿条件	29.9
治安条件	29.0
文化氛围	22.3
其他	0.9

资料来源：葛南南，樊信友. 城市居民休闲度假旅游的消费动机与行为规律：重庆例证 [J]. 重庆社会科学，2014（5）.

四、接待设施要具有高享受性

观光游和度假游是旅游的两种基本类型，通常人们认为度假游是旅游的高级形式，因而二者在体验形式、出游形式、产品购买、客流分布等方面存在明显的差异。

但也有观点认为，观光游和度假游一个侧重"观光"，一个侧重"度假"，两者只存在目标追求的不同，而没有层次的高低之分。从我国旅游业发展的历史来看，中华人民共和国成立之初的入境旅游、改革开放之后兴起的大众旅游以及近年来兴起的度假游，其针对的主要客源、旅游消费水平和消费体验都有较大的差异。近年来，度假游热与人们对观光游的反思有较大关系，正因为度假游有着比观光游更好的旅游体验、更高的服务水平才使其成为大众喜爱的旅游方式。在进行产品设计时，度假游产品的要素配置、接待水平、服务水准、行程安排都要突出高享受性，如在交通的选择、餐饮和住宿的安排上都要突出舒适、高档，以满足游客休闲、放松、享受的度假需求。

五、要给出足够的自由活动时间

度假游是在异地休闲、放松的一种生活、旅游方式。而观光游是以求知审美为主要目的的旅游方式，应尽可能选择多种景点，使行程安排紧凑。设计度假游产品时要做到"旅快行慢"，给客人充分的活动自由。一是产品要体现深度体验，在一地进行深度旅游，而不追求过多的目的地和景点，有时甚至是在一个度假区或者一个度假酒店慢慢消磨时光；二是选择的交通工具要快捷方便，减少旅途的时间；三是每日行程安排轻松，给客人足够的休息时间；四是在行程中安排部分自由活动的时间，活动内容由客人自己安排；五是行程时间弹性要大，行程和时间由游客自由安排，导游只在需要的时候出现。

主题三　度假游产品的线路安排及要素配置

一、度假游产品的线路安排

在线课堂6-3

度假游产品的线路安排及要素配置

从度假游产品的性质、特点来看，线路安排要做到以下三点：

1.行程线相对较短

不同于观光游产品，度假游产品一次选择1～2个主要的目的地，一个目的地只选择1～2个主要的景区或景点，在目的地进行有限的活动。在目的地以度假区、度假村或度假酒店为核心进行辐射状的度假、观光与娱乐活动，有时甚至只在一个度假区休闲放松。产品的行程线相对较短，常常表现为在出发地、目的地两点活动。

2.景点不宜过于密集

度假游重在追求闲情雅致，达到休闲、养生、放松的目的，在行程的安排上体现为每日游览的项目不能过于密集，一般半天1个主要休闲项目、一天不超过3个活动项目会比较舒适。景点或活动项目过多，就会成为走马观花式的观光游产品了。

3.时间安排轻松

在具体的时间节点上，除交通等遵循规定的时间点外，其他活动的时间自由度较大，时间安排比较宽松，不急于赶时间，给客人充分的休息与自由。而对观光游来说，早晨6：30起床，7：00早餐，7：30出发是常有的事，最迟也不会晚于8点，常常天黑甚至晚上7、8点才回到酒店，可谓早出晚归。度假游反其道而行，在时间上可以做到"晚出早归"，早晨可以睡到自然醒，享用过早餐，8、9点之后再开始一天的活动，晚上如没有必要的活动项目，可以早早结束，享受晚餐和晚上的休闲时光。这样的时间安排充分体现了度假、休闲的特征。

二、度假游产品的要素配置

1.酒店

高档酒店以其优越的位置、独特的设计、高水平的服务和设施齐全的康乐服务成为度假游产品的外在标志。度假游产品一般选择四星级或五星级等高档酒店、具有特色的主题酒店或高品质民宿酒店，以及城市中心位置酒店、度假区酒店、温泉酒店等。

选择酒店时，要特别注意：

第一，要选择卫生情况好、服务水平高的酒店，优质的酒店服务可以为产品加分。旅行社要加强对酒店的质量监控，不能因为酒店的质量影响了产品的质量，更不能因为酒店相关要素的质量产生违约的风险。

第二，要选择早餐质量好的酒店。度假游客人在早餐上花费的时间比较长，丰盛的早餐、幽雅的用餐环境、热情周到的服务、充裕的就餐时间，能够给客人留下深刻的印象。

第三，酒店的康体娱乐设施要运转正常，游泳池、健身房、棋牌室、球场等要方便使用且服务水准高，能充分满足客人运动、健身的需要。度假游客人在酒店停留的时间较长，设施齐全的酒店本身就是一个休闲、健身、疗养的目的地。

2.餐饮

普通的团餐不能满足度假游客人的需求。度假游产品的餐饮标准较高，以高档、具有当地特色的饮食为主。餐标要在每餐每人60元以上，但由于区域不同、经济发展水平不同，实际餐标要远远高于这个数额。要精选环境幽雅、富有格调与特色的餐厅，也可以根据情况安排客人自助用餐。

3.交通

交通要以舒适为主兼顾经济性，中远程一般要选择飞机或者动车等。如果选择汽车出行，座位要有冗余，不能拥挤，如人均拥有1.2~1.5个座位，客人乘坐会更舒适、宽松。在交通组合上，可以选择多样化的海陆空交通方式，让游客多方体验。景区内的特色交通如索道、游艇等，一般都应安排在行程当中。

4.游玩

度假游并不排斥观光游览项目，但是游览的方式、节奏等要优于观光游。除特色观光项目外，一般是游、娱相结合，如游艇观光、竹筏漂流等体验项目；或者是漂流、游泳等具有参与性、刺激性的运动项目；或者是海钓、出海、潜水等具有刺激性的体验项目；或者是观看表演等文化体验项目；也可以安排文化娱乐型景区。

5.购物

度假游一般不在行程中特意安排购物项目，但是可以给客人自由活动的时间，让客人自主选择购物。

主题四　度假游产品设计经典实例

一、产品方案

1.产品名称

莫催·大理、沙溪度假5日游①。

2.产品路线与日程

第1天：温州—大理

餐：中午为大理特色砂锅鱼。

住：沙溪方合庭院客栈。

今天我们将搭乘航班飞往大理，然后将坐专车前往剑川山中的古镇——沙溪（行车2～2.5小时、游览约2小时）。晚餐安排在古镇里的餐厅，晚上入住古镇。

第2天：沙溪全天自由活动

餐：酒店早餐。

住：沙溪方合庭院客栈。

今天在沙溪是完全自由的一天。沙溪古镇一切仿佛还是当年的模样，只是多了一些咖啡厅和个性小店。你拿起相机，就这么四处走着，也许会迷了路，不要着急，转着转着，也就转出来了。今天的午晚餐都不含，给你一个完整的自由空间。

第3天：花语牧场，洱海游船

餐：早、午餐。

住：大理古城红龙井酒店。

早餐后我们告别沙溪，返回大理。来到花语牧场（约1.5小时），300亩花田在夏日里五彩斑斓，赶快摆Pose拍照吧。午餐后将带大家前往龙龛码头，乘坐洱海大游船前往洱海中的南诏风情岛。在船上，我们将欣赏到白族的三道茶表演。游玩之后乘车返回大理古城，当天不含晚餐。客人可以自行于大理古城品尝当地风味小吃。

第4天：茶园莫催，喜洲，乳扇制作

餐：早、午餐。

住：大理古城红龙井酒店。

早餐后我们将前往苍山中的茶园——莫催（停留约3小时）。莫催茶室的地理位置优越，可以同时望见远处的洱海、背后的苍山还有山下的崇圣寺三塔。午餐后前往喜洲（游览时间1小时），参观传统的白族古民居。之后，我们将走街串巷，去到深

在线课堂6-4

莫催·大理

_____
①　"莫催·大理"，温州小众国际旅行社有限公司在售产品，由陈良辰设计。

街里，寻找传统乳扇艺人，学习如何制作白族传统美食——乳扇（约30分钟），并品尝自己DIY的美味。游玩之后乘车返回大理古城，当天不含晚餐。客人可以自行于大理古城品尝当地风味小吃。

第5天：才村骑行，洱海东游玩

餐：早、午餐。

早上，呼吸着大理的清新空气，我们将出门骑行。在大理，骑行可是最受欢迎的旅行方式哦。专车带大家前往才村，然后骑上自行车，我们将穿行在洱海边的田园里，一路骑骑拍拍，度过一个有风景、好心情的早上。午餐后，坐上专车，沿着挖色村，到小普陀，再到海东方，这是洱海东部最美的一段，边走边拍，让我们把最后的时光留给美丽的洱海边。根据返程航班安排送机。

二、设计师点评

设计师：陈良辰，温州小众国际旅行社创始人，著名旅游达人、旅游美食达人。

"莫催·大理"，是一款很有意思的产品。

1.产品的灵魂

我要重点跟大家阐述一个观念，就是做产品设计，产品的灵魂在哪里。说到产品的灵魂大家可能觉得很奇怪，产品也有灵魂吗？如果产品没有主题思路，没有灵魂，那么跟着你去旅行的客人，他自己也不知道自己要玩什么。这就像写文章一样，一条线路，你可以用不同的元素去组合，但是组合到最后，所有的元素都会向游客阐述设计者的心情，并让游客感受到，然后得到游客的赞同，这就是一条线路最终要达到的境界。这条"莫催·大理"的旅游线路也是用这样的原理去设计的。

2.产品缘起

当然，做这款产品的时候，同样会有一个缘起，即为什么去设计这样一款产品。

设计这款产品时，看到温州飞大理的往返机票只需要1 500元，非常便宜。便宜是一个很重要的理由，因为我们的每一个客户都希望旅行既好又便宜。所以当我看到机票便宜的时候，我就想是不是要设计一款有意思的大理旅行产品。第二个原因是暑期温州持续高温，而大理是一个气候非常适宜的城市。因为地处高原，所以大理在夏季的时候平均温度在20℃左右，非常凉爽，苍山和洱海就是天然的空调，夏天微风徐徐，可以说大理是一个非常惬意的地方。另外，大理还有一个我非常喜欢的地方沙溪古镇，我一直跟我的朋友说，这个地方如果不早点去，会很可惜。因为它像20多年前的丽江。虽然现在已经有了初步的开发，但是还能保持很朴素的风格，但是我不能保证在三五年后这个地方还能像现在这个样子。大家可以看到沙溪古镇这些古老的房屋，都非常纯朴。

3.产品的灵感

这些元素有了，我就在考虑怎样去设计这样一条线路，这条线我要带给它的灵魂是什么。后来，我突然想到在苍山上面有一个茶室叫莫催。这个莫催茶室已经有10年的历史，当时是一个文艺青年到大理时看到一个荒废的茶园，然后他把这个茶园盘下来，自己做了一个茶室，并给这个茶室取名为"莫催"。

4.特别的安排

"莫催"的意思就是不要催，放慢脚步，好好地看风景，不要步履匆匆。在大理的苍山，这家莫催茶室当时给我留下了非常深刻的印象。于是我就把这条线路的名字定为莫催，而这条线路的主题和灵魂也是莫催。不要催，大家慢慢来，慢慢走，慢慢看，享受生活，享受时光。在这个行程中，我们会特地安排在莫催茶室停留半天的时光，去感受这样一个特别的意境。莫催茶室的顶楼可以看到整个大理古城的风光。

在这中间我们搭配了一个这个季节大理独有的景点——花语牧场。300多亩的花海，配上悠闲的心情，我觉得是非常好的一种度假搭配。在这个季节，花场中开满了像薰衣草这种非常美的花。

5.骑行设计

我还做了一个有趣的设计，就是在大理古城到喜洲之间安排一段骑行，鼓励大家从大理古城骑到才村。这段骑行其实一般的旅行社都不会安排。这段的骑行会穿过广阔的麦田、乡间的小路、白族的民居，是非常美的，而且由于团队没有安排，这条道路上行人比较少，所以是非常值得去感受一下的。喜洲也是白族民居保留非常好的一个古镇，我们也会在那里品尝三道茶，体验民俗活动。

6.体验别样民宿

全程的住宿，我选择民宿+酒店这样的搭配。在沙溪古镇，我们会住到沙溪方合庭院客栈。这是一个非常有意思的客栈，在国外留学的一对年轻夫妻回到沙溪以后定居在这里，建造了一个中式风与法式风相融合的客栈。这个客栈房间不多，每个团队最多只能接待16个人，所以适合小型精品团。

在酒店方面，我选择了大理古城中最好的酒店之一：大理古城红龙井酒店。这个行程设计的目的就是让客人真正地享受生活的舒适，这条线路本身的定位也是一个高端的度假行程。这家酒店是2017年刚刚开业的，非常漂亮，在这里可以看到茫茫的苍山，可以眺望洱海，几乎可以看到大理的风、花、雪、月四大景观，还有室内游泳池。

7.莫催的风格

在莫催茶室里面品茶，亲自做一饼普洱茶，度过整整一个下午的时光。骑行、白族美食乳扇DIY，这都需要大量的时间。整个行程我要表达的就是这种莫催的风格，来到大理就是放松心情，让自己变得舒缓起来，这才是我们做莫催这条线路的核心思想。

主题五　度假游产品设计实训

度假游产品的设计可以从区域方面考虑，如市域、省域、区域和国内、国外度假游产品等；可以从日程方面考虑，如二日游、三日游和多日游等；也可以从目的地性质方面考虑，如海洋、山地森林、温泉、乡村度假游产品等。

>>>>>>>>>任务1：山地森林度假游产品设计

1.实训任务
选择合适的旅游目的地，设计一款山地森林度假游产品。
2.实训要求
（1）内容要求
① 产品性质：地接度假游。
② 主题明确，特色突出。
③ 目标市场明确。
④ 进行成本核算和报价时，合理设定客人出发城市（涉及到达方式、到达时间、送站服务等要求）。
⑤ 合理设定出游的季节与日期。
⑥ 时间至少是2天1晚。
⑦ 产品文案包含完整的要素（参照提纲），文本格式规范。
（2）分小组完成
① 主创人员：组织小组讨论、任务分配和文案统筹。
② 质检人员：进行文案质量审核，将意见和建议反馈给主创人员。
③ 小组成员：按分工完成任务。
④ 汇报人员：在规定时间内进行简洁清晰和有重点的汇报。
3.实训目的
① 掌握本地的山地森林度假资源的优势、特色，从市场角度出发，设计合理的主题，并能用简洁凝练的词语把主题表达出来。
② 能够有针对性地设计可行的山地森林度假游产品。
③ 锻炼综合运用多学科知识的能力。
④ 提高小组团结协作的能力。
⑤ 提高对文案的口头陈述能力。
4.设计方法指引
按照旅行社产品设计的理念、方法，遵循旅行社产品的设计流程进行度假游产品设计，按旅行社产品设计大纲的内容进行文案编写。下面以山地森林度假游产品为例说明产品设计要点，学习者根据情况进行合理吸收和拓展。
（1）产品属性
①山地森林度假游产品的概念。山地森林度假游产品一般是指依托山地森林资源进行的以享受、娱乐、保健为目的的旅行社产品，能让度假者精神愉悦、放松心情、消除疲惫、增进健康。
②山地森林度假游产品的特点。

第一，具有较强的自然性、真实性、观赏性。山地森林景观主要是自然形成的，人工加以辅助形成可进入性，景观一般比较美，具有较高的旅游审美价值，是集自然性、真实性、观赏性于一体的度假资源。

第二，具有较强的季节性。山地森林旅游资源随气候变化而变化，因此产品表现出较强的季节性，如森林浴、滑雪、花卉观赏等。

第三，具有较强的资源依赖性。产品质量的高低在很大程度上取决于旅游资源质量的高低。质量较好的山地森林旅游资源是开发山地森林度假游产品的前提条件。

③山地森林度假游产品的功能定位。

第一，主导功能——度假、休闲。山地森林度假游以度假休闲为首要目的，这个特性决定了在线路的安排上不能让旅游者一直走下去，而是要走走停停；在生理体验上不能让旅游者感觉到疲惫，而应通过适量的有氧运动使游客产生畅爽的感觉；在心理体验上不能让旅游者感觉到紧张、忙碌，而应使其感觉到放松、平和、悠然自得；在感官体验上不仅要让旅游者看到，而且要让其闻到、听到、尝到、摸到。

第二，支持功能——康体、健身、娱乐。森林度假游的内容不完全是静养、休闲，还是度假加娱乐式的，以满足不同旅游者的需求，并增添度假的乐趣。

第三，辅助（基础）功能——观赏、观光。满足旅游者观赏、观光的需求也是度假游产品应该具备的功能，但与在观光游产品中作为主导功能不同的是，观赏、观光功能在山地森林度假游产品中仅作为辅助或基础的功能。

（2）资源分析——山地森林资源分布

我国是一个多山的国家，山地旅游资源丰富。其中，许多山地雄伟、险峻、奇特、秀丽，是理想的避暑、游览和攀登之地。山地在我国国土中所占比重最大，约占全国陆地总面积的33.3%，若包括丘陵、高原在内构成广义的山地，则共占全国陆地总面积的69.2%。山地在全国分布也不均匀，一般来说，西部地形起伏大，山地较广；东部地形起伏较小，山地较少。我国山地按海拔分为极高山（海拔高于5 000米）、高山（海拔3 500~5 000米）、中山（海拔1 000~3 500米）、低山（海拔500~1 000米）、丘陵（海拔500米以下）。我国山地旅游地又可以分为三种类型：一是游览观赏型山丘旅游地，以中低山风景区为主，风景名山是我国壮美山河的代表。二是度假休养型山岳旅游地，以低山丘陵为主，主要作为休养、疗养、度假，特别是消夏避暑的去处。这类旅游地分布在东部地区，森林植被与生态环境好，海拔适中，地势比较开阔，如浙江莫干山、江西庐山、河南鸡公山等均是著名的避暑胜地。三是登山科考型山岳旅游地，属于特殊活动的山地，主要用于登山、探险、科学考察等专项活动。开展这些活动要在五六千米以上的山峰上进行。自1980年以来，我国先后开放了10多座极高山，供国内外游客作为登山、探险、考察的专门场所，如西藏的珠穆朗玛峰，新疆的乔戈里峰（属于喀喇昆仑山）、博格达峰（属于天山山脉），四川的贡嘎山（属于横断山脉）、四姑娘山（属于邛崃山），青海的阿尼玛卿峰（属于昆仑山）等[①]。

---

① 裴凤琴. 中国旅游资源概况［J］. 成都：西南财经大学出版社，2012.

（3）市场分析——概念化

通过对客源市场的调查和基于大数据分析，掌握来本地、本区域进行山地森林度假游的游客的特征、消费的需求和现状，对需求进行预测，分析游客对山地森林度假游产品的偏好，从而形成产品概念，为来本地旅游的游客设计有针对性的地接产品，并对外宣传推广。通过对本地游客赴外地旅游的偏好、现状及趋势的分析，结合环境和资源等进行产品构思，形成主题性组团性质的山地森林度假产品设计。

（4）主题构思

根据山地森林资源特色再结合客源地、客人的特质等进行提炼，形成产品主题。从旅游市场需求角度出发可以设计家庭主题度假游、亲子主题度假游、商务度假游、疗养度假游等系列产品。旅游资源的地域性、垄断性、独一无二性决定了各地的山地森林资源具有地域特色，再加上景区自身的开发、文化的沉淀、服务的创新等形成了独特的市场形象，并以一定的主题口号广而告之。旅行社在设计产品时要善于借力，借用目的地已经形成的市场认知、市场形象进行主题构思。

（5）产品设计和要素配置

根据出发地、目的地、游程时间等合理安排旅游线路时长，对交通、住宿、餐饮、导游等进行合理的选择，突出度假游的舒适性、享受性、休闲性、娱乐性等特征。在游览和娱乐项目安排上也要体现综合性、差异互补性。一是以度假景区为主，同时搭配适当的观光项目、文化体验项目，将度假与审美融合为一体；二是加强动态与静态的娱乐、休养等活动设计，依托山地森林的自然环境和娱乐设施，通过带领游客参与或指导游客体验，达到度假的目的。

①修身养性型度假活动项目。

第一，保健疗养项目。如森林浴、温泉浴、园艺疗养、SPA 等保健项目，使度假者通过自然环境获得健康。

第二，艺术养生产品。艺术养生产品是指为具有某项兴趣爱好的度假者提供特殊场所或环境，让他们可以在休闲度假之中从事自己喜欢的文艺活动，从而达到愉悦性情、修养身心之效，同时也增添了一种悠然自得而又充满情趣的度假氛围。如品茗、对弈、演奏或聆听音乐、森林写生及森林书画艺术展、森林摄影及森林摄影艺术展。

②参与娱乐型度假活动项目。

第一，返璞归真类。如野菜、菌类采摘、品尝；山果采摘、品尝；乡间特色菜肴品尝；体验山民、渔民、牧民劳动等项目。

第二，郊野乐游类。如露营、野炊、烧烤、篝火晚会等项目。

③运动健身类项目。如漂流、划船、垂钓、登山、攀岩、滑雪、射箭、游泳、骑马等项目。

④表演娱乐类项目。如民俗表演、歌舞表演、实景演出等项目。

（6）特色提炼——商品化

根据主题、线路构成和接待规格等对产品进行特色提炼。旅行者可以从资源的特色、文化的内涵、满足客人的需求点等方面进行提炼，也可以通过产品对比，进行差异化提炼。

5.热身训练

① 十大最受游客欢迎的度假名山。

② 十大最受游客欢迎的山林康养基地。

③ 十大最受游客欢迎的山地体验项目。

④ 十大最受游客欢迎的山地森林运动项目。

⑤ 最受游客欢迎的山地森林康养美食。

6.案例解析

以某一个山地森林度假产品为例，分析其产品特点。

7.分组设计山地森林度假游产品并在班级分享

>>>>>>>>任务 2：海洋度假游产品设计

1.实训任务

选择合适的旅游目的地，设计一款海洋度假游产品。

2.实训要求

（1）内容要求

① 产品性质：组团度假游。

② 主题明确，特色突出。

③ 目标市场明确。

④ 成本核算和报价时，合理设定客人出发城市（涉及到达方式、到达时间、送站服务等要求）。

⑤ 出游的季节与日期设定合理。

⑥ 时间至少是 2 天 1 晚。

⑦ 产品文案包含完整的要素（参照提纲），文本格式规范。

（2）分小组完成

① 主创人员：组织小组讨论，任务分配，督促完成和文案统筹。

② 质检人员：进行文案质量审核，将意见和建议反馈给主创人员。

③ 小组成员：按分工完成任务。

④ 汇报人员：在规定的时间内进行简洁清晰和有重点的汇报。

3.实训目的

① 掌握目的地海洋旅游资源的优势、特色，从市场角度出发，设计合理的主题，并能够用简洁凝练的词语把主题表达出来。

② 能够有针对性地设计可行的海洋度假游产品。

③ 锻炼综合运用多学科知识的能力。

④ 提高小组团结协作的能力。

⑤ 提高对文案的口头陈述能力。

4.设计方法指引

按照旅行社产品设计的理念、方法，遵循旅行社产品的设计流程进行海洋度假游产品设计，按旅行社产品设计大纲的内容进行文案编写。下面以海洋度假游产品为例说明产品设计要点，学习者根据情况进行合理吸收和拓展。

（1）产品属性

① 海洋度假游产品的概念。海洋度假游是指在近水海岸、海岸带和海岛、远海等海洋区域，以海水、阳光、沙滩为主要依托，开发设计以满足旅游者精神和物质需求为目的的海洋游览、娱乐、美食、体育活动和疗养活动的度假游产品。根据人们进行海洋旅游活动的区域，海洋度假游基本可以分为海岸带旅游、海岛旅游、远海和深海旅游。

② 海洋度假游产品的特点。

第一，消费的季节性。海洋度假游产品的设计要依赖于合理应用区域的气候因素。总的来说，我国渤海湾沿岸区域（5—9月），琼南海岸区域（1—3月，10—12月）适宜疗养的时间最长。北方干热、南方湿热的气候让市场形成渤海湾海洋度假旺季。海南三亚成为避寒胜地，在寒冷的春节期间，形成海洋度假游旺季。

第二，多元化的功能。海洋旅游将观光、休闲、康体、娱乐和疗养等功能有机结合，康体、娱乐功能越来越成为现代旅游消费者的需求，消费适应的人群比较广。海洋度假游产品的类型也是多样化的，从而形成了海滨、海面、空中、海底立体式的度假游产品。

（2）资源分析——海洋旅游资源分布

行业视窗6-2

我国海岸线北起中朝边界的鸭绿江口，南至中越边界的北仑河口，如果把星罗棋布在我国海域里的5 000多个岛屿的海岸线统计在内，我国海岸线的总长超过32 000千米，是世界上最长的海岸线之一。我国海岸地貌类型齐全，海岸南北纵跨三个气候带，自然风光各异，拥有许多旅游价值很高的风景区，著名的海滨风景区有北戴河海滨、三亚海滨、青岛海滨、大连海滨、北海海滨、厦门海滨、舟山群岛。

产品丰富体验多——海洋旅游火起来

海滨地区也是我国最发达、最重要的经济地带。以海南国际旅游岛、天津滨海新区、山东半岛蓝色经济区、海峡旅游合作区、辽东半岛经济区为代表的滨海旅游目的地正处在快速成长中。

近年来，亚太地区的泰国、印度尼西亚、马来西亚、马尔代夫，以及越南的国际旅游业迅速崛起，也得益于海洋旅游业的发展。多年来以大陆型观光产品为主的中国旅游正在走向海洋，海岛度假、邮轮旅游、海洋运动旅游、海洋文化旅游等新型旅行社产品正引领当前及未来旅游市场需求，海洋度假游产业链也将更加成熟。

（3）市场分析——概念化

海洋度假游是一种最早的度假游产品，一直受到市场追捧。消费者对海洋度假游产品比较熟悉，但是另一方面也容易形成审美疲劳。旅行社在进行产品设计时，要及时追踪旅游目的地海洋度假游产品的新变化，以满足市场需求，创造海洋度假游新的增长点。

（4）主题构思

海洋度假游的目的地有较强的同质性，因此海洋度假游产品主题也具有较强的趋同性。所以，海洋旅游的主题要从海洋度假景区的资源差异、产品开发和服务的特色以及所在区域的旅游特色进行综合提炼，设计出各具特色、各具主题的海洋度假游产品。

（5）海洋度假游项目依托

① 海洋大众观光旅游项目，包含海上观光、海底观光、海岛观光、海岸带观光、海洋文化体验、海味餐饮、海产购物。

② 海洋休闲疗养旅游项目，包含日光浴、海水浴、海钓、邮轮、游艇、出海捕捞等。

③ 海洋康体运动项目，包含沙滩体育类如沙滩球类、沙滩自行车、沙滩摩托车等；海上体育类如帆船、帆板、摩托艇、赛艇、滑水、冲浪、龙舟等；水中运动项目如跳水、水球、潜水等；空中运动项目如滑翔机、热气球等。

④ 休闲美食，包括海鲜美食、渔家乐等。

⑤ 陆地海洋旅游项目，包括海洋馆、海洋主题公园、人工冲浪池等。

5.热身训练

① 三大最受游客欢迎的海洋城市。

② 十大最受游客欢迎的沙滩。

③ 十大最受游客欢迎的海洋运动项目。

④ 十大最受游客欢迎的海洋旅游线路。

⑤ 十大最受游客喜欢的海洋度假酒店。

6.案例解析

以某一个海洋度假游产品为例，分析其产品特点。

7.分组设计海洋度假游产品并在班级分享

>>>>>>>>>任务 3：温泉度假游产品设计

1.实训任务

选择合适的旅游目的地，设计一款温泉度假游产品。

2.实训要求

（1）内容要求

① 产品性质：组团度假游。

② 主题明确，特色突出。

③ 目标市场明确。

④ 进行成本核算和报价时，合理设定客人出发城市（涉及到达方式、到达时间、送站服务等要求）。

⑤ 合理设定出游的季节与日期。

⑥ 时间至少是 2 天 1 晚。

⑦ 产品文案包含完整的要素（参照提纲），文本格式规范。

（2）分小组完成

① 主创人员：组织小组讨论、任务分配和文案统筹。

② 质检人员：进行文案质量审核，将意见和建议反馈给主创人员。

③ 小组成员：按分工完成任务。

④ 汇报人员：在规定时间内进行简洁清晰和有重点的汇报。

3.实训目的

① 掌握温泉度假资源的优势、特色，从市场角度出发，设计合理的主题，并能够用简洁凝练的词语把主题表达出来。

② 能够有针对性地设计可行的温泉度假游产品。

③ 锻炼综合运用多学科知识的能力。

④ 提高小组团结协作的能力。

⑤ 提高对文案的口头陈述能力。

4.设计方法指引

（1）产品属性

温泉度假游是以温泉为核心的度假资源吸引物，是综合利用周边的度假休闲吸引物，开发出的以满足旅游者休闲、游憩、疗养、度假的需求为目的的体验旅游产品。

（2）温泉旅游资源

我国是世界上温泉资源最为丰富的国家之一，有2 200多处温泉。我国有三大温泉分布区：滇藏温泉区，粤、闽、台温泉区，以及辽、吉、黑、内蒙古温泉区。著名的温泉有西藏古堆温泉、那曲温泉、阿里水热爆炸泉、拉萨羊八井沸泉，云南安宁碧玉泉，广东从化温泉，陕西临潼华清池温泉，重庆南温泉和北温泉，辽宁兴城温泉、鞍山汤岗子温泉，南京汤山温泉，北京小汤山温泉，黑龙江五大连池温泉等。其中，不少温泉有着非常深厚的历史文化底蕴，据记载，陕西临潼的骊山温泉是我国开发利用最早的温泉。如华清池，素有"天下第一温泉"之称，《长恨歌》中有"春寒赐浴华清池，温泉水滑洗凝脂"的妙笔佳句。

（3）温泉休闲度假项目

在温泉浴的基础上，不少温泉景区还开发了具有参与性、体验性和娱乐性的运动游乐项目，有力地提升了温泉景区的整体吸引力，为旅行社开发温泉度假游产品提供了较好的资源依托。

① 温泉+水上运动项目。把夏季最受旅游者欢迎的水上游乐项目引进温泉景区，以解决夏季产品单一、趣味不足的问题。其包括温泉造浪池、温泉漂流、温泉旅游池、水上滑梯等一系列时尚、动感、刺激的水上游乐活动，如北京温都水城的水空间、"中国动感第一泉"的广东恩平锦江温泉。

② 温泉+滑雪场。结合冬季最受追捧、最具挑战性的滑雪项目，将养生与运动结合起来，如青岛即墨天泰假日温泉滑雪场、辽阳弓长岭温泉滑雪场。

③ 温泉+高尔夫球。结合温泉水疗SPA与高尔夫运动，形成温泉+高尔夫顶级休闲产品，如北京龙熙温泉高尔夫俱乐部。

④ 温泉+综合娱乐。将静态的温泉与多种动感游乐项目结合起来，动静结合，如

珠海海泉湾。[①]

（4）温泉度假游产品开发的两种思路

① 温泉景区作为综合性的旅游目的地，适合亲朋好友自驾游、自助游，可以开发单项产品或自助游产品，也就是景点、住宿加门票的产品形态。

② "温泉+"模式，开发以温泉疗养、体验度假为核心，再辅以周边特色景区、景点、文化娱乐、餐饮美食的度假游产品。

5.热身训练

① 十大最受游客欢迎的温泉。

② 五大最受游客欢迎的温泉游玩项目。

③ 十大最受游客欢迎的海洋旅游线路。

④ 十大最受游客喜欢的海洋度假酒店。

6.案例解析

以某一个温泉度假游产品为例，分析其产品特点。

7.分组设计温泉度假游产品并在班级分享

本章小结

度假游是以消遣娱乐、休息疗养、放松身心、康体健身为主要目的的旅游活动。度假游包括海滨度假、山地度假、温泉度假、森林度假、高山滑雪度假以及乡村度假等形式。相对于观光游，度假游是一种更高层次的旅游形式。度假游具有以下特征：以家庭和朋友结伴的方式出游、在目的地长滞留体验、"一站式"服务的旅游体验、注重参与性和文化娱乐性、以中近距离为主。度假游产品是旅行社为满足游客度假游的需要，根据度假游的特点和规律开发出的主题突出、特色鲜明的旅行社产品。其典型形式是包价旅游线路和"景区+酒店"的小包价产品。度假游的主题鲜明，产品价格和服务水准高，对康乐设施要求高，表现出个性化和定制化趋势。度假游产品可以分为不同的类型，按包价形式分为全包价产品和"景区+酒店"的小包价产品两种；按区域可以分为古村古镇度假游产品、乡村度假游产品、城市度假游产品；按酒店特点可以分为酒店度假式产品和民宿度假式产品。根据度假游产品的特点，度假酒店的策划要体现鲜明的主题与特色，要有明确的目标市场，目的地选择要凸显度假性质，接待设施要具有高享受性，时间安排要自由休闲。度假游产品的行程安排要做到路线相对较短，景点不宜过于密集，时间安排轻松，产品的要素配置要高档、舒适，体现度假游这一休闲生活方式。

知识听记6-1

项目六

主要概念

度假游　度假游产品　山地度假游森林度假游　海洋度假游　温泉度假游

---

① 周玲强，祝勤玫. 温泉旅游开发模式探讨 [J]. 经济论坛，2010（11）.

思考讨论

1. 度假游的内涵及特点是什么？
2. 度假游产品的特点是什么？
3. 度假游产品如何进行分类？
4. 度假酒店有哪些特点？
5. 度假游产品的线路安排应注意哪些要点？
6. 度假游产品的要素如何配置？

项目作业

1. 结合实训环节的任务1、任务2、任务3，分组设计一款度假游产品，并在班级分享。

2. 与旅行社合作，对设计出的产品进行销售，根据销售情况进行分组比较并提交报告。

项目七
商务游产品设计

学习目标

1. 掌握商务游的内涵与特点，能够明晰商务游的类型和服务对象。

2. 理解商务游的服务性质，掌握商务游的服务模式。

3. 能够判断不同商旅企业的竞争优势和劣势。

4. 理解大型商旅企业的产品策略，掌握中小型商旅企业的产品策划方法，能够根据需要定制商务游产品。

5. 培养技能宝贵、知行合一的职业素养。

知识导图

主题一 商务游产品的内涵

近年来，商务旅行呈爆发式增长，商旅产品成为一块诱人的"大蛋糕"。根据全球商务旅行协会（GBTA）的预测，亚洲地区的商旅支出在2025年将达到9 000亿美元，占全球商旅总支出的一半。2015年以来，中国一直是这一领域最大的市场，近些年都在持续增长。国旅运通、携程商旅等企业先后进入差旅管理市场。

中国"商旅管理"的概念是从国外商旅管理巨头美国运通引入的，国外的HRG、CWT、BCD等TMC（商旅管理公司）巨头纷纷通过合资形式进入中国TMC市场，引起了业界对商旅管理这一新兴事物的关注。我国真正意义上的商旅管理市场萌芽，是从2006年携程网宣布正式进军商旅管理市场开始的，随后腾邦国际、YM商旅公司等本土商旅管理公司纷纷出现。TMC企业目前主要通过两种方式切入电子商务：一种是以技术方式切入，如宝库在线、觅优商旅网、阿斯兰商旅服务有限公司等；另一种是依靠综合的资源和强大的技术能力自建TMC平台，为客户提供产品、技术等综合服务，如携程商旅、腾邦国际、YM商旅公司等。

一、商务游的概念

1. 相关概念

关于商务游，目前学术界尚未给出一个统一的概念。现在流行的相关术语"商务旅行""商务旅游""会展旅游""会议旅游""公务旅游"等常常混合使用。这一方面反映了人们对商务游外延比较宽泛的认同，另一方面反映了商务游的内涵存在某种程度的争议。

国外学者罗伯·戴维森（1994）在其出版的一部著作中对商务游作出如下定义：商务游涉及的是那些因为工作关系而旅行的人们。德国出版的《旅游经济手册》一书指出："商务游是指所有因职业原因进行的旅行。"

不难看出，这样的界定相当宽泛。正如国内学者曹诗图（2016）从旅游审美愉悦的属性出发所指出的那样：人们将商务旅行与商务旅游混为一谈，商务旅行是严格的工作事务、职业责任活动和惯常状态（日常境遇），以商务活动为主要目的，商务工作（如投资考察、商务洽谈、商务会议、贸易展览等事务工作、职业责任活动）本身与休闲、消遣、审美等身心自由体验（旅游的本质）毫不相关。即使商务游的概念能成立，商务游也应是指"商务人士在商务活动过程中所产生的旅游行为或附带进行的旅游消费活动"。曹先生细致地刻画了商务旅行者和商务旅游者的区别：如果一个人去外地进行商务活动，完全只是进行商务工作，而没有任何观光游览、休闲度假活动，他自然只是一个"商务旅行者"，而不是"商务旅游者"。如果他在进行商务活动的同时，还进行了游览观光、休闲度假等旅游活动，他就属于"商务顺带旅游者"

在线课堂7-1

商务游的内涵

（在商务旅行中伴随或嵌入了旅游活动的人）。那么，他在从事商务活动的时候，是作为商务活动的参加者而存在的；他在参加旅游活动的时候，是作为旅游者而存在的。在此次活动中，他同时有两种身份：商务活动者和旅游活动参加者。虽然，他的后一种身份不应是主要的，但旅游业所关注的应是他的后一种身份。①

应该说学者曹诗图对这一问题的阐述极其深入，事实上在技术层面又很难区别，正如曹先生所指出的那样，很难将一个人的两重身份区分开来。类似的，要把那些完全不参加旅游活动的"商务旅行者"和"商务顺带旅游者"区分开来，也是一件极其困难的事情。因此，就出现了把所有"商务旅行者"当成"商务旅游者"的局面。

2.本书的定义

从旅游企业经营层面，本书采用如下概念：商务游（business travel）是指商务旅游者以商务为主要目的，离开自己的常住地到外地或外国所进行的商务活动及其他消费活动。商务游通常包括商务谈判以及会议、展览、文化交流活动以及随之带来的交通、住宿、餐饮、通信、休闲、游览等活动。

二、商务游的类型

在线课堂7-2

商务游的类型
和特点

2004年5月23日在北京举行的国际商务旅游产业峰会认为：商务游是指商务人士在商务活动过程中发生的所有旅游消费行为。除了传统的商贸经营外，还包括参加行业会展、跨国公司的区域年会、调研与考察、公司间跨区域的技术交流、产品发布会以及公司奖励旅游等。也有学者认为，商务游是指参与者以商务为主要目的，以旅行为手段，以游览和娱乐为辅助活动的旅游，包括会议旅游、奖励旅游、大型会议和展览，统称为MICE（即Meeting、Incentive travel、Conference、Exhibition）业务。武晓鹏（2004）将商务游分为商务会议、奖励旅游、展览和交易会三类。王昆强（2016）将商务游分为公务差旅、会议旅游、奖励旅游、展览旅游四类。王笑颖（2018）将商务游分为一般商务旅游、政务旅游、学术旅游、其他商务旅游四类。综合各类学者的观点和商务旅游发展的现状，本书认为商务游可分为以下五类：

1.一般商务旅游

这是指以从事商务活动为主要目的的出行人员构成的市场，包括商务往来谈判、商务磋商、商务营销、跨国商务合作。按会议组织者和会议目的划分，可分为协会年会会议、研讨会、培训会、公司会议、董事会、销售会、人员培训、股东大会等。

2.政务旅游

政府公务人员是商务游中的重要对象。每年因各种会议、视察、调研活动所进行的商务旅行形成了一个不容忽视的市场。

3.学术旅游

学术旅游市场是一个迅速成长的市场。在中国国际地位提升、大力发展教育和科技的背景下，国际性学术会议、全国性学术会议、区域性学术会议与日俱增。参与学

---

① 曹诗图，许黎. 对商务旅游概念的质疑与澄清［J］. 地理与地理信息科学，2016（2）.

术讨论的人员会进行一系列旅游消费活动，这一系列会议蕴藏着巨大的商机，是商务游中一个非常重要的细分市场。

4.奖励旅游

奖励旅游是一种现代化的管理工具，目的在于协助企业达到特定的目标，并给予达到该目标的参与人员一个非同寻常的旅游假期作为奖励；同时也是为各大公司安排以旅游为诱因、以开发市场为最终目的的"客户邀请团"（世界奖励旅游协会）。奖励旅游是对表现优秀的员工、经销商、代理商等进行奖励的一种方式，以此来提高企业员工的向心力，能够使员工获得成就感和荣誉感，共享公司发展的红利。

5.展览旅游

展览旅游主要是指参加大型博览会或展览会，通常为大型活动，包括有形商品的展览和交易，以及无形的劳务与人才交流。展览和交易会吸引人数众多，一般具有一定的周期性，受季节和气候的影响较小。

育德启智 1-1　　　　旅游合作助力构建中国-中亚命运共同体

2023年5月18日至19日举行的中国—中亚峰会擘画出中国中亚关系新蓝图，为构建更加紧密的中国-中亚命运共同体注入新动力，必将开启双方旅游交流与合作的新时代。

近年来，中国与哈萨克斯坦的旅游合作进展明显。2015年12月，双方签署了《关于便利中国公民赴哈萨克斯坦共和国团队旅游的备忘录》。2016年7月，哈萨克斯坦正式成为中国组团出境旅游目的地。在2017年"中哈旅游年"框架下，中哈旅游合作论坛、推介会和企业洽谈等活动陆续开展。当年到访哈萨克斯坦的中国游客数量超过20万人次。吉尔吉斯斯坦、塔吉克斯坦、土库曼斯坦和乌兹别克斯坦也成为中国游客关注的目的地。同时，中亚国家来华旅游人数快速增长。2019年，新疆霍尔果斯接待中亚国家游客逾700万人次，同比增长45%以上。

2022年6月，"中国+中亚五国"外长第三次会晤通过的《"中国+中亚五国"外长会晤联合声明》提出："旅游业是推动区域间合作，实现革新和转型的关键一环，是经济发展、友谊、相互理解、创新和繁荣的传播者。各方重申应保持密切合作，加强旅游交流，为旅游业安全稳定发展创造条件"。中国与中亚国家已初步形成了更紧密旅游交流合作的机制和政策框架，有着现实的发展条件和巨大的潜在发展空间，前景光明。

2023年是"一带一路"倡议提出10周年，中国和中亚国家同为"一带一路"的重要国家，旅游交流更是落实"一带一路"倡议的重要领域。

助力构建中国—中亚命运共同体，意味着中国与中亚国家的旅游交流与合作是具有较高可持续性、平等均衡的战略性伙伴关系。应该以有利于更好地保障和改善民生为首选切入点。这需要在旅游便利化、目的地建设、旅游产品开发、旅游安全保障和市场秩序维护等方面加大工作力度，增加中国游客到访中亚国家的吸引力，以此增加收入，并创造更多就业岗位，不断增强相关国家参与者的获得感、幸福感和安全感。

特别关注中亚国家在旅游资金获取、旅游基础设施建设优化、旅游人才培养、旅游管理技术获得、生态环境保护、历史文化遗产传承和旅游公共服务改善等方面的诉求，推动形成共同的旅游发展。

助力构建中国-中亚命运共同体，意味着相互间的旅游合作应该成为倡导尊重世界文明多样性的示范。引导人们消除误解，增加理解，相知相亲，凝聚对全人类共同价值的更多共识。通过更紧密丰富的交流互鉴，充分挖掘和发扬中国和中亚国家历史文化的时代价值，推动双方在旅游目的地建设、旅游产品开发、旅游服务优化和旅游管理提升等方面的建设。

资料来源：杨劲松. 旅游合作助力构建中国-中亚命运共同体［N］. 人民日报（海外版），2023-05-22.

思政元素：旅游合作　命运共同体

所思所感：2013年3月，习近平总书记首次提出"构建人类命运共同体"重大理念。同年9月，习近平总书记提出共建"一带一路"倡议，为构建人类命运共同体打造实践平台。党的二十大报告提出："促进世界和平与发展，推动构建人类命运共同体。"新时代旅游青年应加强旅游交流与合作，以旅游为纽带助力中国-中亚命运共同体建设。

三、商务游的服务对象

商务游的服务对象即商务游客，可以划分为以下三类[①]：

第一类是白领以上阶层，包括老板、高级经理人。他们的行为代表了市场的一种时尚，但不是市场上的普遍性行为。从对外服务需求程度、频次以及绝对数量上来看，他们并不是商务游市场的主流客户，只是市场的最上层客户。

第二类是白领阶层，他们是商务游市场的主体。这类消费者注重体现所在组织的形象，通常对于他们在商务活动中的住宿、交通，组织都有较高限额。但是，尽管消费额度受到一定限制，他们在消费总量上也是最大的。他们要求在既定费用下服务效率高、设施舒适完善并追求便利，希望得到无缝隙的高效服务配合。

第三类是普通商务消费者，由低层商务消费者和自费商务消费者构成，如个体企业主。这类消费者的数量最为庞大，但是其商务费用的限额较低。他们要求的服务内容比前两种类型的消费者要少，通常只追求商务游的经济性和高效率。

四、商务游的特点

1.消费水平较高

商务旅游者的花费大多由企业或机构支出，按照组织的内部规定或者商务活动的级别标准而确定，价格因素并不是决定性因素，一般按照上限标准进行消费。同时，商务活动注重形象，追求高层次、高质量服务，因而消费水平相对较高。根据世界旅游组织的报告，目前商务游客的消费相当于休闲游客消费的3～6倍，占世界旅游花费的52%。

---

① 武晓鹏. 我国商务旅游产业的发展研究［D］. 北京：首都经济贸易大学，2006.

2.季节性不强

商务游是根据组织的事务提前安排，按照计划进行的，出行时间、出行方式、出行目的地相对固定，不受季节、气候、闲暇时间等其他因素的影响，市场相对稳定。

3.重游率和重复购买率较高

由于公司事务的性质，商务游客经常与目的地企业、机构和合作伙伴进行业务联系，往往在常住地和目的地之间多次往返。商务游客是出于特定的业务目的外出旅行的，他们多属于重游客、再访客。

4.目的地以城市为主

城市是政治、经济、文化中心，是商务活动往来的集中区域，拥有先进、完善的会议展览中心、商务酒店、交通等设施及相关服务，能满足商务游客的需要，因此商务游的目的地大多为城市，优秀的商务游城市大多是区域性国际城市和国际性区域中心城市（武晓鹏，2006）。

5.服务要求高

商务游服务于政企单位，参与人员大都是企业的管理层、白领等重要阶层，这些人士旅行经验较为丰富、消费能力较强，对服务的细节、服务效率的要求较高。商务游会议、学术会议、洽谈会议等对接待水平、服务档次的要求高，对商旅企业的策划、组织与实施能力要求高。

主题二　商务游服务

一、商务游服务及其性质

1.商务游服务

商务游服务是为了开展商务游活动而提供的支持性服务及衍生服务的总称，包括商务人员的旅行、生活、差务及旅游服务，以及企业的商旅项目管理和差旅财务优化服务等。

2.商务游服务的性质

从性质上看，商务游服务属于旅游产业中的外包型服务和生产性服务[1]。

（1）商务游服务是旅游产业中的外包型服务

随着社会化分工程度的日益加深，越来越多的大型企业和集团公司开始有选择地将企业的大量非核心业务板块外包出去。此举的目的很明确：一是集中精力专注在自身核心业务的发展上，提升企业核心竞争力，这样才能保持良好的盈利能力，毕竟盈利才是经济组织的首要目标。二是将非核心业务板块外包给专业的服务公司，由它们对企业的这些板块进行科学有效的组织和统筹安排，可以达到节约企业人工成本的目的。

---

[1]　曹天蓉. 商务旅行服务购买行为影响因素研究［D］. 上海：上海师范大学，2016.

显然，员工因出差、商务目的前往目的地参加的展览、会议、谈判等活动以及企业内部的商务活动，如公司年会、培训、团队建设、奖励旅游等，都不是一个企业的核心业务，但是往往花费了企业巨大的人力和财务成本。因此，将这些业务外包给专业的差旅管理公司、会展公司等无疑是它们的明智之举。如果将目光投到国际商务旅行市场的话，我们就会发现，世界500强企业在将商务旅行服务外包给差旅管理公司等服务商之后，往往只需安排一位专人负责企业商务旅行的相关事宜即可，省去了大量的人力成本。但这里需要说明的是，真正意义上的商务旅行服务外包并不仅仅在意费用的节省，越来越多的企业希望：服务商能够提供便捷、个性化的服务；提供专业化的知识、科学的管理工具，能让企业的商务旅行活动透明合理，便于管理；提供人性化的服务，能够满足商务旅行者多样化的需求，提升他们的出行体验。

（2）商务游服务是旅游产业中的生产性服务

商务游服务的生产属性是由企业商务旅行消费的生产性决定的。首先，商务旅行消费是典型的生产性消费，企业派遣员工外出进行商务活动，根本目的不是让其休闲，而是促成商务合作，进而为企业赢得客户和资源。可以说，每一次商务旅行背后都隐藏了企业的利益诉求，是企业的一次投资，目的都是为开展接下来的核心业务做准备。商务旅行是企业实现利益的一种手段，企业对此类服务的购买具有市场化的非最终消费性，属于生产的中间投入。其次，不论商务旅行对企业的经济贡献是实质性的还是形式性的，时间和费用都是由企业来安排和支付的，不受个人意志左右，因此商务旅行服务的购买属于生产者消费，商务旅行服务属于生产性服务的中间投入。

二、商务游服务的模式

1.单项代理

单项代理是商旅企业向客户提供商务游所需要的单项产品的服务，主要包括代理预订交通票据、酒店客房、会场、租车、签证、接送、导游服务等。这块业务和旅行社传统业务相重叠，是中小旅行社所擅长的业务。代理服务过程简单、成本较低，是低端的商务旅行服务。

2.定制服务

商旅企业接受客户的委托，根据客户的需求，按照合同标准为企业提供相应的综合性服务。通过服务外包，商旅企业为客户提供相关行业信息参考，制订个性化商旅管理方案，承担了烦琐的商务游活动的组织、安排与实施任务，为客户节省了时间。

3.项目管理

项目管理是深层介入企业的商旅活动，商旅企业与客户不是简单的预订服务和委托服务关系，而是较为紧密的合作关系。除预订和项目委托等基础服务外，还为客户提供项目咨询、财务管理、技术解决手段、相关制度及其他增值服务。在商旅管理全球化的今天，接受商旅管理服务的大型企业对供应商的服务能力提出了更高要求，甚至将一站式服务等内容作为衡量竞标实力的一项重要标准。项目管理不但可以为差旅人员提供便捷的预订和呼叫服务，而且可以为行政和财务人员提供一站式的发票服

在线课堂7-3
商务游的服务模式

务，以提高财务结算效率，并提供可视化差旅管理报告等。通过专业的服务严格把控出差费用，降低人力成本，对服务企业的差旅情况进行全数据实时统计、实时提供，并定期提供节支建议，降低企业的差旅成本，有助于企业将主要精力用于核心业务经营。商旅企业甚至能为客户提供入室（In house）服务，这种服务方式被称为外派式经营或者嵌入式服务，由商旅企业派驻有经验的人员入驻客户公司进行现场服务。

三、商务游的盈利模式

1.赚取佣金及差价的盈利模式[①]

这是一种传统的商务游企业的盈利模式，即通过向上游企业供应资源收取佣金，或将上游产品加价售出的盈利模式。

相对于有限的航空公司而言，酒店数量多、范围广，在代理业务的管理上存在先天的障碍。同时，由于酒店代理业务技术含量不高，门槛相对较低，因此企业的生存周期一般较短，竞争也十分激烈。但由于巨大的、绝对的市场需求，以酒店预订服务为主营业务的盈利仍然十分可观。从国际上看，2015年美国酒店业支付给代理人的佣金费用约为25亿美元。品牌酒店网站仍然是最具统治性的预订渠道，其次是电话预订中心、旅行代理商。

2.创新产品和服务的盈利模式

这一模式是指有别于传统商旅管理服务，通过基于企业核心产品或服务的再次开发，满足细分市场的需求，拓展盈利"蓝海"，包括信息增值服务、周边服务及衍生产品等（赵艳丰，2016）。

信息增值服务，是指基于信息和网络技术提供的专业商旅信息服务。它可以成为一项单独的盈利模式。例如，公司总部位于安徽省的"飞常准"是飞友科技开发的一项信息应用，它适用于各类手机、电脑或平板，能够帮助飞行旅客跟踪航班信息，提供延误智能预报。乘机、接机、送机的用户，甚至民航业内人士都可以通过该应用的网页和移动客户端软件查看国内所有航班的实时状态信息和精确的地图信息，提前了解影响航班起降的各种情况，实时获得航班起飞、到达、延误、取消、返航、备降的六大类航班状态通报。相关用户还可以在客户端上定制个性化飞行计划，总结个人飞行记录。其盈利方式包括广告、商业合作、软件销售等。

周边服务包括除上述盈利模式外的市场需求，如商务考察、大型活动和各类赛事等。此外，基于企业主营业务的衍生产品也是重要的盈利模式之一。从商旅管理公司的实际情况来看，主要有以下两种衍生产品：

第一种，产品衍生产品。与商旅相关的一站式服务是商旅管理公司的核心产品，但由其衍生而来的产品如旅游保险、旅游资讯是近年来消费需求较为旺盛的衍生产品。

第二种，产品衍生服务。由优质服务带来的衍生服务，近些年来在商旅管理公

① 赵艳丰. 让荷包丰满 商务旅游行业现存的盈利模式（上）[J]. 中国会展（中国会议），2016（10）.

司中也有了较为明显的增长并取得了不错的收益。这些服务的目标人群较为固定，服务高端，收费不低。如中青旅专门成立了单独的VIP服务小组，通过前期的精细评估，采购了若干高端服务供应合作伙伴，专门为VIP客户提供超出日常差旅管理内容的特别服务。这些服务包含了特别信息的提供，如航班机型、机龄、动态、备降及机上餐食预订信息；酒店方面有酒店集团的积分累积、特别定制及积分兑换服务；公务机的预订，甚至是私人飞机飞行区域的申请及审批服务；还包括高级别的安保定制服务。这些服务内容的提供，给商旅管理带来了更高水平的收费标准，增加了企业收益，使企业向全球化服务迈出了更深远的一步。IT产品也是商旅管理公司近年推出较多的衍生产品。个性化的IT产品的提供，使得客户的系统与供应商的商旅管理系统直接进行数据对接，提升了商旅管理公司的预订效率，加强了企业内部管控。

3.收取交易及管理费用的盈利模式[①]

国际商旅管理公司总结多年的经验认为，客户应支付以下两种服务费用：管理费用和交易费用。这两项费用都是基于客户购买旅行服务的净价，加上用于代理商常用开支的费用，并留有盈余。如果商旅管理公司选择收取管理费用，它将根据代理费用按比例把常用开支分摊到所代理的业务上，这中间要考虑到员工的时间成本、办公场所费用、税负、电费和通信费等。在这些成本中，一部分是直接分摊到特定客人身上去的，特别是当使用了专门设置的服务员工后。管理费用被认为是适合嵌入式经营的，在于代理商的成本很容易被合理地确定。然而，当一项委托业务由商旅管理公司的预订中心办公室受理时，成本分摊就复杂得多了。收取服务费的代理公司，如英国BTI公司，将所有的机票及酒店的预订佣金全部分摊到其客户身上，作为对它们所提供服务的回报。

主题三　　**商务游产品设计策略**

商务游产品不同于一般的观光休闲产品，前者面向企业客户，为企业提供商务活动的一整套服务；后者指向个人消费市场，是为满足个人的审美愉悦而提供相关产品，典型的旅行社产品是旅游线路。因此，从产品设计上，商务游产品的设计重在提供实现双方共赢的组织、策划、管理服务，特别是专业商旅企业重在提高服务与管理的智能化水平，提高企业的差旅管理水平，降低差旅财务费用。而小企业如传统旅行社，重在提高服务的点对点优势和接待能力，提高商务游服务水平和方案策划能力，不断提高对小企业的商务服务能力。

资金是TMC成长的主要障碍，对上游一周两结（如机票），对下游一月一结甚至更长，结算期限的不匹配导致资金占用程度较高。对人才要求高，要能够提供全面的解决方案。企业规模较小，难以吸引人才。而国外TMC针对大型客户提供现场服务，

---

① 赵艳丰. 以服务获利　商务旅游行业现存的盈利模式（中）[J]. 中国会展，2016（12）.

能够为客户提供各种需求的解决方案。商旅服务对技术的要求高，从前期预订到方案处理再到后期数据反馈、差旅报告，对系统的要求都比较高。

一、国内外大型商旅管理公司产品设计策略[①]

1.国外商旅公司产品策略

在国外，商旅代理行业的起步较早，发展也较为成熟，比较著名的商旅管理公司包括美国运通、豪格·罗宾逊集团（Hogg Robinson Group，HRG）、嘉信力旅运（Carlson Wagonlit Travel，CWT）等。HRG和美国运通是全球商旅管理服务业的两大巨头，其主营业务和服务内容基本一致，因此各大商旅管理公司难以通过独特的业务模式建立起竞争优势。两家公司在商业模式上的差异主要集中在三点：一是盈利模式不同；二是资源整合方式不同；三是结算优势不同。两家公司的业务范围基本上覆盖了全部的商旅管理业务，包括差旅管理、业务咨询、会展管理和开支管理等领域。两家公司均以差旅管理服务为主营业务，提供基本相同的服务内容，包括在线旅行计划、机票和酒店预订、行前报告、成本分析、安全管理等。两家公司的核心业务重叠度非常高，在业务范围上最大的区别是美国运通还开展信用卡支付业务，并将此作为其核心业务。美国运通充分利用其作为全球最大发卡商的资金实力，始终以运通卡为核心业务，将商旅管理业务附着在运通卡业务之上。HRG则通过适度并购拓展进入新兴市场，通过合作伙伴网络进行资源整合，并依托支付平台建立起强大的结算优势。

2.国内商旅公司产品策略

目前，国内的商旅服务市场已进入快速发展阶段。全球商务旅行协会（GBTA）的相关数据显示，亚太地区将成为全球最大的商务旅行市场，在全球商务旅行市场中占比39%，中国将尤为突出。在商旅支出方面，中国即将超过美国成为全球最大的商旅市场。目前，代表性公司包括优行商旅、携程、腾邦国际、芒果、商旅e路通、中青旅，其中优行商旅、腾邦国际、商旅e路通三家公司较有代表性。

中青旅商旅管理公司是中青旅旗下提供专业商旅服务的公司，旨在为企业客户、政府机关、商务人士提供机票、酒店及其他商旅延伸等一站式、全方位、专业化的差旅管理解决方案，在减少客户商务出行成本的同时，强化旅行过程中的商务性服务。中青旅借助完备的航空和酒店资源采购体系，于2003年开始开拓商旅管理市场。目前，在中国有超过200家签约客户，年营业额约3亿元人民币。中青旅还是国际知名商旅管理组织Radius的核心成员及其亚太区地区的股东之一。

中青旅作为较早进入商旅服务行业的服务商，拥有相对成熟的商旅管理运作体系和操作经验。在服务策略方面，以"提升服务感受"作为终极目标，在为客户提供量身定制的商旅管理解决方案的同时，还协助客户制订旅行费用计划和差旅管理政策，并对客户的商旅管理现状提出诊断性意见，帮助客户从容应对在差旅政策执行过程中的各种变化。在定价策略方面，中青旅主要采取两种定价方式：一种是与

---

① 杜金艳. LT公司商旅服务优化案例研究 [D]. 北京：北京交通大学，2017.

签约客户按照市场指导价格约定价格（含代理佣金），并根据客户规模返还部分佣金；另一种是与客户约定以产品净价结算（不含代理佣金），在双方认可的基础上收取服务费用。

中青旅的盈利模式主要依靠机票产品、酒店产品及延伸服务产品三大类核心产品，通过核心产品的佣金及回报赚取收益。在中青旅的三大核心盈利产品中，机票产品是主营产品，机票的收入占整体营业收入的65%；酒店产品占整体营业收入的18%；延伸服务产品占整体营业收入的17%。从整体盈利情况来看，机票、酒店、延伸服务产品的利润分别占整体利润的59%、23%和18%。从中青旅的整体盈利构成来看，服务管理费用及交易费用对盈利的贡献不足10%，而酒店和机票的返佣及回报则超过79%。这充分说明，对于商旅服务商而言，短期内商旅产品是重点发展对象，而服务管理费用和交易费用盈利点低，可能会被忽略。

二、旅行社商务游产品设计策略

我国旅行社传统上以经营观光游产品为主，接待商务旅游者，也主要是提供委托代办等初级服务，对会议、展览、奖励等新兴商务游等产品介入不深。当前，旅行社面临传统团队旅游的"红海竞争"和在线旅游的双重冲击。旅行社要寻找新的市场空间，传统产品市场的小型化、细分化、延伸化是可行的选择，开拓商务游市场也是重要的途径。旅行社在经营传统观光游产品和传统商务游产品中积累的资源优势和服务优势，比如和旅游供应商建立起的各种关系等，为旅行社面向商务游的转型提供了重要的基础。旅行社要尽可能地发挥这些优势，在商务游服务市场的竞争中占据一席之地。尤其要重视对奖励旅游和疗休养产品的设计。

1.奖励旅游产品设计

（1）抓住奖励旅游扩大化的机遇，提高奖励旅游的效果

奖励旅游是公司为了奖励业绩优秀的员工而安排的专门的旅游形式，并对达到该目标的参与人士给予一个尽情享受、难以忘怀的旅游假期。目的是激励员工向先进看齐，努力工作创造更好的业绩，使员工忠诚于公司。随着优质人力资源的紧缺，留住人成为企业的难题，小微企业更是将奖励进行更广泛的覆盖。这为旅行社的商务游产品提供了新的机遇。

（2）针对奖励旅游特点，有针对性地策划

① 产品要能为客户提供"一站式服务"。只要客户有需求，企业就能为客户解决所有问题。产品策划人和执行接待人员都要有丰富的经验，全面深入地调研客户的需求，做好产品方案，为客户提供一站式服务。

② 要设计明确的主题活动。在设计奖励旅游产品时，除了针对受奖员工这类"普通旅游者"开发个性化的旅游项目外，还必须针对企业这一"特殊旅游者"的特定需要进行主题活动的策划，以帮助其实现增强企业凝聚力、塑造企业文化、激励员工与客户的目的。与公司领导层的座谈会、紧扣企业文化主题的晚会、别具一格的颁奖典礼、主题宴会等活动是奖励旅游产品开发的重点。

③ 产品要有个性化体验。常规的观光与购物已无法满足这些游客的需求，他们要求通过不同经历的体验和心灵的触动，使每天的生活过得更充实、更完美，其中每个与众不同的细节都应是令参与者一生难忘、值得回味的经历。为了让企业员工获得这些与众不同的享受，奖励旅游行程中可加入许多参与性很强的活动。一方面可以组织类似典礼、主题宴会这样的企业活动；另一方面可以组织类似潜水、越野、野外拓展等旅游项目。

④ 要体现对企业文化的整体宣传。会奖旅游大到行程设计，小到宣传标语的悬挂，都需要贯穿企业文化，因为这个旅程从某种意义上说也是对这个企业的整体宣传。比如春秋国旅一直承接的日本大金空调公司每年的奖励旅游项目，公司要求从接待地的布景到导游的水平，再到每一次典礼、宴会的主题，每一个细节都要体现出这是一次特殊的"大金之旅"。

⑤ 提倡配偶参与。如今大部分会议都邀请代表们的配偶同来参加，根据《会议与例会》中的最新会议市场报告，每年约有1 100万配偶出席各类大会及公司会议。一方面，由于受奖员工取得成绩与家庭的支持分不开，因此奖励时要对此予以充分认识；另一方面，受奖员工也愿意与家人一起被作为奖励对象。采取此种奖励旅游方式，可使受奖励的员工得到更多来自家庭的支持，也可以使受奖励员工更加热爱自己的公司，对工作能够投入更多的热情，还可以激励未受奖励员工，使其越发努力工作。

⑥ 产品服务体现高档次。因为要照顾公司形象和奖励员工，所以不管是目的地的选择还是行程安排和服务，会奖旅游一般都比常规旅游项目的要求更高。要让参加人员有自豪感，行程既要紧凑，又要充分休闲，要有高效率的集体活动、好看的风景和有趣的活动，还要有让每个劳累的身体都能够好好休息的大床……一次成功的奖励旅游，行程安排要富有创意，服务要独到，最重要的是要让每个旅游者都获得上帝般的服务[①]。

2.疗休养产品设计

（1）疗休养产品的内涵

目前，学界对于疗休养没有明确的定义，相关研究尚处空白。为深入贯彻党的十八大和十八届三中、四中全会精神，依法保障和促进职工身心健康发展，加强新形势下职工疗休养管理工作，浙江省总工会、财政厅、人力资源和社会保障局联合下发浙总工发〔2015〕13号文件，就疗休养的指导思想、组织管理、对象、费用和有关要求作了明确的规定。这是"疗休养"这一术语首先出现在相关文件中。根据这一文件，疗休养产品是指面向广大职工开展的、为职工提供休息养生服务，也可就地就近安排参观学习的，具有鲜明政策性、组织性、纪律要求的旅游活动。

在线课堂7-4

疗休养产品的
内涵和特点

（2）疗休养产品的特点

① 较强的政策性。开展职工疗休养活动是党和政府赋予工会的社会职责，是保护和促进广大职工身心健康、落实全心全意依靠工人阶级根本方针的具体体现。

---

① 唐彩玲. 会奖旅游及其产品特性［J］. 中外企业家，2013（27）.

有关部门以国家法律法规和中央有关规定为准则，切实加强规范化管理，把维护职工合法权益与遵守财经纪律结合起来，有步骤、有计划地组织好职工疗休养活动。

② 组织性强。职工疗休养工作由各级工会统一组织管理。省总工会根据国家有关规定和本省实际，负责制定职工疗休养管理制度；各市、县、区级工会负责做好职工疗休养的具体组织和管理工作，制定实施办法；各单位工会负责制订本单位职工疗休养计划并组织实施。

③ 标准明确。时间一般不超过5天（含在途时间）。赴对口支援（帮扶、合作）省（市）、自治区开展疗休养活动，因交通原因可视情况延长在途时间，但须经单位同意，且原则上不占用工作时间。职工疗休养是集体活动，占用法定休假或休息日的，不能补休。疗休养费用包括交通费、住宿费、伙食费等。党政机关和国有企事业单位疗休养费用标准按不高于600元/人·天的限额，凭据在单位提取的福利费中列支，不得在单位其他经费中列支。

④ 区域有限定。一次疗休养活动只能在一个省域内进行，按一地多点的原则开展活动。

⑤ 社会效应导向鲜明。疗休养可以促进职工疗养休息，促进身心恢复，激发工作热情。疗休养可以促进目的地发展，在旅游扶贫中发挥了重要作用。如浙江省要求在顺应职工对疗休养多样化需求的同时，积极助推各地、各系统的对口支援（帮扶、合作）工作。

⑥ 纪律性强。要按照国家有关法律法规和中央廉政建设、作风建设、厉行节约反对浪费等有关规定，规范疗休养内容和时间，严格控制费用支出，坚决禁止以疗休养为名变相组织公款旅游或发放钱物。

（3）疗休养产品设计

① 目的明确，体现疗、休、养的特色。职工疗休养是我国社会保障体系的重要组成部分，是国家法律赋予职工的一项基本权利。旅行社在产品设计时应紧紧围绕疗休养政策的核心，让职工共享经济社会发展的成果，通过疗休养促进身体健康、心理健康，保持更好的身体状态和精神状态。紧扣疗、休、养的主题，体现疗、休、养的特色进行产品策划。如以疗为目的，选择气功、针灸、按摩、矿泉浴、日光浴、森林浴、中草药药疗、有氧运动等活动体现疗的特色；通过选择在空气清新、风光优美、自然环境优异的区域如海滨、湖泊、山坡、温泉等目的地，使职工能够调节心理平衡、消除疲劳、增强体质。在服务上，要让员工得到充分的休息，不能将产品设计成观光式的旅游，通过合理膳食、文化欣赏、文娱活动、职工交流、休闲健身等达到养身、养心、养神等养的特色。

② 类型多样，体现不同主题特色。根据疗休养的目的地、疗休养基地等资源特点和职工的需求，设计度假观光、养生康体、健身运动、文化休闲、文化体验等多种类型和多种主题的产品，供职工选择。在产品设计时不要将度假观光型的疗休养产品设计为拉练式的观光产品，而是要遵循一地多点的原则，提高休和养的比例；也不要将文化类的疗休养产品设计成为文博展馆、民俗文化等文化旅游产品，而是要与疗养

在线课堂7-5

疗休养产品
设计策略

相融合，注意内容与时空安排的平衡。

③ 要素配置体现"疗休养+"的思路，满足职工对健康品质的多种需求。产品要素配置上要体现"疗休养+"的思路，将疗休养与文化、体育、生态、医疗等相关业态的产品进行融合，挖掘和借力关联产品的特点，满足职工对身体健康、心理健康、心灵健康、社会健康、智力健康、道德健康、环境健康的多种需求。

④ 把握政策性和纪律性，提高产品安全度。严格按照疗休养的政策规定设计产品，疗休养对象、出行范围、出行路线、经费标准按照政策标准执行；目的地的选择、餐饮和文娱活动安排要有纪律意识，要有正确的价值导向，要内容健康、环境健康，不能与"中央八项规定"相悖而行。

⑤ 针对性设计，提高营销水平。疗休养产品是集体购买、职工个人消费，购买者与消费者分离。疗休养产品的策划和设计既要满足单位的需求，又要能真正满足职工疗休养的需要。产品设计前要进行广泛的调研，使产品能够满足不同职工的需要，使每位职工都能选择适合自己的疗休养产品。此外，也要提高产品的服务接待能力和水平，优质的服务也是最好的营销方式。

⑥ 合理预算，把政策用足用好。职工疗休养服务企业要公开招标，旅行社要研究单位招标公告，做好充分准备。这不同于一般的招标，价格要有竞争力。疗休养产品要在政策允许范围内最大化地满足单位和职工的需要，不能压价竞争。

主题四 商务游产品设计经典实例

一、产品方案

1.产品名称
走进温州，探访名山名水名人，共话"诗画山水，湿润之州"。[①]

2.行程安排
第一天：2019年7月5日（星期五）

18：30：温州机场到温州香格里拉大酒店。

19：30：温州香格里拉大酒店2楼芙蓉包厢晚餐（住温州香格里拉大酒店）。

航班：台北—温州，中国国航CA836（17：20/18：30）桃园机场/龙湾国际机场T1航站楼。

第二天：2019年7月6日（星期六）

08：30：温州出发前往文成县南田镇。

11：00：游览刘基庙。刘基庙位于天下第六福地南田高山，为刘基后裔祭祀先祖的庙宇，是全国重点文物保护单位。

---

① "走进温州，探访名山名水名人，共话'诗画山水，湿润之州'活动方案"，由温州海外旅行社有限公司策划，项如如设计。

11:30：赴武阳村。武阳村是刘伯温的出生地和寿终之地。

11:40：在隐居武阳农家乐访谈伯温家宴。

13:40：饭后漫步武阳村赏荷花，于武阳书院、武阳故居捧读伯温先生的不朽传奇，感悟古往今来的风云澎湃。

14:00—15:30：考察隐居武阳民宿。

15:30：返程温州。

18:00：晚餐（温州天一角美食街）。

19:00：瓯江夜游。

第三天：2019年7月7日（星期日）

08:00：出发前往洞头。

09:00：洞头望海楼。

10:00：半屏山。

12:00：中餐（杋园）。

14:30：考察花岗民宿。

16:00：赴温州机场。

航班：温州—台北，华信航空 AE958（19:00/20:15）龙湾国际机场 T1 航站楼/台北松山机场。

二、设计师点评

1.设计背景

《邱毅行脚》节目要来历史文化名城——温州，届时台湾著名政论家、台湾大学经济学博士邱毅教授与中央广播电视总台央广主任编辑张彬、东南卫视主持人卢嫱，一起探访明朝开国元勋刘伯温的故乡，走进美丽的百岛洞头，探访洞头半屏山的由来和两地的渊源。

温州海外旅行社受相关部门的委托负责邱毅教授温州之行的接待事宜。旅行社接到任务后，专门研究了此次活动的目的与意义，派出业务骨干策划接待方案，落实接待事宜。

2.关于活动主题

根据活动的目的、温州文成和洞头的历史文脉策划了此次活动的主题——走进温州，探访名山名水名人，共话"诗画山水，湿润之州"。

此行主要目的地是文成县和洞头区，文成县名取自元末明初著名的政治家、军事家、谋略家、文学家刘基（字伯温）的谥号。明朝开国元勋、大明军师刘伯温死后，明武宗于公元1514年下了一道诰令，说刘基"慷慨有志，刚毅多谋，学为帝师，才称王佐""占事考祥，明有徵验；运筹画计，动中机宜"，是"渡江策士无双，开国文臣第一"，故"今特赠尔为太师，谥号文成"。文成以山地、丘陵为主，素有"八山一水一分田"之称。这里有宜人的气候和复杂多样的地貌类型，有刘伯温故里、百丈飞瀑、飞云江中上游山水和石胜林海四大景区，其中刘基庙为国家级文物保护单位；百丈漈瀑布高 207 米，为全国之最，历代文人墨客题咏甚多。

图 7-1　瓯江

洞头是全国 12 个海岛县之一，位于瓯江（如图 7-1 所示）口外，由 103 个岛屿和 259 座岛礁组成，素有"百岛县"之称。海岛风光旖旎迷人，石奇、滩佳、礁美、洞幽、鱼丰、鸟多，是一个集绝壁奇礁、海上运动、渔乡风情于一体的海滨旅游度假胜地。半屏山是个小岛，面向东海的一面为绝壁，如刀削一般。半屏山的绝壁奇形怪状，连绵几千米，主要有迎风屏、泥牛入海、黄金印、孔雀屏、乌龙腾海等，仿佛一幅天然岩雕画卷，故又被称为神州海上第一屏。民谣曰："半屏山，半屏山，一半在大陆，一半在台湾。"

此行目的地有一山、一水、一名人，同时温州与台湾距离近，飞行时间只要一个多小时，交流比较密切，又因为半屏山的传说形成了洞头与台湾的美好佳话，再结合"诗画山水，湿润之州"的城市定位，最终确定本次活动的主题。

3.关于行程

考虑到嘉宾事务比较多，本次活动特别安排在周末。嘉宾在第一天傍晚来到温州，夜宿温州香格里拉大酒店。考虑到第三天下午嘉宾要返程，首先安排赴文成南田镇。其中的武阳村是刘伯温的出生地，刘基庙是刘基后裔祭祀先祖的庙宇，为四进单檐二合院式古建筑。第二天下午考察隐居武阳民宿，体验文成民宿的特色。晚餐在天一角美食街用餐，品尝温州特色小吃。晚餐后乘船夜游瓯江，欣赏温州瓯江两岸的美景。

第三天车赴洞头，酒店出发，一个小时左右就可到达。上午主要参观望海楼、半屏山，下午参观花岗民宿，民宿都是渔民石头老房子。下午 4 点左右送嘉宾去机场，龙湾国际机场位于洞头和市区之间，车程只有 50 分钟。这样安排路线比较合理，时间比较宽松。

4.关于住宿

住宿选择在温州香格里拉大酒店，其品牌知名度和美誉度高。酒店位于温州滨江 CBD 核心区，紧邻瓯江，环境优美；距离甬台温高速七都东收费站 7.5 千米、温州东收费站 12 千米，交通十分便利。

5.关于餐饮

第一天晚餐在香格里拉大酒店，既品味了温州特色的餐饮产品，又不失接待贵宾的礼节。第二天中午安排伯温家宴。伯温家宴，原指明朝开国元勋刘伯温后裔汇聚在"诚意伯庙"（国家文物保护单位）例行"太公祭"（第三批国家级非物质文化遗产）、春秋两祭后而设的家族筵席宴会。后人为缅怀先贤，根据伯温先生《多能鄙事》和民间流传，选用一些具有纪念意义的菜肴以及南田当地传统的风味小吃，形成了具有鲜明地方特色的宴席。这里不但有美味佳肴，还有历史故事，有看头、有说头、有味道。

第二天晚餐特别选在天一角用餐，天一角是一家以经营温州小吃为主的餐饮名店，汇聚了温州各个地方的特色小吃。这是邱毅教授第一次正式以温州为目的地来温州，以前有"路过"温州，在温州转机去其他城市，并未正式进入温州地区了解当地的风土人情，所以这一次尽量为他安排温州的美食。温州除了海鲜外，还有众多有名的小吃，所以第二天晚餐安排了天一角美食街。

第三天中午在洞头安排渔家风味海鲜，尽显洞头的饮食风味。

香格里拉酒店风味餐、渔家风味、伯温家宴、天一角美食这样的搭配，让客人既体验了温州及洞头、文成的美食文化，又体验了深受温州人喜欢的市井美食。

6.交通安排

大交通：台北—温州—台北间的行程，为邱毅教授安排了商务舱，舱位舒适，利于休息和恢复体力。

温州全程交通使用"2+1"座椅型的商务车。商务车有37座，一排3个座位，而常规一排有4个位置，这样前后左右空间更大，乘坐更舒服。

7.特别的安排

本次嘉宾都是"名嘴"，邱毅教授是《海峡两岸》节目的评论员，思维敏捷，熟知历史，对两岸的文化十分熟悉。什么样的导游讲解人员才能与他对话呢？最后决定由温州海外旅游有限公司的总经理陈丽丽女士亲自担任导游，负责讲解和陪同。陈丽丽女士是土生土长的温州人，熟悉温州情况，从事旅游业30年，往返台湾数十次，是一位有情怀、热情的旅游人，且思维敏捷，于是旅行社小将们决定"派"老总亲自出马。

8.一个小细节

公司特地制作了一页电子版的活动安排给嘉宾，供大家在手机上查看。电子版的活动安排简洁又清晰，方便又环保，还具有很强的隐私性。

主题五　商务游产品设计实训

>>>>>>>>>任务1：学术游产品设计

1.实训任务

刘基文化研讨会拟在温州召开，根据会议安排，其中有2天的现场考察时间，请根据主办方的要求对现场考察进行策划，写出策划方案。

2.实训要求

（1）内容要求

① 产品性质：商务游之学术考察。

② 主题明确，特色突出。

③ 要对参会者的情况进行分析。

④ 时间2天1晚。

⑤ 产品文案包含完整的要素（参照提纲），文本格式规范。

（2）分小组完成

① 主创人员：组织小组讨论、任务分配和文案统筹。

② 质检人员：进行文案质量审核，将意见和建议反馈给主创人员。

③ 小组成员：按分工完成任务。

④ 汇报人员：在规定时间内进行简洁清晰和有重点的汇报。

3.实训目的

① 掌握商务游产品的特点及设计方法。

② 能够有针对性地设计可行的学术游产品。

③ 锻炼综合运用多学科知识的能力。

④ 锻炼与委托方沟通的能力。

⑤ 提高小组团结协作的能力。

⑥ 提高对文案口头陈述的能力。

4.设计方法指引

按照旅行社产品设计的理念、方法，遵循旅行社产品设计的流程、学术会议及考察旅行的具体情况，有针对性地进行本次学术会议中考察部分的旅行设计。下面以刘基文化研讨会为例说明设计要点，供初学者参考。

（1）了解会议背景——背景分析

与主办方沟通，对会议的背景、目的和意义等方面进行了解，包括一些专业性的知识，明确任务的背景，确保旅行策划与会议目的相吻合。

（2）明确委托方的要求——市场分析

一是通过书面文字、面对面沟通的方式，全面把握委托方的要求，如考察时间、地点、食宿标准、翻译、导游与讲解方面的要求以及其他特殊要求等。

二是要深入挖掘隐藏在背后的信息。了解与会者的身份、职业、职务、年龄等个人信息，与会人员的专业背景等专业信息，以及与会者区域来源、饮食风味等信息，以便高质量、有针对性地做好产品及接待工作。

（3）精选参访点——聚集主题

如果主办方参访点明确，可以根据主办方的要求选取参访点；如果主办方对参访点不太明确，要结合会议的目的和与会人员的情况提出合理化建议，并征询委托方的意见。

（4）产品设计构思——产品化

根据前期准备，进行产品的初步设计，明确本次学术考察旅行的背景、要求及产品线，设计考察行程。

（5）要素配置

按照委托方的要求和相关政策规定，对产品线进行合理的要素配置，做好参访点、交通、酒店、会见、翻译与导游讲解服务要素的配置，使产品具有可操作性，并作为计调操作和服务落实的文件依据。

① 参访点。明确参访目的地、区域与参访点等，规划好各个点的时间，保证按时完成。

② 交通。根据实际需要，选择合适的交通工具。一般来说，在市内参访选择汽车。

③ 酒店。根据线路和会务要求，选择合适的酒店，为与会者休息、讨论营造合适的环境。

④ 会见、翻译与导游讲解服务。根据需要，提前联系与落实需要会见的人员、翻译人员及特殊的讲解要求。学术考察对讲解的要求较高，有时需要请当地资深人士进行专题讲解与交流，也可以请与会人员进行专题讲解。一般来说，主办方在这些方面会提前安排，在策划时要充分与主办方沟通，帮助落实。

（6）特色等提炼——商品化

提炼产品策划的亮点与特色，以佐证策划的科学与合理性，取得委托方的信任。

5.热身训练

以本次任务为例，在产品设计时可以进行分点训练，解决策划中遇到的问题。

① 刘基文化研讨会的召开背景与意义 。

② 当地有哪些刘基文化遗址和旅游点。

③ 当地有哪些刘基文化学者。

④ 学术考察旅行有什么政策规定。

⑤ 与会者会对哪些话题感兴趣。

6.案例解析

以某次学术会议旅游为例，分析其产品特点。

7.分组设计学术游产品并在班级分享

>>>>>>>>>>任务 2：疗休养产品设计

1.实训任务

以当地为目的地，设计一款疗休养产品。

2.实训要求

（1）内容要求

① 产品性质：商务游之疗休养游。

② 主题明确，特色突出。

③ 目标市场明确。

④ 进行成本核算和报价时，合理设定客人出发城市。

⑤ 出游的季节与日期设定合理。

⑥ 产品文案包含完整的要素（参照提纲），文本格式规范。

（2）分小组完成

① 主创人员：组织小组讨论、任务分配和文案统筹。

② 质检人员：进行文案质量审核，将意见和建议反馈给主创人员。

③ 小组成员：按分工完成任务。

④ 汇报人员：在规定时间内进行简洁清晰和有重点的汇报。

3.实训目的

① 掌握疗休养产品的特点及与其他产品的异同点。

② 能够有针对性地设计可行的疗休养产品。

③ 锻炼综合运用多学科知识的能力。

④ 提高小组团结协作的能力。

⑤ 提高对文案的口头陈述能力。

4.设计方法指引

按照旅行社产品设计的理念、方法，遵循旅行社产品设计的流程，根据疗休养游的特点和政策规定，进行有针对性的设计。

（1）资源分析——找出适合疗休养的资源

疗休养产品从旅游消费特点上来说属于商务范畴，从旅游审美属性上来说属于度假游产品，不同于一般的观光游产品及其他产品。从资源分析入手，对本地资源进行分类，找出适合疗休养的资源和吸引物，挖掘资源的疗休养元素和价值。

（2）市场分析——找准市场需求

疗休养的目标对象明确，但不代表不需要对市场进行细分。根据市场细分理念和标准，可以以区域、职业两个维度为主，以年龄维度为辅对目标市场进行分析，从而准确把握市场的需求特点和差异，有针对性地设计相应的产品。根据市场消费的规律和实际调研的结果，以温州市场为例，省内舟山客人和衢州客人对疗休养的需求就不一样，舟山是海洋城市，舟山客人对温州海洋旅游并不感兴趣，而衢州客人恰恰相反；省外上海客人对温州泰顺的廊桥文化十分感兴趣。

（3）主题构思——聚集产品特点

根据本地资源及对疗休养市场的分析，聚焦疗、休、养三个核心点进行主题构思，提炼出不同的产品类型和产品主题，然后表达出不同产品的内涵。

（4）产品设计构思——产品化

根据产品主题选取合适的景区、景点进行产品线的设计，形成一条（条）主线鲜明的产品线。构思产品时要注意把握政策，根据经费标准设计行程天数，让员工充分享受到党的政策关怀和经济社会发展的成果。

（5）行程设计和要素配置——体现疗休养的特点

行程和要素充分体现"游"的一般规律以及疗、休、养的核心特点。

① 游。旅游线路及节点安排要合理，体现"休"，让员工充分休养。

② 行。选择舒适的交通方式，有条件的要尽可能安排休闲性交通工具，满足休闲、怡情的综合需要。

③ 食。食是疗休养旅游设计的关键因素，通过科学的设计，在饮食中充分体现产品的疗休养特点。一是体现饮食文化，在地方特色美食文化中大饱口福并获得文化享受；二是体现营养健康，通过合理的搭配和药膳的选择，吃出健康；三是就餐环节

要幽雅舒适，选择环境清幽、格调高雅、服务优质的餐厅。

④娱乐。选择体验与参与性项目或者康体设施好的酒店，满足游客的娱乐需要，有时还可根据需要安排专门的娱乐活动。

⑤购物。根据疗休养客人的需要，适当安排购物活动；也可在整体预算中安排购物费用，统一采购当地特色产品送给游客。

（6）特色的提炼——商品化

根据产品的主题和整体构思，结合疗休养产品的特点，提炼产品的亮点与特色，为产品宣传和推广提供依据。

5.热身训练

①疗休养产品的性质如何界定。

②疗休养产品与其他旅行社产品有何异同。

③研讨浙江省疗休养产品大赛规则，抓住产品设计要点。

④搜集本地最受欢迎的疗休养产品，分析其设计思路。

6.案例解析

选择一个优秀的疗休养产品，分析其设计方法。

7.分组设计疗休养产品并在班级分享

本章小结

　　商务游是旅游业的重要组成部分，商旅产品是一块诱人的"大蛋糕"。根据全球商务旅行协会（GBTA）的预测，亚洲地区的商旅支出在2025年将达到9 000亿美元，占全球商旅总支出的一半。狭义地讲，商务游是指"商务人士在商务活动过程中所产生的旅游行为或附带进行的旅游消费活动"。广义的商务游（business travel）是指商务旅游者以商务为主要目的，离开自己的常住地到外地或外国所进行的商务活动及其他消费活动，与商务者相关的几乎所有活动都可称为商务旅游活动。商务游可分为五类：一般商务旅游、政务旅游、学术旅游、奖励旅游、展览旅游。商务游客可以划分为三类：第一类是白领以上阶层，包括老板、高级经理人；第二类是白领阶层；第三类是普通商务消费者。商务游具有以下特点：消费水平较高、季节性不强、重游率和重复购买率较高、服务要求高、目的地以城市为主。

　　商务游服务是为商务游活动提供的支持性服务及衍生服务的总称，包括商务人员的旅行、生活、差务及旅游服务，以及企业的商旅项目管理和差旅财务优化服务等。从性质上来看，商务游服务属于旅游产业中的外包型服务和生产性服务。商务游服务有单项代理、定制服务、项目管理等服务模式。单项代理和旅行社传统业务重叠，代理服务过程简单、成本较低，是低端的商务游服务；项目管理是深层介入企业的商旅活动，提供项目咨询、财务管理、技术解决手段、相关制度设计服务及其他增值服务，与企业之间是一种紧密的合作关系。接受商务管理服务的大型企业对供应商的服务能力提出了更高要求，甚至将一站式服务等内容作为竞标实力的一项重要标准。从盈利模式上来看，商务游的盈利模式有赚取佣金及差价、创新产品和服务、收取交易及管理费用三种。国内外大型商务旅游企业凭借资金、技术、人才优势已经占领了市场的高点，构筑了行业壁垒。传统旅行社可以凭借自身点对点的服务优势，重点发展会奖旅游、疗休养旅游、会议旅游等商务游产品，在商务游服务市场的竞争中力争占有一席之地。

主要概念

商务游　奖励旅游　商务游服务　单项代理　定制服务　项目管理　奖励旅游疗休养产品

思考讨论

1. 简述商务游的内涵是什么？
2. 简述商务游的类型有哪些？
3. 简述商务游的服务对象和服务特点。
4. 简述商务游服务及其性质。
5. 商务游的服务模式有哪几种？分别有什么特点？
6. 商务游的盈利模式有哪几种？分别有什么特点？
7. 如何策划奖励旅游产品？
8. 如何策划疗休养产品？

项目作业

1. 调研你所在学校的职工疗养/疗休养游情况，并按小组提出合理化建议。
2. 与旅行社合作，调研当地商务游的情况，并按小组提出产品设计的建议。

项目八
亲子游产品设计

学习目标

1.掌握亲子游的内涵与特征，能够阐述亲子游与度假游、观光游的异同，判断亲子游的前景与趋势。

2.掌握亲子游产品的内涵、特点和功能，能够区分亲子游产品与家庭游产品、儿童游产品的区别。

3.掌握亲子游产品的设计策略，创新性设计亲子游产品的主题与特色。

4.掌握亲子游产品的线路安排和要素配置的方法，能够根据需要有针对性地设计线路，配置适当的接待要素。

5.能够分析亲子游产品的可行性，综合运用产品设计方法设计亲子游产品。

6.培养技能宝贵、知行合一的职业素养。

知识导图

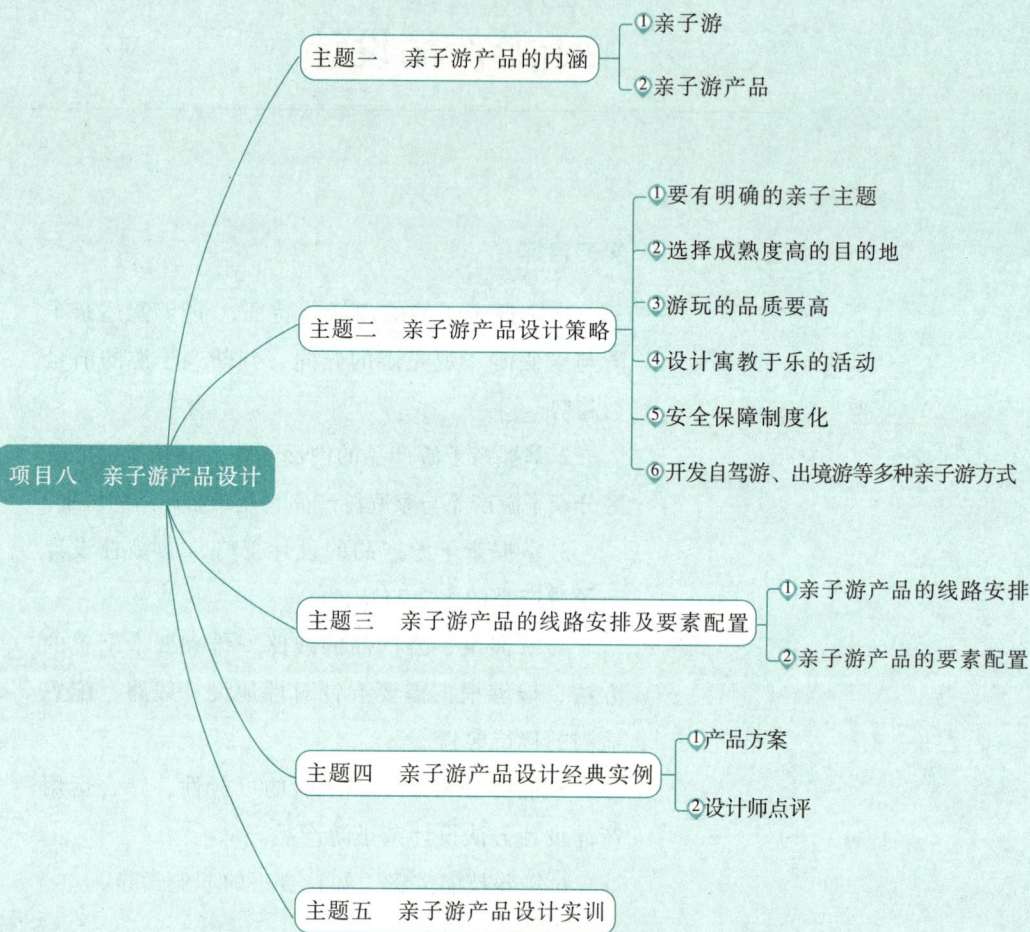

项目八　亲子游产品设计

主题一　亲子游产品的内涵
①亲子游
②亲子游产品

主题二　亲子游产品设计策略
①要有明确的亲子主题
②选择成熟度高的目的地
③游玩的品质要高
④设计寓教于乐的活动
⑤安全保障制度化
⑥开发自驾游、出境游等多种亲子游方式

主题三　亲子游产品的线路安排及要素配置
①亲子游产品的线路安排
②亲子游产品的要素配置

主题四　亲子游产品设计经典实例
①产品方案
②设计师点评

主题五　亲子游产品设计实训

主题一　亲子游产品的内涵

近年来，随着旅行社产品市场的进一步细化，亲子游市场逐渐成为一个新兴的细分市场。尤其是《爸爸去哪儿》等亲子类综艺节目的热播，进一步推动了亲子游的升温。这种寓教于游、增进感情的亲子游成为一种新型教育与旅游相融合的休闲形式。

一、亲子游

1.亲子游的概念

李菊霞等认为亲子游的旅游活动形式区别于其他旅游活动的根本特征在于人员构成，即父母与其未成年子女是亲子游活动的主体。父母参加亲子游的主要目的有两个：一是增进与孩子的感情；二是让孩子通过旅游活动增长见闻，开阔眼界，陶冶情操。[①]

张红认为亲子游是兼具家庭旅游和儿童旅游属性的一种放松身心、开阔视野、增进亲子感情的旅游形式，其基本特征是参加人员为父母与孩子。从家庭结构上来看，参加主体多为核心家庭。[②]

刘妍认为亲子游由父母与未成年子女共同参与，是集认知、体验、亲情、休闲于一体的旅游形式。它以提升"亲"与"子"的情感关系、社会修养、知识教育和能力素质为目的，以孩子为主体、父母为主导、家庭为单位的一种旅游活动，属于家庭旅游的范畴，兼具儿童旅游的属性。[③]亲子游注重"子"的需求，对产品的舒适性与安全性提出了更高的要求。[④]

综上所述，亲子游是由父母及未成年子女共同参加的一种集旅游与教育于一体的休闲旅游方式，其目的在于通过旅游活动使孩子增长知识、开阔眼界，培养孩子的认知和情感能力，通过互动参与增进父母与孩子之间的情感，同时满足其放松身心、旅游审美的需要。

2.亲子游的特征

（1）出游频率高

亲子游相对于其他旅游形式来说出游的频率高，通过周末出游、假期出游达到亲子教育与互动的目的。去哪儿网（2012年）的调查显示，76.16%的家长表示每年会进行1～3次亲子游。途牛网的调查显示，2015年5成以上接受调查的用户都有1～2次亲子游经历，同时超3成的用户有3次以上亲子游经历。同程旅游发布的《2017暑期亲子游与研学旅行趋势报告》显示，亲子游目前已经成为支撑整个暑期旅游市场最重要的部分，贡献率在40%以上。许多在线旅游企业如去哪儿网、携程旅行、飞猪

在线课堂8-1

亲子游的概念及特征

行业视窗8-1

毕业游、亲子游持续升温暑期海南旅游热

---

① 李菊霞，林翔. 亲子游市场若干问题探讨［J］. 企业活力，2008（12）.
② 张红. 有关亲子游产品及其开发的几点思考［J］. 旅游研究，2010（4）.
③ 刘妍. 我国亲子旅游开发的现状、问题及对策［J］. 科技广场，2013（11）.
④ 郑晓丽. 基于代际关系的家庭旅游决策影响因素研究［D］. 长沙：中南林业科技大学，2012.

等都设有和亲子游相关的模块。同时，也出现了一些专门做亲子游的互联网平台，如童游网等。这也从侧面反映了亲子游的市场规模较大，各个企业对它都比较重视。刘敏、窦群等（2016）对北京的线下调查显示，在1 159个家庭中，京内年均出游率达3.6次，离京年均出游率已达2.39次，出境游年均不足1次。进一步对亲子出游意愿的调查发现，家长希望每年开展离京亲子游3.25次，希望每年开展离京国内游1.81次，希望每年开展出境亲子游1.44次。[①]

（2）消费水平高

只要孩子开心就好是家长们普遍的心态，亲子游的消费水平明显高出其他旅游产品的消费水平。2014年去哪儿网关于暑假亲子游的调查显示，39%的家长人均消费在3 000元以下，人均消费3 000～5 000元的家长占32%，有20%的家长接受人均5 000元以上的出游预算，更有8%的家长表示"只要孩子开心，钱不是问题"。同程旅游发布的《2017暑期亲子游与研学旅行趋势报告》显示，亲子游是整个暑期旅游需求中价格敏感度最低的类型，即消费者最愿意花钱的类型。该报告数据显示，2017年家长们在暑期亲子游上的预算处于较高水平，其中人均预算在4 000元以上的占比27.8%；也有家长没有明确的预算额度，"只要孩子玩得开心就好"，这部分家长占比10.2%。从细分需求来看，选择出境亲子游的家长预算额度普遍在人均6 000元以上，与当前市面上的主流产品价格水平相当。同程旅游平台目前在售的暑期出境亲子及研学旅行线路中，日本、新加坡等周边国家线路的价格一般在每人4 000～8 000元，欧美长线产品则普遍在每人1万元以上，部分深度游线路的价格则在每人3万元以上。可见，亲子游消费潜力巨大，不容忽视。

（3）出游时间集中在假期

亲子游的核心是孩子，由于平时家长忙于工作，孩子忙于学习，因此出游时间的选择主要集中在周末、寒暑假和长假期。调查显示，亲子游出行高峰出现在每年1—2月、7—8月及10月。

（4）目的地偏好明显

同程旅游发布的《2017暑期亲子游与研学旅行趋势报告》显示，在出游类型方面，国内长线游和周边游是暑期亲子游的首选，出境亲子游及邮轮旅游合并占比14.6%。在出游方式方面，自助游是首选，占比64.7%，跟团游占比29.9%，充分反映了"70后"及"80后"家长的旅游消费特征。在目的地方面，日本、新加坡、澳大利亚、美国等是热门出境亲子游目的地；丽江、三亚、北京、上海等则是最受欢迎的国内亲子游目的地。在目的地的选择上，家长首先会考虑当地是否有适合孩子游玩的项目。例如，东京迪士尼乐园是很多家长选择日本线路的重要原因，上海迪士尼乐园也为上海吸引了大量亲子游客流。而在周边亲子游方面，亲水类（水世界等）主题乐园、动物园、海洋馆等最受欢迎。

（5）决策以孩子为核心

在有关出游动机在线调查中，被调查的父母最主要的动机是趁着放暑假"让孩子

---

① 刘敏，窦群，刘爱利，等. 城市居民亲子旅游消费特征与趋势研究——基于家庭结构变化的背景 [J]. 资源开发与市场，2016（11）.

出去增长见识"，占比高达51.6%；其次是为了"让孩子过一个快乐的暑假"，占比33.8%；也有部分家长希望"以一起旅行的方式多陪陪孩子"，占比12.1%。[①]另有调查显示，亲子出游动机主要包括增长孩子知识和开阔眼界（70.8%）、增进亲子关系和家庭情感（70.1%）、让孩子开心地享受生活（58.2%）、让孩子接触自然和强身健体（57.3%）。此外，培养孩子的道德品质（26.2%）、不让孩子过多看电视与打游戏（17%）也被认同。途牛网2015年的线上调查显示，超过80%的用户选择亲子游的主要原因是增长孩子见闻、开阔眼界、全家放松身心、多些时间陪孩子、促进亲子交流和感情。可见，学习和情感联系是亲子游的主要动机。在此理念影响下，出游结构主要是父母带孩子出游（刘敏，窦群，2016）。

3. 亲子游与家庭游、儿童游的区别

（1）亲子游与家庭游的区别

① 主体不同。家庭游是以血缘为纽带的家庭成员的集体或部分出游，构成包括父母、子女及其他亲属等众多成员；而亲子游的参与主体是家长和未成年孩子。

② 功能不同。在功能上，家庭游主要以观光度假等为主要目的，在旅游中增进家庭成员的关系；亲子游在增进亲子感情方面的动机和目的更加明确，具有寓教于乐的功能。

（2）亲子游与儿童游的区别

① 主体不同。儿童游的参与主体是儿童，父母不一定陪伴，如儿童修学游、儿童研学游等；亲子游是家长和未成年子女共同参与，强调参与、陪伴与互动。

② 功能不同。儿童游和亲子游都具有寓教于乐的功能，通过旅游认知世界、增长见闻、锤炼品格和意志。儿童游是在与同伴的交往和互动中增强交流和协作能力；而亲子游是在家长与子女、家庭与家庭交往以及活动场景中实现家庭情感体验和寓教于乐的功能，其教育的功能弱于修学游、研学游等。

4. 亲子游的市场前景

（1）消费基数大

"核心家庭化"已成为必然趋势。目前，中国18岁以下的青少年人口已达3.67亿，约占全国总人口的1/4。按照三口之家大致估算，共有3.67亿家庭，家庭总人口可达11亿。巨大的家庭人口数为亲子游的发展提供了可靠的客源保障，亲子游细分市场潜力巨大。

随着国家"二孩"政策的全面放开以及休闲度假理念被越来越多的人接受，中国亲子游市场正迎来高速增长期。同时，IP化、娱教化、主题化、科技化也成为消费升级背景下亲子游产品的发展方向。"小有所玩、玩有所学、大有所乐、乐有所享"的亲子游度假体验，将更被亲子家庭所青睐。

（2）寓教于乐的需求

亲子游寓教于乐的教育方式，能够满足亲子教育的需要，促使家长产生亲子游的需求。在儿童成长过程中，家庭教育、学校教育和社会教育三者必不可少且不可取

---

① 孟刚. 亲子游撑起四成暑期旅游市场［N］. 中国消费者报，2017-07-13（8）.

代。家庭教育是最早的教育，也是重要的终身教育，具有长期性、稳定性，它对孩子品质、性格、价值观和习惯的培养都有重要影响。家庭教育的成果都会体现到成年之后的行为中。

（3）资源吸引力促进亲子游市场发展

众多的旅游目的地和景区都将家庭娱乐消费作为重要的目标定位。上海迪士尼乐园作为大陆第一家迪士尼乐园，其目标消费群体就是家庭成员，这再次引发一股家庭化、亲子式的旅游热潮。不同于世博会等一次性消费效应，迪士尼主题乐园所带来的亲子家庭客源数量是相对稳定的，蕴藏极大的市场商机。而其他类似的主题乐园、游乐园等也很多，为亲子游消费提供了更多的选择，也为旅行社借力开发产品提供了更多的契机。

（4）事件引爆

文化和旅游的相关事件在某一刻会成为引爆市场消费热潮的催化剂，激发消费热情，其中孕育着巨大的商机。如《爸爸去哪儿》自2013年10月开播以来，以其新颖有趣的亲子方式得到了家长和孩子们的认可，引发了亲子游的共鸣，不到一年的时间引爆了亲子游市场。携程网表示，节目播出后，携程攻略社区检索"亲子游"的次数是以往日均的10倍。

二、亲子游产品

在线课堂 8-2

1.亲子游产品的内涵

亲子游产品是指旅行社为了满足亲子家庭的旅游需要，根据亲子旅游的特点和规律而有针对性地设计的主题突出、特色鲜明、教育与旅游相融合的旅行社产品。

2.亲子游产品的特征

（1）同时满足孩子与大人的需要

亲子游产品的
特征及功能

亲子游由父母和孩子共同参与，在以孩子为核心的同时要满足大人的需求。大人在旅游活动中除了以家长的身份做守护者、陪伴者之外，也要以旅游者的身份做旅游产品的欣赏者与体验者。旅行社的目的地选择、行程与活动设计、服务与细节安排要充分满足这一需要。

（2）活动内容丰富

亲子游集旅游、亲子互动于一体，与观光游和度假游的主要不同之处在于寓教于游、寓情于游，这一目的需要通过卓有成效的活动设计才能实现。通过原创、移植、借力将游戏类、任务类、挑战类、教育类等不同活动贯穿其中，做到精彩纷呈，高潮不断。

（3）针对性强

亲子游产品针对亲子家庭消费，孩子的认知、情感、喜好、兴趣等不同于成人，他们纯真、活泼、异想天开，在孩子的眼里世界是新奇的、美好的。亲子游产品要针对孩子的天性创设美妙的游玩场景，以"孩子的眼睛看世界"，融景于情，情景交融，达到其乐融融。

（4）对服务和安全的要求高

亲子游对生活服务和细节服务的要求高，吃住行要符合孩子的需要，因此要事先设计、事前准备、事中关注，做到设计到位、服务到位、绝不缺位，同时加强对文明旅游的宣传。孩子尤其是学龄前儿童安全意识差、安全能力弱，要加强对产品的安全评估，避免去各种对儿童安全影响大、安全隐患多的目的地，避免对安全产生影响的时间和空间安排，加强对安全注意事项的针对性提醒、教育与预防。

3.亲子游产品的功能

亲子游产品的功能如图8-1所示。

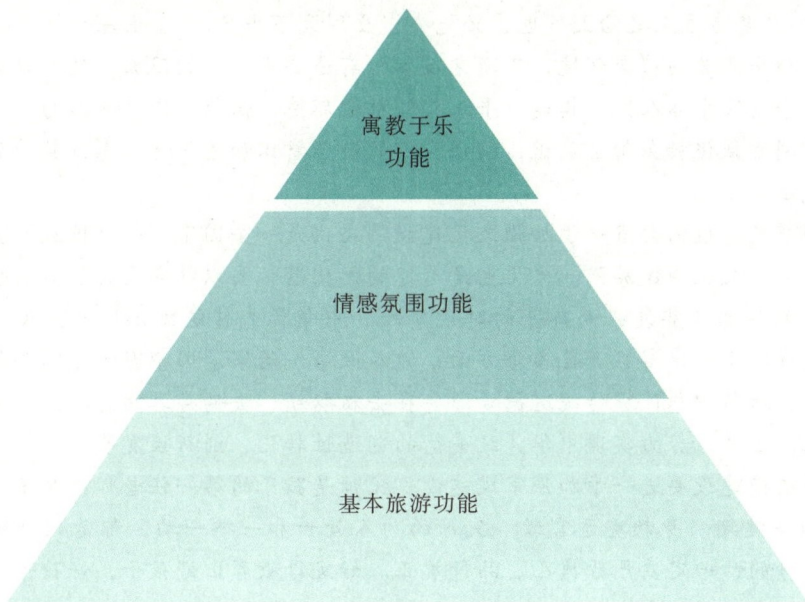

图8-1　亲子游产品的功能

（1）基本旅游功能

通过旅游设施和资源等硬元素满足孩子和父母食住行等方面的生理需要，以及放松愉悦、猎奇和增加阅历等方面的心理需要。

（2）情感氛围功能

通过异地风情、人性化服务等文化和情感的软元素营造出亲子主题氛围，让父母与孩子的情感受到浓浓氛围的感染，变得轻松愉快，在不知不觉中从固有的生活角色转变成共同感受、认知和交流的旅伴，让亲子关系升温。

（3）寓教于乐功能

这层功能的重点在"教"，基础在"乐"，而"乐"正是情感氛围所带来的积极情感。著名的教育家赞可夫曾说，积极、欢乐的情绪能使学生思维活跃、精神振奋，容易让他们产生新的联想并迸射出智慧的火花。在欢乐的气氛中，亲子互动教育活动更有利于激发孩子对知识的思考，提高孩子接受教育的能力。同时，孩子自然间流露出的特有天赋和真实喜好，也能为家长有意识的开发和引导提供方向。

行业视窗8-2

寓教于"游"
的科普更
招人爱

育德启智 8-1　　　　　　　　　　　　让崇德向善成为全社会的共同追求

　　加强道德建设是文化建设的内在要求。文化的外围是物质文化，中间是制度文化，内核是精神文化，精神文化的核心是核心价值观。核心价值观，其实就是一种德，既是个人的德，也是一种大德，就是国家的德、社会的德。核心价值观是民族和国家的精神指引，生生不息的中华文化之所以具有强大生命力，就在于中华文化历来注重以德为本。

　　加强道德建设要着力促进制度的公平建设。公平正义是道德生长的阳光。《吕氏春秋》曰："昔者圣王之治天下也，必先公，公则天下平矣。"全面深化改革必须着眼创造更加公平正义的社会环境，不断克服各种有违公平正义的现象，使改革发展成果更多更公平惠及全体人民。构建公平正义的社会环境，保障人民平等参与、平等发展权利，有利于强化社会价值共识，增强人们的道德意识和道德责任感，营造积极向上的道德氛围。

　　加强道德建设需要进一步加强文化建设。文化是一个国家、一个民族的灵魂，文化兴国运兴，文化强民族强。文化也是道德的孵化器。要以社会主义核心价值观为精神引领，培养为民族复兴而奋斗的时代新人。中华优秀传统文化历史悠久、博大精深，道德资源十分丰富且涵盖各个方面，做人做事、治家治国都有十分明确的道德规范。当前，对待中华民族传统道德资源要在去粗取精、去伪存真的基础上，坚持古为今用、推陈出新，努力实现中华传统美德的创造性转化、创新性发展。

　　加强道德建设要进一步加强家风建设。父母是孩子的第一任老师，儿童时代是道德教育的关键期。身教重于言教。父母的为人处世和一举一动，都是孩子模仿的对象。做父母的，一定要严于律己、品行端正。好父母教育出好孩子，好孩子又成为好父母，良好家风得以代代相传。

　　加强道德建设要管好网络空间。对网络欺诈、造谣、诽谤、谩骂、歧视、色情、低俗等内容要重点整治。加强网络空间思想引领，放大主流价值观念，对焦点话题及时予以正确引导。培养文明自律网络行为，倡导文明上网，多措并举不断提升网民素质，维护良好秩序，构建清朗网络空间。

　　道德的培育是一项长期工程，不能急躁、图速度，切忌形式主义和走过场。加强社会道德建设，提高全社会文明程度，需要久久为功的耐力，需要滴水穿石的精神，需要打太极拳的韧劲，需要从日常抓起，从小事抓起，从细节抓起，让崇德向善成为全社会的共同追求。

　　资源来源：宋圭武. 让崇德向善成为全社会的共同追求［N］. 光明日报，2023-06-21.

　　思政元素：道德建设　崇德向善

　　所思所感：国无德不兴，人无德不立。党的二十大报告指出："实施公民道德建设工程，弘扬中华传统美德，加强家庭家教家风建设，加强和改进未成年人思想道德建设，推动明大德、守公德、严私德，提高人民道德水准和文明素养。"实现中华民族伟大复兴，全面建成社会主义现代化强国，加强社会道德建设意义重大，需要家庭、学校、社会各方协同发力。"家庭是人生的第一个课堂""家风是一个家庭的精神内核""家风是社会风气的重要组成部分"。通过家庭游这种出游形式，一家人其乐融融，在欣赏美景、放松身心的同时，增进家庭情感，促进家庭和睦；在对传统文化进行欣赏、体验时，潜移默化地受到教育。旅游是最好的教科书，景区是最好的课堂。

4.亲子游产品的分类

（1）按年龄划分

亲子游产品按照年龄段可分为以下四个阶段：婴幼儿阶段（1~3岁）、学前期阶段（3~6岁）、儿童阶段（6~12岁）、青春期阶段（12~18岁）。

（2）按成员构成划分

从成员构成来看，有"1大1小""2大1小""4大1小"和多个亲子家庭共同组成这几种形式。传统"2大1小"仍是亲子游出行的主力，但"1大1小"、二孩家庭出游近年来增长迅速。对北京居民的调查显示，不论是在京内游还是出京游，父母带孩子出游的比例都超过了65%。途牛网数据显示，亲子游成员主要是父母和孩子，"2大1小"订单占比超过40%；其次是邀请爷爷、奶奶（外公、外婆）一同出游，"4大1小"订单占比超过10%；亲朋好友结伴带孩子出游也是主流形式之一，占比约为20%。去哪儿网的调查显示，50%的家长选择一家三口出游；20%的家长希望多个家庭一起出游；15%的受访者选择爸爸或妈妈一人带孩子出游；14%的家长选择祖孙三代一起出游。父母带孩子出游更能促进亲子关系和深化旅游的教育功能。多个家庭一起出游的主要动机在于独生子女一代的父母希望促进小朋友之间的交流与相互学习，这显然与独生子女一代的成长经历和总体家庭规模缩小密切相关。[①]

主题二　亲子游产品设计策略

亲子游产品的需求规模大，发展潜力强。在线旅游平台、传统旅行社甚至一些校外的教育机构都提供亲子游产品。旅行社要发挥自身优势，通过资源整合，开发定制化、个性化、专业化的旅游产品并提高产品质量，抓住亲子游的市场机遇。

在线课堂8-3

亲子游产品
设计策略

一、要有明确的亲子主题

目前，市场上亲子游产品种类繁多，然而主题鲜明、独家、有特色的亲子游产品却并不多见。相关调查显示，70%以上的亲子游选择动物园、主题游乐园等景区作为旅游目的地。所以大多数开发商依旧沿用传统的"景区+酒店"的开发模式，围绕着主题游乐园、水上乐园、动物园等项目进行开发设计，产品开发创新能力差，没有新意。亲子游产品供给无法满足市场需求，因而导致许多旅游企业用标准旅行社产品冒

---

① 刘敏，窦群，刘爱利，等. 城市居民亲子旅游消费特征与趋势研究——基于家庭结构变化的背景［J］. 资源开发与市场，2016（11）.

充亲子游产品，以此来填补亲子游产品缺口。[①]亲子游产品行业标准不一，造成了亲子游产品良莠不齐、亲子游市场鱼龙混杂的现象。一些亲子游产品名不副实，只是在一长串旅游目的地名字后面加上了"亲子"两个字，内容与其他标准旅行社产品并无太大区别。产品开发缺乏创新，同质化严重，没有新意。针对市场的乱象和亲子游产品针对性强、功能复合的特点，亲子游产品设计要有明确的主题，以便与普通的观光游、度假游相区分，形成独特的市场形象。

二、选择成熟度高的目的地

亲子游由于对孩子的照顾要求高，必须充分考虑目的地配套设施与服务便利的程度。目的地或景区是否有适合亲子游玩的项目，有没有便利的交通工具，有没有便利的餐厅和便利店，道路设计是不是适合亲子游玩等都应充分考虑。在细节服务上是否提供推车、个性化服务，也应作为亲子游玩的选择考量。甚至万一发生意外，周边有没有可靠的医院也是产品开发要考虑的因素。

三、游玩的品质要高

知识在线 8-1

适合亲子互动
的游戏

亲子游要同时满足大人和小孩的需求，而且往往以孩子为中心，对产品价格的敏感度较低，对品质的要求高。这种品质要求体现在对产品整体设计的体验、对目的地的感受、对各项接待设施的品质要求以及服务的周到与细致上。旅行社进行产品设计时要以突出产品的品质为首要任务，在产品的采购、销售和服务环节始终要以品质为核心点，通过优质的产品让孩子和大人都得到美好的旅游感受，达到多重的亲子游功能。

四、设计寓教于乐的活动

亲子游与一般旅游的显著区别是亲子情感互动以及认知与教育两大功能。是否具有寓教于乐的活动安排也是亲子游产品与其他产品的显著差别。亲子游产品成功的标志之一是具有特色的活动设计。活动设计可以分为三类：一是针对孩子的活动任务，通过认识性任务、思辨性任务、发现性任务、生活性任务、团队性任务等培养其有意识地认识探索与发现的能力，使游玩更具有教育意义。二是针对大人的亲子教育活动，通过亲子教育课程、亲子教育实践等活动，从中掌握亲子教育的规律，提高教育和管理孩子的针对性。三是大人与孩子共同完成任务，在共同完成任务中增进情感。最好的爱就是陪伴，巧妙的活动设计有助于提高这种陪伴的质量。

五、安全保障制度化

没有安全就没有旅游，安全是亲子游产品设计的重要任务。亲子游的旅游主体是未成年的孩子，他们的情感与智力水平没有发育成熟，对风险的认知、识别较弱，缺乏主动避险能力。近年来旅游安全事故频发，涉及少年儿童的安全事故较

---

① 刘旷. 途牛们如何收割亲子游红利？[J]. 现代商业银行，2018（18）.

多。除了孩子自身的心智不成熟之外，还与家长的疏忽大意有关。在旅行社组织的团队旅游这种特殊的消费场景中，家长由于对旅行社的依赖心理，其安全意识会有一定程度的弱化。此外，还存在由于旅游目的地、旅游经营企业等存在的安全隐患等第三方因素以及其他自然灾害和意外事故等客观因素造成的伤害。旅行社在设计亲子游产品时要将安全设计作为一项重要内容，在游览路线、旅游项目、旅游目的地和旅游服务上进行安全评估；通过产品说明和其他途径对家长进行安全教育；对导游的资质条件和接待实施的规范和标准提出明确的要求；通过对产品要素的风险评估、在旅游接待环节建立规范可行的风险防范制度，标准化的操作流程，保证亲子游产品的安全。

六、开发自驾游、出境游等多种亲子游方式

新生代的年轻父母更喜爱自由行和自驾游，通过自由的旅游活动追求较好的体验。旅行社针对这一群体的需求，设计自驾游的亲子组团旅游，让参与者享受自由的旅游活动时，体验自驾游的乐趣。让孩子在团体活动、人际互动中增强认知能力、情感能力、生活能力。

出境游由于跨越国境，出境签证、机票以及目的地交通、游览方面并不如国内方便，因此出境游跟团游的比例比较大。旅行社可以根据家长和孩子的需求，通过旅游大数据研究和专项调研，设计出境旅游亲子产品，满足市场的需要。

主题三　亲子游产品的线路安排及要素配置

一、亲子游产品的线路安排

根据亲子游产品性质、主要特点，亲子游的行程安排不同于观光游以审美为主安排较为密集的行程，也不同于度假游以休闲为目的安排较为舒适悠闲的行程。亲子游行程安排要做到既能满足孩子旅游放松休闲的目的，又能满足孩子探索自然和社会的需求，同时在行程的时间和空间安排上符合孩子的身心特点和亲子游规律。

1.行程长短要适中

亲子游具有较强的认知与教育功能，属于深度游范畴，它不同于观光游的浅尝辄止。亲子游的目的地和景区不要过于分散，因为游客要在目的地或特定的区域进行较长时间的停留和深度的体验，以达到"慢游"的效果。从游览线的性质看，亲子游可以分为：基地游（旅游点），以某一大型旅游景区为依托进行游览活动；辐射游，以目的酒店住宿、在目的城市（旅游地）的主要亲子游吸引物为依托进行辐射状游览；环线游，以某一区域旅游地（跨行政旅游区）的数个城市为目的地进行游览。中短程的旅游适宜进行前两种形式，长距离和出境游可以采取环线游形式，时间上一般以3～5天为宜。

2.游览与活动安排节奏鲜明

亲子游融旅游、教育与亲子关系于一体，具有多重功能。在行程安排中，要将游览与活动融为一体，或者使游览与活动交叉进行，体现鲜明的节奏。通过游览达到游玩的休闲娱乐目的和认知的功能；通过有针对性的设计，在游玩活动中融入一定的教育元素，充分调动孩子的感觉器官和思维器官，培养孩子的观察、思考、分析、表达能力，使认知与教育的作用进一步凸显。既要不断地调动游兴，又要使体力得到恢复。切忌进行集中式的活动，将游玩变成有压力的任务，同时也要避免密集的游览活动，丢掉亲子游的内涵。

3.时间安排要宽松

亲子游的参加主体主要是孩子，孩子活泼好动、精力充沛，体力上具有短时的爆发力，但是缺乏持久的耐力。旅游行程一般持续几天，有充沛的体力才能保证旅游顺利进行。亲子游的另一重要主体——年轻的爸妈，是孩子的监护人，他们需要照顾孩子，体力和精力的消耗极大。亲子游对父母和孩子的体力都有很高的要求，旅行社要将体力管理纳入亲子游产品的整体策划当中。根据大人和孩子身心的特点合理设计出发时间、返程时间、城际交通的方式，每日的出发与结束时间，各项游览、活动、餐饮的时间，还需设计一定的自由活动时间，以保证行程的自由性、自主性以及合理的休息。

二、亲子游产品的要素配置

1.酒店

旅行中在酒店度过的时间最长，酒店除提供核心住宿产品外，还提供早餐和其他娱乐产品。亲子游对酒店的要求较高，要能吃好、睡好，充足的睡眠和良好的休息对于恢复体力和精神愉悦有重要作用。一项对亲子游游记的研究表明，"酒店"是游记的一个核心词，围绕着"酒店"这个核心词，形成了早餐、服务、设施、大厅等感知热点的结构主体，可见酒店对亲子游的重要性。在档次上要选择四星级、五星级等高星级酒店和特色主题酒店。

为了吸引亲子客源市场，以商务客人和大众游客为主的星级酒店对传统客房进行亲子化改造，客房软装进行重新设计，更换成儿童喜欢的色彩与元素，客房用具选用儿童喜爱的类型，配备儿童浴袍、儿童牙刷、儿童拖鞋、防撞角等家庭配套客房用品。一些酒店还在整体环境和儿童游乐设施方面进行设计，使酒店成为儿童游乐的重要目的地，在儿童乐园内，配备儿童影院、儿童小厨房、玩乐区域、海洋球、手工课程区域、儿童泳池、亲子游泳课程等，连儿童乐园的厕所也非常有设计感，又大又可爱。为了应对新兴的市场需求，一些酒店还开发出主题亲子酒店，并进行IP开发设计，为亲子游市场提供了全新的体验。

2.餐饮

亲子游餐饮要同时满足吃饱、好吃、吃好、吃得有趣四个要求，前两个是基本的要求，吃好是营养健康的主题，吃得有趣是独特的要求。孩子吃饭难是大多数家长遇到的难题，在旅途中要让孩子吃得好才有体力享受旅途的愉悦。普通的团餐已经不能满足亲子团的需要，要对餐饮进行特别的筛选与设计。首先，可以选择具有特色的亲子主题餐厅，其饮食体系、营养搭配针对儿童进行了专门设计，能够吸引孩子的注意，引起孩子的兴趣，就餐环境专为亲子家庭打造，符合亲子家庭消费的特点。其次，可以选择特色的自助餐厅，通过丰富多彩的菜品为亲子家庭提供自由化的选择。再次，可以适当安排当地的特色美食，体验当地特色的饮食文化。最后，还可以通过餐饮DIY的活动形式，通过自行选购、自行烹制，体验劳动的乐趣和成果。

3.交通

交通所占的时间较长，可孩子却难以忍受长时间的交通。因此，在交通要素的配置上，亲子游的交通以舒适为主，长距离的交通以飞机为主，中短途的交通以动车为主。在安排上要注意细节，处处体现舒服，尽量不要选择廉航飞机，同一航线相近时间，应选择宽体机。交通工具尽量选择出发时间在9—17点的班次。同时，做好交通的细节服务，如晕机、晕车等预防措施。此外，还可以选择自驾车等受年轻父母喜欢的旅游方式。

4.游览

游览也是亲子游的核心内容，游览对象的选择尤其重要。一般来说，传统的观光型景区、以人文景观为主的景区缺少针对孩子的游玩对象。动物园、植物园、海洋馆、科技馆和亲子农场适合学龄前儿童，而学龄儿童的可选择面更广，参观游览对象可向文化型景观、游艺型景区、博物馆和社会民俗等吸引物扩展。

5.娱乐

玩是孩子的天性，现代教育越来越提倡还孩子快乐的童年，在快乐中获得身心健康成长。亲子游将旅游休闲、教育与娱乐相结合，是一种积极的休闲娱乐方式。娱乐型景区具有极强的场景消费特征，孩子可以参与其中，这符合孩子活泼好动的天性，受到年轻父母和孩子的喜爱。还要充分挖掘景区中的娱乐元素，将适合孩子体验的项目甄选进旅游项目中。作为亲子游产品的提供者，旅行社要增加寓教于乐活动的设计，通过此类活动将整个行程贯穿起来，让此类活动成为产品的灵魂，从而提高亲子游的教育功能，提高产品的附加值。设计的活动是否新奇、有针对性成为衡量亲子游产品质量优劣的重要指标，也是衡量旅行社产品设计能力的重要标准。

6.购物

购物是旅游者的需求，也是拉动消费、刺激经济增长的手段。其实，年轻父母和孩子对购物的需求比较旺盛，设计师要遵守相关的法律规定（参照观光游、度假游购物部分的内容），对亲子游购物进行创新性安排。一是可以在行程中安排一些购物街区，进行参观游览，满足购物需求；二是可以设置购物的活动环节，分享购物的经验、乐趣；三是充分发挥旅行社的服务优势，在某个时段内将大人与孩子分开，孩子随旅游团队活动，大人自由购物，从而使大人和孩子都可以去游玩自己喜爱的内容。

主题四　亲子游产品设计经典实例

一、产品方案

1.产品名称

宝岛奇遇记。

2.产品线路

第1天：温州—台北，不含餐

住：台北四花酒店。

第2天：野柳、九份、宜兰温泉

餐：自助餐、海龙珠、宜兰鹅肉郎。

住：宜兰川汤春天酒店或同级酒店。

第3天：宜兰车站—枋寮

餐：自助餐、台铁经典便当、自理。

住：垦丁福华饭店或同级酒店

第4天：鹅銮鼻国家公园、海生馆

餐：自助餐、海鲜餐、海生馆含餐。

住：垦丁海生馆夜宿床铺。

第5天：海生馆课程、义大世界

餐：自助餐、海鲜市场自理、晚自理。

住：高雄义大天悦或同级酒店。

第6天：义大—日月潭、清境农场

餐：自助餐、中晚特色团餐。

住：清境特色民宿。

第7天：清境—台北，台北"故宫博物院"、西门町

餐：自助餐、特色团餐、晚自理。

住：台北四花酒店。

第8天：台北—温州

餐：自助餐、中餐特色团餐。

二、设计师点评

设计师：陈良辰，温州小众国际旅行社创始人，著名旅游达人、旅游美食达人。

宝岛奇遇，不一样的亲子游设计

跟大家分享一款亲子游产品设计过程，这款产品叫宝岛奇遇记。

1.产品的时间性

大家在设计亲子游产品的时候，一定要注意第一个要素——季节性。因为不同的季节，所设计的元素是不一样的。夏季，我们不会让孩子在烈日下奔跑，冬季当然也要考虑到室外比较冷的问题，所以不同的季节设计方法都是不一样的。

在宝岛奇遇记这款产品里，我们一共有10个特色的体验，还有4个特别的安排设置，这些体验都是很有趣的任务安排，其中还包括一个很特别的互动。

2.产品的主题

在做亲子游产品设计的时候，必须要掌握一个原则，就是这条线路的主题是什么。也就是说，要带给这个团队游客什么样的主题、什么样的想法、什么样的感觉。这在我们做亲子游产品设计，以及其他产品设计的时候都要注意，你要先把这个思路想出来。

到台湾，看风景并不是重点，因为台湾有特别好的人文资源。台湾的文化跟祖国大陆一脉相承，再加上西方文化、日本文化的融合，所以台湾的文化跟大陆文化虽有很多的相似性，但又不是完全一样的。带上孩子去感受这种浓浓的文化，是我们这个线路首先要考虑的中心思想。我们要让孩子和家长都去感受台湾的文化氛围。

所以，我们在开篇的时候写了这样一段话：

在台湾，请不要觉得楼房略显老旧，它们抗震、抗台风，已经几十年；

在台湾，不论晴天雨天，身处市区还是郊区，永远感到舒服、感到安全；

在台湾，不要执念于看景点，走走小巷，喝杯饮料，感受城市的温度；

在台湾，被服务人员亲切的态度感动之余，也要记得说声谢谢。

3.参与性项目

这些都是我们希望通过这款产品的设计传递给大家的一种小小的不一样。这种小小的不一样，希望每位游客在行程结束以后都有一些大大的感动。所以，为了体现我们的主题，在整个旅行中会有一些非常有创意的想法，并且把这些有创意的想法变成了现实。在整个台湾行程中，第一年我设计了8个参与性项目，第二年我们增加了2个，变成了10个，所以孩子们可以在旅行的同时通过完成这些小任务，感受台湾文化的方方面面。同时我们还为每个孩子准备了一本手账，他们可以通过完成这个手账上记载的任务，把整个台湾游的印象慢慢地深入脑海中。

这10个任务里面，其中有一个任务是机场小小体验员。我们通过跟航空公司合作，让整个团队里面的小朋友自己在机场值机、安检、边检，帮他们的父母完成这些工作。同时，通过这项工作让小朋友真实地了解机场工作人员的工作内容，也为他们将来自己可能去机场工作积累很好的实践经验。

4.住宿的特别安排

在住宿方面，我们进行了特别的安排，因为现在的孩子对住都比较挑剔，所以我们根据他们的习惯在住宿方面做了一些很有趣的安排。比如说不去住酒店了，在垦丁，有一个晚上安排大家去住垦丁海生馆。这个海生馆里面有一条海洋玻璃通道，到了晚上游客散去的时候，这条玻璃通道就变成了孩子们休息的场所，他们晚上就会把自己的床铺到这个通道里面来。跟海生馆里那么多的海洋生物一起度过一个美妙的夜晚，是一件非常奇妙的事情。同时我们安排在清境的农场住一晚民宿，让孩子们跟牛羊一起生活，也感受一下乡村的文化。在垦丁，还有一晚会安排住在海边的酒店，酒店拥有非常大的游泳池，有自己的独立沙滩，对孩子来讲，玩沙永远是一个非常开心的活动。

5.亲子游的综合考量

当然亲子游不能只考虑孩子，对大人来讲，如果这个行程所有的项目都是为了孩子，也会觉得无聊，所以我们特地安排了一晚住在亚洲最大的奥特莱斯之一——义大世界购物广场。这里可以买到世界各国的名牌商品，低至2~3折，大家都很开心。同时这里还有一个类似迪士尼的游乐场，小孩子在这里也能玩自己喜欢的东西。所以大人和孩子在这个行程里面都有自己喜欢的元素。

6.吃要特别

在吃的方面我们也做了一些更新，因为台湾号称"美食之都"，台湾小吃很出名，但是游客应该不只是想品尝一些小吃，所以我们一定要带着游客去品尝一些很特别的菜式，比如在烟柳我们会安排游客去一家70年老字号的店去品尝海鲜，在垦丁会带游客去海鲜自由市场，自己挑选海鲜，然后交给店家去烹饪。在整个8天的行程中我们一共安排了6顿特色菜，可以让团友们在这个过程中充分体验台湾的美食文化。

7.节奏要慢

当然，亲子游还有一个很重要的特点，那就是节奏要慢。为什么呢？因为孩子不是大人，能够令行禁止，你叫他早上几点起床就几点起床，几点集合就几点集合。所以我们安排亲子游的时候，一定要把时间安排充裕。早上8点，对很多游客来讲是很正常的出发时间，但是对亲子游来讲，8点钟很多孩子可能还没起床。所以亲子游的时间安排是很重要的，包括到一个景点，游客的游览速度都会比较慢，所以安排亲子游活动，特别是安排去一些知识性景点的时候，更要给他们留出足够的时间，让他们好好学习。

8.特别创新的10个任务

这条线路里面最重要的就是我们为孩子们以及家长共同设计的10个任务。这10个任务串联起了整个8天的行程，也让大家在这次旅行中收获了大量的知识，让这次旅行变成了更有意义的游学。这10个任务，其中有一个刚刚跟大家介绍了，就是机场小小值机员的任务。其实在这个任务之前，我们还有一个任务，叫出发前的整理任务，让每一个孩子在出发前都协助父母整理行李。通过这样的任务，我们需要让每个孩子明白，出门旅行要准备些什么东西，这样也能培养他们的旅行能力。

海生馆的任务。在海生馆住宿的同时，我们还要求孩子们完成一个任务，他们需要在海生馆上万种的海洋生物里面挑选三种自己最喜欢的，然后写下它们的名字、来历、习性。

九份任务。孩子们在九份老街上要找到自己喜欢的一款美食，然后要用相机或者手机拍下这款美食，还要跟老板合影一张，也是希望通过这样的活动让他们真正发现台湾的美食，也在自己的心里留下一份美好的记忆。

名字任务。我们要求每一个孩子在出发之后就开始快速记住团里所有同行小朋友的名字。第一个是因为我们希望在这个行程中这些孩子能成为好朋友，因为我后面还有一个后续的任务，通过后续的任务能让他们在整个过程中更好地交往。这个任务跟后面的任务其实是一个连环的任务。

农场风车任务。清境农场有一个很大的风车，那是一个很知名的景点，我们会给孩子们准备很多材料，要求他们按照这个大风车自己动手做一个风车模型。这个任务也是很受欢迎的，很多孩子为了这个任务甚至消耗了整整一个下午。在旅行中并不一定就是去看风景，还要让孩子们有一个动手、学习、动脑的过程，其实这更有意思。

台北捷运任务。我们会给每个孩子一张台北捷运地图，然后给一个目的地，需要他们在这张台北捷运地图上为自己规划出一个坐地铁到达这个目的地的方案。最小的孩子只有6岁，也可以完成这个任务。所以实际上，有时候孩子的潜力是巨大的，你不让他做，你就不知道他有这样大的潜力。

台北知识任务。我们会在行程快结束的时候做一些关于台北的知识问答，检验孩子们在这个过程中，跟着我们经验丰富的领队有没有真正学到关于台湾的知识。

连环任务，也叫天使与主人。这是一个很大很有趣的任务，在这里就不做详细介绍了，这个任务贯穿了整个行程，可以通过这个连环任务让孩子们真正成为好朋友。

最后一个任务叫终极任务。我们要求每个孩子在行程结束的时候，给与自己同行的爸爸或者妈妈写上一封信，然后要拿着这封信到车上有麦克风的地方读给他们的爸爸或妈妈听。这个任务实际上是非常催泪的任务，经常会有客户被这个任务感动哭了。有一位客户曾经跟我讲："从小到大我的孩子都没有跟我说过'妈妈，我爱你！'但是那天在你们旅行团里面，在那个车上，我的孩子，跟我说了这句话。"所以她说我谢谢小众（旅游公司），谢谢你们！我想其实这样的效果也是我们每一位设计师最终想取得的效果。因为旅行就是要带给我们所有的客户一个巨大的惊喜，这是我们的终极目标。

做亲子游设计或者说做所有的产品设计，这个最终目标应该成为大家共同追求的东西。当这个旅行结束的时候，你的客户能够向你回馈这样一个信息，你应该觉得这是一个无上的荣耀。所以在设计亲子游产品的时候，希望大家能够记住这一点。

主题五　亲子游产品设计实训

>>>>>>>>>任务1：亲子游产品设计

1.实训任务

设计一款地接或组团亲子游产品。

2.实训要求

（1）内容要求

① 明确产品的性质：组团亲子游或地接亲子游。

② 主题明确，特色突出。

③ 目标市场明确。

④ 时间至少是2天1晚。

⑤ 产品文案包含完整的要素（参照提纲），文本格式规范。

（2）分小组完成

① 主创人员：组织小组讨论、任务分配和文案统筹。

② 质检人员：进行文案质量审核，将意见和建议反馈给主创人员。

③ 小组成员：按分工完成任务。

④ 汇报人员：在规定时间内进行简洁清晰和有重点的汇报。

3.实训目的

① 掌握亲子游产品的特点及设计方法。

② 能够有针对性地设计可行的亲子游产品。

③ 锻炼综合运用多学科知识的能力。

④ 提高小组团结协作的能力。

⑤ 提高对文案的口头陈述能力。

4.设计方法指引

亲子游是旅行社的重要市场，甚至出现了一些专门针对亲子游市场的企业。按照旅行社产品设计的理念、方法，遵循旅行社产品的设计流程，根据资源与亲子消费市场的特点设计有针对性的产品。

（1）资源分析——找出适合亲子游的资源

对本地或目的地的资源进行筛选，从中选取在游览、娱乐、互动、科学、审美、安全方面适合亲子游的资源和吸引物。

（2）市场分析——把握亲子市场的特殊需求

亲子游是由孩子和大人同时参与的，以满足孩子的需要为主体，同时不能忽略家长的需要，毕竟家长是产品购买的决策者、出资者与评价者。亲子游产品既要能够同时满足大人与孩子的需求，还要根据其他的标准如年龄、区域、消费水平等对亲子游市场进行细分，以更精准地把握其需要。

（3）主题构思——聚集亲子游产品的特点

根据对资源与亲子游市场需求的分析，进行主题构思，提炼出不同的产品类型和产品主题。

（4）产品设计构思——产品化

根据产品主题选取合适的景区、景点进行产品线的设计。根据亲子游产品的特点，可以设计酒店+门票标准化产品，也可以设计团队产品，或者根据需要定制产品。

（5）行程设计和要素配置——体现亲子游产品特点

根据初步的产品构思，对六要素进行合理的节点规划和要素配置，除遵循一般的产品设计规律外，还需要重点关注两个方面：

① 活动设计。设计可以寓教于乐的活动，让孩子、家长等共同参与，也可以分别设计针对孩子、家长的活动。通过各类活动让孩子获得认知和提高能力，让家长获得育儿的经验，并增进与孩子的感情。活动设计虽然不像研学旅行课程那样具有明确的实践教育目的，但是研学旅行的课程设计可以对亲子游活动设计起到参考作用。

② 安全。在硬件方面，各景点、交通和接待设施要符合安全标准；在软件方面，要在时间安排、安全教育、风险防范等方面做好充分的准备和预案。

（6）特色等提炼——商品化

根据产品的主题和整体构思，提炼产品的亮点与特色，为产品宣传和推广提供依据。

5.热身训练

① 写出亲子游与家庭游、观光游、度假游产品的异同点。
② 说一说亲子游产品的设计要点。
③ 说一说本地有哪些景区、景点适合开展亲子游。
④ 分组搜集不同的亲子游产品线，评选出最佳主题、最佳设计、最佳活动线路。

6.案例解析

选择一个亲子游产品，分析其产品设计方法。

7.分组设计亲子游产品并在班级分享

本章小结

亲子游已逐渐成为一个新兴的细分市场，而且是对旅行社极其重要的消费市场。亲子游是由父母及未成年子女共同参加的一种旅游与教育相融合的休闲旅游方式，其目的在于通过旅游活动使孩子增长知识、开阔眼界，培养孩子的认知和情感能力；通过参与互动增进父母与孩子之间的情感，同时满足其放松身心、旅游审美的需要。亲子游具有出游频率高、消费水平高、出游时间集中在假期、目的地偏好明显、以孩子为核心的决策特征等鲜明的特点。

亲子游产品是指旅行社为了满足亲子家庭的旅游需要，根据亲子游的特点和规律而有针对性地设计的主题突出、特色鲜明、教育与旅游相融合的旅行社产品。亲子游产品具有基本旅游功能、情感氛围功能、寓教于乐功能，很受年轻父母的喜爱，再加上亲子游消费基数大、亲子旅游资源的吸引力及事件引爆等内外因素，因此亲子游市场前景好、潜力大。旅行社要发挥自身优势，进行资源整合，提供定制化、个性化、专业化的服务，提高产品质量，抓住亲子游市场机遇。产品策划要突出亲子游主题，选择成熟度高的目的地，设计高品质的游玩项目、寓教于乐的活动，注重安全保障制度化设计，要开发自驾游、出境游等多种亲子游方式，不断提高产品设计能力。

亲子游行程安排要根据孩子的身心特点和亲子游的规律，做到既能达到孩子放松休闲的目的，又能满足孩子探索自然和社会的需求。产品行程长短要适中，游览与活动安排要节奏鲜明，时间安排要宽松。酒店、餐饮、娱乐、交通、游览、购物等要素

项目的安排要突出体现高档、有趣、好玩的特点，同时要具有一定的文化性，将亲子主题和特色贯穿在各个接待要素、各个环节的活动和服务中。

主要概念

亲子游　亲子游产品

思考讨论

1. 亲子游的概念是什么？

2. 亲子游有哪些特征？

3. 什么是亲子游产品？

4. 亲子游产品有哪些特征？

5. 亲子游产品有哪些功能？

6. 亲子游与家庭游、儿童游有什么区别？

7. 亲子游产品的设计要点有哪些？

8. 亲子游产品的行程安排要点有哪些？

9. 如何配置亲子游产品要素？

项目作业

1. 设计一份问卷，调研当地亲子游市场的需求特点，给旅行社亲子游产品设计与市场开发提出合理化建议，分小组完成并在班级分享。

2. 与旅行社合作，分小组为旅行社设计一款亲子游产品，并结合销售情况进行分析总结，分小组在班级分享。

项目九
老年游产品设计

学习目标

1.掌握老年游的内涵与特征，能够阐述老年游的前景与趋势。

2.掌握老年游产品的内涵和特点。

3.能够分析判断老年游产品存在的问题，掌握老年游产品的设计策略。

4.掌握老年游产品的线路安排和要素配置的方法。

5.能够综合运用产品设计方法设计老年游产品。

6.培养技能宝贵、知行合一的职业素养。

知识导图

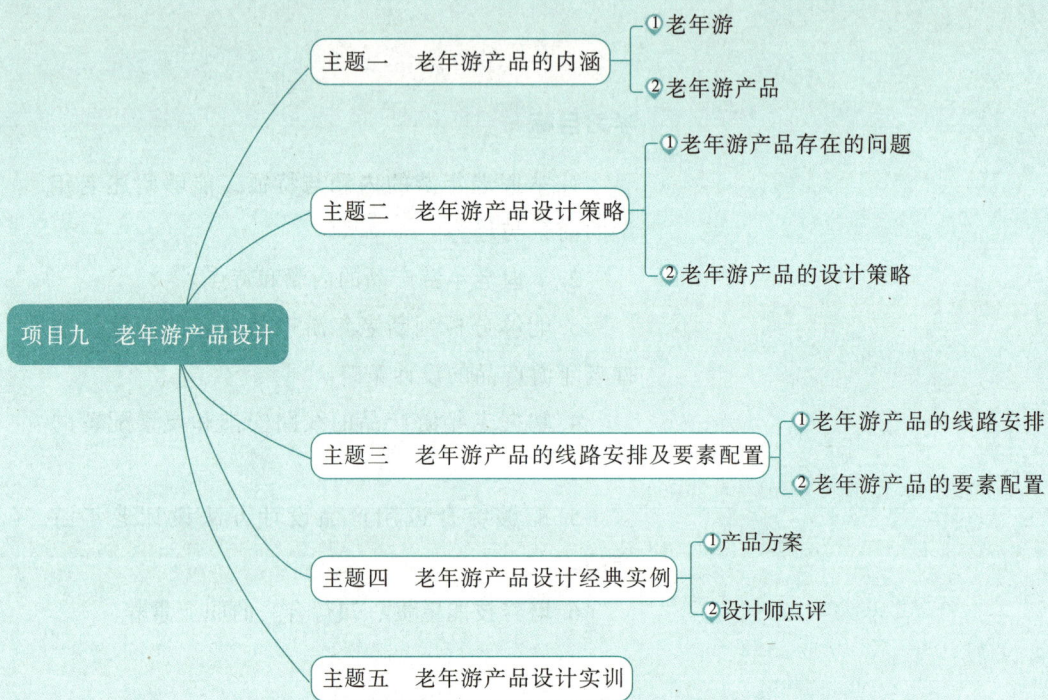

主题一　老年游产品的内涵
①老年游
②老年游产品

主题二　老年游产品设计策略
①老年游产品存在的问题
②老年游产品的设计策略

项目九　老年游产品设计

主题三　老年游产品的线路安排及要素配置
①老年游产品的线路安排
②老年游产品的要素配置

主题四　老年游产品设计经典实例
①产品方案
②设计师点评

主题五　老年游产品设计实训

主题一　老年游产品的内涵

一、老年游

1.老年游的概念

老年游是以老年人为旅游主体的旅游形式。与观光游、度假游、研学游、商务游按旅游性质划分不同，老年游是按消费主体年龄划分的一类旅游形式。老年游市场容量大，具有自身的特点。截至2022年底，全国60周岁及以上老年人超过2.8亿，占全国总人口19.8%，其中65周岁及以上老年人达2.1亿，占全国总人口14.9%。老年人旅游规模也越来越大，全国老龄委的调查显示，目前我国每年老年人旅游人数已经占到全国旅游总人数的20%以上。如果以全国每年60亿旅游人次计算，老年人已达到12亿人次，是旅游市场的重要主体。

在线课堂9-1

老年游的概念及特点

2.老年游的特点

（1）出游频率高

老年人的出游意愿强烈，调查显示[①]，90%以上的老年人表示愿意参加旅游活动，40.4%的老年人每年都会旅游1~2次，从出游时间来看，2~5天的比例高达73.3%。出游频率呈两极分化的趋势，健康状况和经济状况较好的老年人出游频率高，有27.06%的老年人要3年或更长时间才旅游一次。但总体来说，每年都外出旅游的老年人的比例高达54.9%，老年旅游市场相对发达，有很高的开发潜力。

知识在线9-1

老年消费群体的消费心理特点

（2）旅游动机多元化

观光度假是老年人旅游的主要动机，对常州的案例研究（孙乐，2017）表明，常州市老年居民的出游动机中观光游览的比例高达57.65%，其次是休闲度假，占比40.3%；身体和家庭原因的动机也比较高，比例分别为32.55%和30.59%。探亲访友、宗教朝拜、充实心灵和排除寂寞、体验新事物、认识新朋友这几个选项的比例分别是18.43%、16.86%、11.76%、14.9%、15.29%。

（3）信息获取由传统向信息化转变

旅行社的宣传手册和专题宣传是老年人获取信息的重要渠道，往往是促成旅游购买的重要因素。随着智能手机的普及，通过网络获取旅游信息的老年人也越来越多。

此外，线上预订在老年人中非常流行。携程发布的《2022新一代银发族出游趋势洞察》表明，新一代老年群体熟悉网络环境与社交媒体，主动搜索了解旅游信息，在旅游产品行程体验上有更多元化和品质化的需求。携程数据显示，截至2022年9月，60岁以上老年用户同比上涨近一成，携程社区老年创作者发布量同比上涨30%。

---

① 孙乐.常州城区老年居民旅游消费行为分析研究［J］.吉林省教育学院学报，2017（4）.

（4）跟团游仍然是主要的出游形式

由于消费习惯、消费方式、健康等因素，旅行社组织的全包价组团旅游仍然是老年人的首选方式。熟人圈是老年人组团旅游的又一特点，他们喜爱跟自己的亲朋老友、单位老同事、社区好友一起旅行。在线旅行的统计也支持这一观点，根据携程跟团游和自由行数据，更多老年人选择了跟团游，占比达到了82%。跟团游这种省心省力的旅行方式，能够让老年人的旅行获得更多保障。携程"爸妈放心游"项目负责人表示："老人跟团游从一开始主打'舒适轻松'，到强调'安全和服务'，他们对旅游的需求一直在更新，产品也一直在升级。"

（5）老年游消费理性，对价格敏感

价格是影响旅游购买的现实因素，老年人在购买旅行社产品时最关心的就是旅游费用。老年人勤俭，为子女积蓄和留足养老金仍然是老年人的消费习惯，可自由支配收入并不十分充足，受价格影响较大。但考虑到老年人的出游费用由子女提供或补贴等，老年人的实际消费能力仍然不可小觑。其旅游消费平均在2 000~4 000元。旅游主要花费在交通和门票上，比例高达50%，食宿的比例占36%，购物和娱乐都很少，但是对购买保健品表现出较强的偏好。

与老年人消费较弱的偏见不同，携程网的数据显示：与其他年龄段的游客相比，老年人在旅游上更舍得花钱。对此，其解释为老年人的收入稳定，可支配资金自主性强，随着出游热情的高涨，老年人在旅游上的花销占比越来越高。为什么会得出不同的结论？对此，我们认为这与不同区域、不同消费方式、不同收入的群体间的差异相关。

（6）老年游服务要求高

由于自然的生命周期，老年人在体力和脑力方面衰减十分明显，旅游过程中对服务的要求比较高。老年人行动迟缓、记忆力较差，需要服务人员特别是导游人员提供耐心、周到的服务。除了需要在行程和要素方面针对老年人的特点设计外，还需要提供一些具有老年人特点的服务，如医疗保障服务、每日通过短信或网络平台向家人报告健康情况服务等。对于文化层次较高的老年旅游者，需要导游人员具备丰富的旅游知识和历史文化知识。

3.老年旅游市场前景

（1）人口基数大

世界人口正在快速老龄化，据统计，预估2000—2050年，全世界60岁以上人口的占比将翻倍，从11%增长至22%。预计在同一时期内，60岁及以上老人的绝对数量将从6.05亿增长到20亿。中国人口结构显示，65岁以下到45岁的人口占比逐年快速上升，这意味着未来中国人口老龄化将快速推进。2020年第七次全国人口普查数据显示，我国60岁及以上人口已达2.64亿，预计"十四五"时期这一数字突破3亿，我国将从轻度老龄化进入中度老龄化阶段。

（2）消费意愿强

全国老龄委的调查数据显示，目前我国老年人的年均旅游人数已占全国旅游总人数的20%以上。我国的老龄人口不断增长，专家预测，在未来的30年间，我国老年

旅游者的数量将以每年7.3%的速度持续增长。另据北京市老龄产业协会发布的调查结果，北京市约有300万老年人，其中60%以上有出游需求。较大的老年人口基数、较强的出游意愿，为老年游的增长提供了基础。

（3）消费支出能力不断增强

我国在各方面建设均取得了辉煌的成就，建立了完整的工业体系，社会发展已经进入新常态，经济的增长主要靠创新驱动和消费驱动。受益于工资的持续上涨和城市化进程的加快，消费将成为中国经济未来发展的主要动力和依靠。在收入方面，中国的收入增速远高于全球平均水平，中国的平均实际工资在过去10年里增长了一倍。而老年人大都有一定的储蓄，且有退休金，具有较强的消费能力，因此老年人具有较强的购买力，这也意味着老年旅游市场有着巨大的发展潜力。

健康方面，受益于社会主义事业取得的伟大成就，环境的改善、生活水平的提高、医疗体制的改革、疾病防控和医疗服务能力持续增强，城乡居民健康水平持续提高，2022年7月12日发布的《2021年我国卫生健康事业发展统计公报》显示，我国居民人均预期寿命由2020年的77.93岁提高到2021年的78.2岁。

二、老年游产品

1.老年游产品的内涵

老年游产品是指旅游经营者为年龄在60周岁及以上的老年旅游者提供的用于销售的物象和劳务的综合。刘佳、韩欢乐（2015）认为，老年游产品是针对老龄人口特征为满足老龄人群旅游消费需求而设计的适宜老龄人口参与的旅游活动和旅游路线。由于老年人的生理特征和消费特征，在现实生活中往往以包价旅游产品作为消费的主要类型，因此老年游产品是指旅行社为老年人提供的包价旅游产品。根据《旅行社老年旅游服务规范》[①]的定义，老年游产品是指"旅行社根据老年旅游者的旅游需求特点，专门为老年旅游者组织与开发的包含交通、住宿、餐饮、游览、导游等旅游服务在内的包价旅游产品"。

2.老年游产品的特点

（1）产品的价格具有竞争性

旅游消费心理、产品的价格是旅行社产品购买的主要制约因素，如前文所述，老年人旅游消费心理总体上偏于节俭，有钱不愿意花，不愿意花的另一面是不敢花，还要为健康进行部分储蓄。实际情况可能更复杂，一是地区发展的不平衡，二是不同时期发展的不平衡。老龄居民的生活与消费水平，实际上取决于一个国家现有的养老金制度，取决于居民个体的储蓄与资产积累，取决于整个国家的社会福利水平。在某些发达国家，有问题的可能仅仅是部分地区或部分特殊的个体；但是在另一些国家和地区，问题就较为普遍，甚至是令人十分痛心的。就个体而言，老年人的贫穷程度可能又因职业、性别、子女多寡、受教育程度以及家庭生活安排的差异而有所不同。在一

① 《旅行社老年旅游服务规范》是为了充分保障老年旅游者的合法权益、规范旅行社的经营行为和服务内容、提高旅行社行业的服务质量而制定的行业标准，2016年3月1日，《旅行社老年旅游服务规范》由原国家旅游局批准予以公布，自2016年9月1日起正式施行。

些国家或地区，农村人口（包括小农场主、农村劳工和非正规部门工人）不存在退休一说，他们"没有资格"享受养老金；而如果没有积蓄或足够的财产，他们就必须继续靠工作过活。[①]但是第三方购买如子女、单位或村集体购买等能够在很大程度上弥补老年群体消费不足的情况。

（2）产品安全保障要求高

老年人旅游风险高，旅行社对老年人的安全也保持较高警惕，有些老年人抱怨，不是因为年龄大没有子女陪同而吃闭门羹，就是因行动迟缓反应慢而被导游和团友"嫌弃"。更有老年人碰到旅游行业的"潜规则"：以身体状态不好，需要更多的照顾为由，向老年人收取"服务费"。针对老年人的体力、健康情况，老年游的产品安全要求高，无论是产品的六要素还是蕴含其中的服务都凸显对安全的要求。

《旅行社老年旅游服务规范》属于推荐性行业标准，鼓励企业自愿采用。这部规范对旅行社接纳老年人出游提出了较高的服务标准和一些特殊的服务要求。比如，在交通工具方面，规范要求："乘坐火车应安排座位，过夜或连续乘车超过8小时应安排卧铺，宜尽量安排下铺。宜选择老年专车、专列（专厢）、包机、包船等交通方式。客车座位安排应适度宽松，宜保持15%的空座率。应要求客车承运单位安排拥有至少5年驾龄、具有熟练驾驶经验、驾驶平稳的客运司机且客车上应配备轮椅、拐杖等辅助器具。"在住宿方面，规范要求："宜选择噪声小、隔音效果好的饭店。宜选择有电梯的饭店，没有电梯的饭店应安排老年旅游者入住3层以下楼层。宜选择距离医院或急救中心较近的饭店。宜选择具有无障碍设施的饭店。"

（3）缓游慢行的特点突出

传统的旅游观光产品快行快游已经不能适应旅游者的需求，对传统旅行社产品的不断升级换代，其本质是抓住旅游体验的本质，给游客较好的旅游体验，追求快行慢游的旅游效益和旅游质量。而针对老年人的旅行社产品，不但游慢，行也要慢。一是连续乘车时间不要过长，否则身体吃不消，旅途中也要注意休息。老人专列、邮轮游受到老人的喜爱，重要原因之一是可以在旅途中得到休息，而邮轮本身既是交通工具又是旅游目的地。

育德启智 9-1　　　　　　　　　**让更多老人踏上幸福旅程**

近日，"'爸妈们'的旅游也很潮"成为网络上的一个热门话题。许多网友积极参与讨论，分享自己爸妈丰富多彩的老年旅游生活：租车自驾游、参加旅拍团、专程去成都看大熊猫"花花"……"他们比我还紧跟旅游潮流"。近年来，老年游客的身影出现在越来越多的旅游场景中。随着我国老龄化进程的发展，老年游客群体不断壮大，已成为推动我国旅游业发展的重要力量。如何满足老年游客需求、推动老年旅游健康发展，不仅关乎旅游业高质量发展，也关乎能否有效应对我国人口老龄化。

《扩大内需战略规划纲要（2022—2035年）》明确提出，发展银发经济，推动公共设施适老化改造，开发适老化技术和产品。适老化也应当成为衡量老年旅游发展水

①　曹芙蓉. 旅游银发族的世界格局及其需求特征［J］. 旅游学刊，2008（6）.

平的重要指标。

近年来，为顺应老年游客出行需求日益升温的趋势，全国多地持续优化升级适老设施。据重庆市武隆区有关部门介绍，到武隆游览的60岁以上老年人占游客总数13%，并逐年增多，当地在各景区完善了无障碍通道、电梯、扶梯等设施，为1 000个厕所蹲位安装了扶手；作为热门景点，贵州省铜仁市万山区朱砂古镇配备了近1 000张床位，并与当地医院合作，为旅居老人保驾护航；浙江省台州市三门农博园和余姚市四明山景区为行动不便的老年游客提供可免费使用的折叠轮椅，还安排经过培训的工作人员在景区内分区域巡视，为需要帮助的老年游客做游览导引。

旅游企业也以适老化为标准，为老年游客提供服务，并将之贯穿于"吃住行游购娱"各环节。例如，提供适合老年人口味的团餐、出行时尽量安排火车下铺、将游览时长控制在合理范围内、不安排清晨和深夜出游等。此外，提供适老化旅游产品，也是影响老年游客满意度的重要因素。目前，跟团游依然是很多老年游客的重要出游方式。然而，过去那种"上了大巴就睡觉，下了大巴就拍照，最后买点土特产"的跟团游早已不能满足老年游客的需求。如今，老年游客尤其是低龄老年游客，乐于接受新事物，体验新玩法，更加追求旅游品质。他们期盼通过旅游看青山绿水、感受发展成就、获得康养新体验等。因而，旅游业界应当转变对老年游客的刻板印象，为老年游客量身打造一批旅游线路、旅游项目。

如今，科技在旅游中的应用日益广泛，智慧旅游也应向老年群体打开方便之门。《"十四五"旅游业发展规划》提出，完善智慧旅游公共服务，支持开发针对老年人等特殊群体的专门应用程序和友好界面。例如，上海市文化和旅游局面向社会特别推出"乐游上海"长者版，其预约功能支持老年人的家人或朋友在收费文旅场所为老年人实名预订，面向65岁以上老年人提供免预约入场功能，后台还提供高龄老人进入场所快速查询等便利服务；"水韵江苏"数字旅游卡以第三代社保卡为载体，老年人可一卡通用，享受交通出行、文化旅游消费等服务；微信小程序"一码游贵州"除了有电子地图、厕所查询、语音导览等功能，还有"一键报警""一键救援"功能，保障老年人旅行安全。这样有"温度"的科技产品，才能真正让老年游客享受到科技带来的便利。

"美好中国，幸福旅程"是今年"中国旅游日"的主题，让更多老人自如、自在地踏上幸福旅程，是繁荣发展大众旅游、提升人民群众获得感、幸福感、安全感的题中之义，应当成为旅游行业努力的重要方向。

资料来源：尹婕. 让更多老人踏上幸福旅程［N］. 人民日报（海外版），2023-06-23.

思政元素：孝亲敬老　人民至上

所思所感：习近平总书记指出，"一个社会幸福不幸福，很重要的是看老年人幸福不幸福"。我们一定要大力弘扬孝亲敬老传统美德，落实好老年优待政策，维护好老年人合法权益，创新老年旅游产品、完善旅游公共服务，提供老年旅游贴心服务，让老年人共享改革发展成果、安享幸福晚年。

主题二 老年游产品设计策略

一、老年游产品存在的问题

从我国老年旅游产品的现状来看，主要存在以下三个方面的问题：

1.老年游专项产品较缺乏

由于老年游产品风险高、利润低，很多旅行社都不愿意花时间开发老年游产品。纵观市场上的老年游产品，绝大多数都只是打着"夕阳红旅行团""爸妈游"等老年游的名号，但是这类旅行团和普通旅行团并没有明显的区别，在景点安排和用餐、交通用车及旅游设施设备等各方面完全不会考虑老年人的真正需求，因此这些根本不能算真正意义上的老年游产品。虽然国家在2016年9月发布了《旅行社老年旅游服务规范》条例，在一定程度上起到了积极引导作用，但并没有强制性，因此在真正实施过程中仍有一定的难度。

2.老年游产品大多品质不高

各大旅游经营企业抓住了老年人历来节俭的生活习惯和部分老年人爱贪便宜的心理特点，推出的大多是一些品质较差的低价购物团，以低价为卖点吸引老年旅游者。很多旅行社缺乏最基本的诚信，甚至采用欺骗的手段使老年人报团，老年人真正出行后才发现实际的行程和住宿、用餐等与承诺的标准相差甚远，导致他们苦不堪言，怨声载道，非但没有达到愉悦身心的目的，还加重了这些老年人的身心负担。

3.老年游产品安全难以保障

老年人由于特殊的生理状况，身体素质相对中青年人来说较差，自身安全意识也不强，同时很多旅行社不惜以增大老年人的出行风险为筹码来降低成本与服务标准。除此之外，很多保险公司拒绝为70岁以上的老年人办理保险。旅游意外保险本应由游客自愿购买，很多老年人保险意识较差，不了解保险制度，不愿花钱购买旅游意外保险。还有一些旅行社没有风险意识，为了节省成本，不为老年旅游者购买旅行社责任险。这就导致了一旦出现安全问题，老年旅游者维权索赔困难。

二、老年游产品的设计策略

1.升级老年游产品，提高专业化程度

目前，我国专门从事老年游的旅行社约有200家，仅为全国旅行社总量的0.8%，多数旅行社则采用兼营老年游产品的方式。面对老年游产品专业化程度不高的情况，旅行社应该针对老年人的旅游需要、旅游动机等旅游心理和身体健康状况，加强对老年游产品的专业化设计，提高产品的品质；应根据旅游市场的细分情况，针对不同群体推出不同的产品设计组合，综合开发高端与低端相结合、价格多层次、大众与专项相结合的老年游产品。

2.设计多主题性的老年游产品

旅行社要根据区域经济社会发展水平、社会环境支撑水平和老年旅游消费的具体特征，深入研究当地老年人的旅游动机，有针对性地设计多样化的产品，丰富老年游产品的结构体系。如周刚、张嘉琦（2015）通过定性与定量研究相结合，认为老年旅游者出游的7个主要动机为：社交归属动机、求新求异动机、自我提升动机、文化艺术动机、放松休闲动机、情感怀旧动机和健康疗养动机。在此基础上，根据旅游动机，可将老年旅游者划分为四大细分市场：文化休闲型、健康疗养型、精神追求型和需求多样型。对于不同的细分市场，其旅游者的主导动机不同，在年龄、家庭结构、职业和健康状况上存在显著差异，也就是老年旅游者对不同产品的需求与购买程度不同，针对不同的老年群体设计不同的产品具有可靠的科学依据。表现在适销产品上，可以为产品贴上不同的主题、不同的产品标签、不同的宣传标语（利益诉求）。

3.整合上下游产业链，增加产品的有效供给

旅行社要加强对要素资源的掌控能力，以专业的设计与市场影响力甚至投资影响力等向旅游交通、旅游饭店、旅游景区、老年旅游医疗机构、养老机构等产业链延伸，加强相关老年旅游服务与接待标准的推广，促进产业链条上的各个环节协同发展，优化完善老年旅游服务体系。旅游景区、旅行社等旅游企业应及时转变独立发展模式，通过构建联合体、旅游协会等联合发展模式，满足不同类型的老龄人口的旅游消费需求，提供相适应的养老旅游服务，进一步构建并完善养老旅游服务市场网络、组织信息网络；立足旅游产业多元化市场，完善与医疗、地产、电子商务等产业的相互衔接，拓展资金来源渠道，提高抗风险能力，充分发挥区域空间合作优势。

4.提高产品的标准化水平

发挥市场的调节作用、行业协会和企业自律作用，在行业内推广《旅行社老年旅游服务规范》，提高旅游企业经营老年游产品的专业化、规范化、安全化程度，为老年游市场的繁荣发展构建完善的行业制度，促进老年游健康规范化发展。注重老年游服务人员素质的提高，强化对旅游从业者的基础医疗知识的教育和培训，吸纳更多具备老年心理知识、老年医疗知识的人才进入旅游业，优化旅游人力市场结构。

5.升级旅游服务

老年人的人际交往是非常重感情的，强调人与人之间的情感交流，与老年人情感沟通的关键人员是第一次见面的接待人员以及在旅游过程中朝夕相处的导游，尤其是导游人员，他既是旅游团队的灵魂人物，也是老年人评价整个旅游行程质量的关键人物，是老年人是否会再次选择旅游或该旅行社的重要影响人物。导游语言表达要符合老年人的习惯，使用活泼点的语言，适时调节旅途氛围。在行程上，要劳逸结合，尤其是要安排充分的休息时间。在餐饮方面，不要过于油腻，过于丰盛，而是要以松软的、易消化的、健康型的食物为主。最后也是最为重要的，多关心老年人，细节决定成败，在旅途中多观察，注意老年人的心理和生理变化，多沟通交流，建立良好的信任感。[①]

---

① 黄凌云. 老年旅游消费行为及市场开发对策［J］. 南方论刊，2015（11）.

主题三　老年游产品的线路安排及要素配置

老年人已经成为旅游消费重要的主体，未来也将继续成为旅游消费的推动力量，围绕老年游及其衍生产品、融合产品将不断创新开发出来。根据主要 OTA 的数据，老年人的网络购买力也不断增长；对于传统旅行社，由于其有在面对面咨询、良好的社区关系、团队游全程服务方面的优势，老年旅游成为企业重要的客源。因此，旅行社特别是传统旅行社要加强对老年游产品的设计与开发。旅行社在确定对老年游产品的开发战略后，就要进入具体的产品线路安排及要素配置阶段。

一、老年游产品的线路安排

旅游线路设计是旅行社产品化过程的关键阶段，设计者应在遵循旅行社产品设计基本程序的基础上，对产品线的市场、主题、特色、目的地和定价策略进行统筹考虑。具体来说，以下三点尤为重要：

1.根据时空规律设计线路

根据老年人的特点和旅游消费市场规律，在时间、空间上进行合理的安排与选择，设计满足老年人需求的产品。一是长线与短线相结合，进行合理的组合。老年人空闲时间较多，一般来说长距离旅游以长线为主，多为5天以上，甚至10天以上的旅游线路。同时，设计大量的以周边为主的1~3天的旅游线路。二是在价格上以大众实惠为主，同时设计豪华团供客人选择，在设计上，同一条线路可以对服务要素的标准进行不同程度的升级，提供不同规格、不同档次的产品。三是传统旅游与特色旅游产品相结合，除了常规的观光度假产品外，还可以根据客户的特殊喜好如摄影、书法、瑜伽、宗教等设计不同的特色旅游线路或定制旅游线路，同时可以结合养老等开发异地养老旅游产品。四是在时间上可以灵活选择，合理避开公共假日等旅游旺季，提高旅游体验的质量，降低旅行社操作成本。

2.精准提炼线路的主题和特色

当前，旅行社老年产品设计不足，常以普通线路代替老年游产品线，冠以"夕阳红""老年旅游""银发旅游"，但实际上与老年人的需求相距甚远。从设计的高度来说，产品要能充分提炼产品的主题和特色，但凡具有鲜明主题与特色的老年产品必然能够经得起市场考验与推敲。因此，专业设计的旅游线路经过充分的调研和市场分析，按照产品设计的基本逻辑来进行，一般来说都具有自身的特点或主题。传统的"夕阳红""老年旅游""银发旅游"关键词标识的产品，只表明了产品的对象，而未表明产品能够提供的利益、给顾客带来何等的旅游体验和消费预期。旅行社应该结合产品的要素、目的地的特点、接待服务的特色、细分市场的消费诉求等方面综合考虑，提炼老年游产品的主题和特色，使产品更具专业性和设计性。如根据康体保健设计医疗康体、养生度假类主题产品，根据兴趣爱好设计风光摄影、绘画采风主题类产品，根据信仰设计宗教朝圣游、红色旅游类产品，根据家庭情况设计家庭亲情游、金婚银婚游主题类产品，根据怀旧思乡情怀设计还乡游、寻根游、同学战友游、宝岛台湾游等主题类产品。当然，具体到单项产品的主题和特色，还要根据产品情况再提炼。

3.软硬件方面融入周密的安全设计

老年游产品的安全设计要求仅次于亲子游产品，相对于儿童，老年人尽管具备独立的自我管理和约束能力，但是老年人行动能力、身体机能的衰退和一些老年性疾病的隐患，使其更容易摔伤、突发疾病和猝死。进行老年游产品设计时，旅行社要在安全预防、安全教育上下功夫，将风险降到最低。安全的内容涉及人身安全、财产安全、设施安全、环境安全和旅途安全等。要配置好各个接待要素，各个接待要素要符合安全要求，如有方便老年人使用的通道或其他使用设施；在旅行的时间、空间安排上要从容不迫，留下充足的旅行和游览时间；建立安全档案，要在行前、行中进行安全教育，配备经验丰富的导游；按照行业惯例，75岁以上的老人建议有家属陪同旅游。

二、老年游产品的要素配置

1.酒店

老年人睡眠质量普遍较差，入睡难、容易醒，容易受外界干扰。因此，在住宿方面要选择安静与舒适的酒店。酒店的位置要好，不要紧邻马路，远离外界噪声干扰；酒店的门窗、墙壁的隔音要好，防止电视、卫生间、走廊的噪声；给老人安排的房间最好远离电梯、管道井等。要加强对设施的检查，防止跑冒滴漏等现象，减少一切可能的噪声污染。酒店的床垫要软硬适当，太软太硬都会影响睡眠，太软的床垫尤其不适合老人。在安全上，注意卫浴设施要防滑，带浴缸的卫生间，要提醒和教会老人正确使用地巾防滑。尽量安排标间，两人同住一间相互有所照应，切忌安排老人独住一间。

在线课堂9-2

老年游产品的
要素配置

2.餐饮

根据老年人的口味和肠胃机能，选择合适的餐厅，能够根据老年人的特点进行合理的菜品搭配。一般来说，食物要含糖少、易消化，适合老年人的身体机能；要香脆软、易咀嚼，适合老年人的牙口，激发食欲；要少油、少辣、少生冷，适合老年人的消化特点。饮食安排要及时，不宜太晚用餐，环境要清幽，以便能够吃好吃饱，及时补充体能。

3.交通

旅游出行在交通上花费的时间比较多，快速通畅舒适的交通可以有效地节约交通上的时间，把更多的时间用于游玩上。根据业内的经验，老年人的出行方式，以火车居多。对于国内短线游来说，一般选择乘坐动车，对于5天以上的行程，一般会安排旅游专列、邮轮等。在旅游专列和邮轮上的乘客都是游客，因此游客可以边走边欣赏路途中的美景。长途旅行一般不选择汽车，不但易于疲劳，而且卫生间使用不便。城际交通即使乘坐大巴车，也应该注意连续行车不宜过长，应给老年人休息、放松、上厕所的时间。《旅行社老年旅游服务规范》建议"连续乘坐汽车时间不应超过2个小时"。

4.游览

参观游览是旅行社产品的主要要素，在一次旅行中，要合理选择游览点，将自然景观、人文景观、冷点与热点进行合理搭配，特别是将各地具有代表性的景区景点等包含进来，以满足多样化的旅游需求。应选择符合老年旅游者身体条件、适宜老年旅游者的旅游景点和游览、娱乐等活动，不应安排高风险或高强度的旅游项目。优先选择具有完善无障碍设施的旅游景点。一天的日程中，要注意交通、参观游览、餐饮等节点安排。游览节奏要慢，留够充足的时间，为了节省体力，可以选择景区内的交通或者缆车。连续游览时间不宜超过3小时，可安排一定的午休时间。自由活动宜安排在人群密集度较低、容易管理的区域。

5.娱乐

适于老年人娱乐的活动比较多，如琴、棋、书、画、音乐、体育、舞蹈、摄影、垂钓、武术等。总体上，为了克服与抵御失落感与孤独感，老年人往往会寻求一种娱乐方式并积极参与其中、乐此不疲。老年人又有积极向上、充满活力的另一面，常常比年轻人更能歌善舞，在旅途中充满欢声笑语，载歌载舞。从旅行社产品设计的角度，要积极创设条件、营造氛围、策划组织娱乐活动，通过旅游娱乐活动达到放松身心、消遣娱乐、结交好友的旅游追求。联欢会、联谊会、卡拉OK、太极拳等都是适合老年人的积极有益的娱乐活动。也可以组织参观文艺演出，欣赏体验文化主题乐园类景区，广泛应用现代虚拟现实技术的主题乐园同样适合老年人游览。如宁波方特东方神画主题乐园，作为传承中国历史文化的主题乐园，其运用暗黑骑乘、四面幻影成像、实景特技机器人等全球顶级的设备技术，设计出《女娲补天》《千古蝶恋》《长城绝恋》《惊魂之旅》《神州塔》等20多个优秀的主题项目。《女娲补天》通过巨型环幕电影、多自由度动感游览车等多项高科技游乐设施将游客带入洪荒地界，感受女娲取石补天、拯救苍生的恢宏场景。《决战金山寺》融汇灾难模拟、水幕电影、天幕表演等众多国际顶尖的高科技表现形式，真实再现白娘子金山寺怒斗法海的紧张场面，演绎中国传统民间故事——《白蛇传》里那段流传千年的壮美爱情传奇。《梨园游记》以乘坐自动寻迹无轨车的方式绕园而行，观看实景景观、各种高科技模拟戏曲环境、先进手段模拟名角唱法相结合的戏曲表演。

6.购物

不同年龄层的消费者其购物行为存在诸多差异，老年群体与青年和中年群体在消费观念上又存在较大的不同。与年轻人的冲动购买不同，老年人购物比较理性，消费比较节俭，强调实用性，轻易不受购物环境或他人行为的影响而改变自己的购物习惯。老年人的购买行为与其过往的生活经历有较大关系，他们所寻求的旅游商品往往与其生活经历有直接的关系，如他们曾经使用过的、曾经想拥有的、曾经的爱情信物、曾经丢失过的物品等，能唤起他们曾经的记忆，物与人之间的情感因素是他们首要的考虑因素。老龄消费者对两类物品的购买表现得较为慷慨：一是玩具。在旅游的

第5天：圣彼得堡—莫斯科（升级乘坐高铁，大概4个小时到达）

早餐后游览巴甫洛夫斯克国家森林公园（约1小时，宫殿外观），该国家森林公园曾是皇室的狩猎场，占地面积约600公顷，巧妙地利用了沿斯拉维扬卡河的自然地形，使之与建筑物相得益彰。这是自1803年开始历时30余年才建成的艺术景观。这里的林荫道、众多雕像、水池、凉亭、河川、桥梁等公园的每个角落里都实现了自然与艺术的完美结合。然后外观滴血大教堂（约15分钟），也被称为复活教堂。它建造于1883—1907年，轮廓美丽，装饰花花绿绿，镶嵌有复杂、颜色艳丽的影像图案，用丰富的彩色图案瓷砖、搪瓷青铜板装饰，教堂顶部还立着五光十色的洋葱头顶。它的古老俄罗斯风格与附近的古典式建筑物形成鲜明对比，反映了俄国16和17世纪典型的东正教教堂建筑风格。然后外观喀山大教堂（约10分钟），这个建筑的平面图呈十字形，中间上方是一个圆筒形的顶楼，顶楼上是一个端正的圆顶。半圆形的柱廊由94根圆柱组成，面向大街，环抱广场。但是由于教堂的正门面向北方，侧面面临涅瓦大街很不美观，所以，在教堂东面竖立94根科尼斯式半圆形长柱长廊，使喀山教堂变成典型的俄式教堂。柱廊前面矗立着俄军统帅库图佐夫纪念碑和俄国陆军元帅纪念碑。教堂里有库图佐夫墓和1812年打败拿破仑的胜利品。之后外观十月革命胜地——斯莫尔尼宫（约30分钟），它建于1806—1808年，原为贵族女子学院。"斯莫尔尼"一词来自俄语"沥青"，初建时这里是一个沥青厂。斯莫尔尼宫位于圣彼得堡市中心，整体色彩和皇村的叶卡捷琳娜宫的色彩一样，也是清爽干净的蓝白相间，是巴洛克风格和俄罗斯风格的融合，在圣彼得堡的教堂里，相当具有代表性。后乘高铁前往莫斯科（4小时）。

用餐：早、中、晚；酒店：莫斯科。

第6天：莫斯科—北京，参考航班：CA910 1845-0715+1

早餐后，乘车前往今天的第一个目的地：俄罗斯最美丽的广场——红场（时间约1.5小时），这里有朱可夫雕像，还有古典主义风格的国家历史博物馆（外观）。在它的对面是瓦西里大教堂（外观），是沙皇伊凡四世在征服喀山之后开始兴建的。这座教堂从任何一个角度看都有独特的风景，令人叹为观止。红场之上还有古姆百货，它是建筑及城市规划的经典之作。之后，我们继续参观列宁墓（周一、周五关闭）、马涅什广场、亚历山大花园和永远不灭火焰的无名烈士墓。参观克里姆林宫（外观时间约10分钟，周四关闭），克里姆林宫这一世界闻名的建筑群，享有"世界第八奇景"的美誉，是旅游者必到之处。它曾是俄国沙皇的皇宫，现在是俄罗斯总统府和国家领导人的办公地点，被联合国教科文组织列为世界文化和自然双重遗产（红场周边为政府办公场所，如有政府性质的临时活动，会随时关闭，这种情况下我们不能提前通知，敬请谅解）。之后前往机场返回北京。

用餐：早、中；夜宿：飞机上。

第7天：北京—各地

到达北京后返回到各地，结束愉快的旅程。请客人认真填写旅行意见单，我们会根据您的意见不断改进，如对我们有什么投诉或意见，我们将以意见单为准。感谢您的信任与支持，祝您生活愉快！

用餐：无；酒店：无。

备注：根据航班、天气等具体情况，游览顺序以实际安排为准。

3.产品特色

做中俄民间大使，传递友谊：参访团赴俄罗斯访问，并与中俄友好人士开展文化交流活动。双方畅谈中俄友谊，互赠礼物、合影留念，展示健康、文明、开放、高素质的国人形象；俄罗斯协会颁发友好访问证书。

文艺交流，感受热情奔放的俄罗斯风情：俄中友好人士精心准备了歌舞节目，双方团员代表载歌载舞，交流互动，体验俄式风情。

不同于常规旅游团，参访团的接待更有保障：俄罗斯接待单位更为重视交流访问团，所有的住宿酒店、餐厅都经过实地考察。

俄罗斯双城双都观光：在莫斯科踏上庄严、宏伟、开阔的红场，欣赏享誉海外的瓦西里大教堂，外观沙皇历史的经典与现实政治交融的克里姆林宫；漫行北方威尼斯"圣彼得堡"，冬宫夏宫金碧辉煌，带你走进艺术与历史的海洋，十月革命在斯莫尔尼宫的一声炮响震撼了整个世界，在"俄罗斯的凡尔赛"——夏宫花园，远眺美丽的芬兰湾，回眸历史上彼得大帝的宏图大略。

在金环小镇寻觅古老的俄罗斯：金环小镇谢尔盖耶夫，在莫斯科的郊外，游览三圣大修道院，可外观圣母升天教堂、教皇宫殿和1748年修建的斯摩棱斯克教堂。

特别赠送卡洛明斯克庄园游览：俄罗斯最美庄园之一，位于美丽的莫斯科河畔，早在16—17世纪已成为俄国皇室独享的度假胜地，曾是俄国最伟大的君主彼得大帝童年居住过的地方。

4.参访团员报名要求

身体和年龄要求：身体健康、个人护照有效期在8个月以上的中老年朋友均可申请报名，70周岁以上需有同伴一起出行，75周岁以上需有年轻家人陪同，80周岁及以上不接受报名。

二、设计师点评

点评人：潘建胜，温州国旅旅游有限公司。

随着中国老龄化进程的逐步加快，老年人在中国旅游市场中的占比也越来越大，跟大家分享一款针对老年人市场专门设计的出境游产品——千位老人中俄友好参访团。希望大家从案例中受到启发，领悟与学习老年人出境游产品设计的思路。

我们都知道，旅行社设计的产品很容易被复制，为了避免这个问题，特别为俄罗斯出境产品增加了一项特别的活动——中俄友好参访活动。这个活动得到了中俄双方相关组织部门的支持与配合，相信这款产品短期内被复制的可能性比较小，能引起较大的反响。

这款产品的旅行行程安排及特色如下：

前一天及第1天，从温州到北京，北京到莫斯科，全程是两段飞行。相对来说，老年人的体力还是有限的，我们希望全程的旅行安排能够给老人一个舒适的行程，所以温州飞北京我们是安排入住北京，然后第2天启程飞往莫斯科。

第2天，在俄罗斯特别为大家安排了游金环小镇——谢镇（谢尔盖耶夫）、卡洛明斯克庄园。晚上行程结束之后，乘火车前往圣彼得堡。乘坐火车有一个好处，可以节约时间，同时还能节省出一个晚上的住宿费用。

第3天，到达圣彼得堡之后，参观圣彼得堡的经典景点，如冬宫、亚历山大纪念柱。

第4天，还是在圣彼得堡，游览夏宫花园以及圣彼得堡的发源地彼得堡罗要塞。下午，安排这次的重头戏，就是中俄友好人士双方交流活动。这个活动分成了几个部分，先由中俄双方的参访代表致辞，之后进行双方友好人士之间的文化交流活动，最后互赠礼物，留下对方的联系方式，以便以后交流。

第5天，结束圣彼得堡的行程之后，安排乘高铁回到莫斯科。考虑到老人相对来说体力有限，因为之前已经安排了一趟火车，所以回莫斯科的时候我们安排了高铁。

第6天，在莫斯科，安排了莫斯科市区的游览，包括著名的红场。然后坐飞机回到北京，再由北京坐飞机返回各地。

这条产品线的六大特点：①做中国民间大使，传递友谊；②文艺交流，感受热情奔放的俄罗斯风情；③不同于常规旅游，参访团的接待更有保障；④俄罗斯双城双都观光；⑤金环小镇寻觅古老俄罗斯；⑥特赠卡罗明斯克庄园游览。

其实，很多中国老人去俄罗斯，不仅是去旅游，更是抱着一种朝圣的心理，因为俄罗斯是苏联革命的发源地。所以，行程中能够安排双方友好人士进行文化方面的交流，将是一次深入体验俄式风情的活动。

区别于常规旅游团，俄罗斯接待方非常重视，所有的宾馆、餐厅都进行了实地考察。而我们为了提高老人的舒适度，也是从头到尾（去程和返程）选择了飞机，中间因为有一段非常长的路程，特别安排了高铁以及火车。虽然行程只有短短7天，但我们还是特别为这个行程安排了莫斯科、圣彼得堡两个城市主要的旅游景点。行程当中还特别增加了一个金环小镇，以及俄罗斯最美丽的卡洛明斯克庄园。

虽然整个团是针对老年人的，但是我们觉得这次的长途旅行对一些年纪偏大的老人还是有一定难度的，所以在整个收客的过程当中温馨提示：希望70岁以上的老人能够结伴同行，75岁以上的老人能够有一位年轻的家属陪同，80岁以上是不建议参团（旅行）的，毕竟旅途非常长，而且俄罗斯现在的气温跟温州还是有很大的差距。

这条产品线路的几个要点：

第一，目的地精心选择，具有市场针对性。选择俄罗斯产品除了中国老一辈对俄罗斯有一种特殊的情结以外，这个季节是俄罗斯的最佳旅游季节，温州当地特别热，俄罗斯相对来说就凉快很多。

第二，特色活动项目，设计符合产品的主题。为了增加产品的特色，也为了使该产品不易被复制，我们特别增加了参访活动，双方进行了文艺方面的交流，同时也真正达到了在民间结下友谊的目的。

第三，贴心的接待和服务安排适合特定的群体。我们在设计产品的时候，一般会考虑到老年人的舒适度，所以来回安排了飞机，同时还接驳了一次火车及高铁，让老人们可以体验不同的交通工具。

第四，价格相对亲民，适合老年游的消费特点。我们曾经进行过一次调查，相对来说1万元以下的产品，更能让大部分老年人接受，所以这次的定价是9 880元。

主题五　老年游产品设计实训

1.实训任务
设计一款地接老年游产品。

2.实训要求
（1）内容要求
① 明确产品的性质：地接老年游。
② 主题明确，特色突出。
③ 目标市场明确。
④ 时间至少是2天1晚。
⑤ 产品文案包含完整的要素（参照提纲），文本格式规范。
（2）分小组完成
① 主创人员：组织小组讨论、任务分配和文案统筹。
② 质检人员：进行文案质量审核，将意见和建议反馈给主创人员。
③ 小组成员：按分工完成任务。
④ 汇报人员：在规定时间内进行简洁清晰和有重点的汇报。

3.实训目的
① 掌握老年游产品的特点及设计方法。
② 能够有针对性地设计可行的老年游产品。
③ 锻炼综合运用多学科知识的能力。
④ 提高小组团结协作的能力。
⑤ 提高对文案口头陈述的能力。

4.设计方法指引
如同亲子游一样，老年游是旅行社的又一重要市场，同样市场上出现了一些专门针对老年游的产品。我们要学会设计老年游产品，不断巩固与提高这一市场的优势。
（1）资源分析——找出适合老年游的资源
一般来说，老年游产品的资源适应面广，大部分自然、人文、社会性旅游资源都可以为老年游产品开发所用。但是一些剧烈运动如机械游艺项目、涉水项目和过于陡峭的山地项目不适合老年游。
（2）市场分析——把握老年市场特殊需求
老年游是从年龄上进行的市场细分，但是把老年游市场作为一个整体还可以从不同的角度进行再细分。如依据性质可以细分为老年观光游、老年度假游；依据旅游方式可以有老年火车专列游、老年邮轮游、老年汽车游等；依据消费水平可以分为高、中、低档。老年游前景广阔，我们应对这一市场进行认真研究，从而准确把握市场的需求特点和差异，有针对性地设计相应的产品。

（3）主题构思——聚集老年游特点

根据资源的特点和老年游市场需求，进行主题构思，提炼出不同的产品类型和产品主题。如尽孝驿站是一个提供"旅游度假+孝道文化+互联网"体验式定制服务的老年旅游度假平台，首创"尽孝小管家"服务理念，打造并推出了一系列标准化及个性化定制的老年游度假、养生养老等产品。尽孝驿站已正式发布了古城古镇、湖畔海边、温泉康养、山清水秀、民俗民风、音乐艺术、宗教禅修、太极练功8款旅居产品形式。

（4）产品设计构思——产品化

根据产品主题选取合适的景区、景点进行产品线的设计。根据老年游产品的特点，设计不同类型的产品线。

（5）行程设计和要素配置——体现老年游产品特点

根据初步的产品构思，对六要素进行合理的节点规划和要素配置，除遵循一般的产品设计规律和老年游产品要素配置特点外，还需要重点关注情感元素和周到细致的服务两个方面的渗透与设计：

① 情感元素。一是目的地和景区等与老人的价值观与情感相契合，能引起情感共鸣的要突出；二是通过一些活动设计增进老人之间的情谊，让旅途与旅居其乐融融；三是增加情感服务，导游服务用心用情。

② 细致服务。认真细致的服务是旅行社的核心竞争力，老年游服务尤其如此。在产品设计环节，可以对导游服务提出更加细致的要求；在产品销售与消费环节，加强对导游服务的指导和质量控制。

（6）特色等提炼——商品化

根据产品的主题和整体构思，提炼产品的亮点与特色，为产品宣传和推广提供依据。

5.热身训练

① 写出老年游产品的特点。

② 说一说老年游产品的设计要点。

③ 讨论本地有哪些景区、景点适合老年游。

④ 分组搜集不同的老年游产品线，评选出最佳主题、最佳设计、最佳情感设计线路。

6.案例解析

选择一款老年游产品，分析其设计方法。

7.分组设计老年游产品并在班级分享

本章小结

老年游是以老年人为旅游主体的旅游形式。老年游是按消费主体年龄划分的一类旅游形式，从旅游性质上有老年观光游、老年度假游、老年游学；从出行方式上有火车游、汽车游、飞机游、邮轮旅游等；从出游形式上有跟团游、定制游、自由行等。老年游市场容量大，又具有自身的特点。老年游具有出游频率高、旅游动机多元、信息获取由传统向信息化转变、跟团游仍然是主要的出游形式、消费理性且对价格敏感、服务要求高等特点。根据国务院发布的《国家人口发展规划（2016—2030年）》，"十三五"时期，我国60岁及以上人口平稳增长，2021—2030年增长速度将明显加快，到2030年占比将达到25%左右，约3.5亿人。再加上退休工资的增加、医疗条件的不断改善，老年人旅游市场的前景广阔。

老年游产品是指旅游经营者为年龄在60周岁及以上的老年旅游者提供的用于销售的物象和劳务的综合。老年游产品的安全保障要求高，缓游慢行的特点突出，产品的价格具有竞争性。目前我国老年游市场乱象丛生，虽然有打着老年游旗号的产品推出，但是老年旅游者的反馈并不好。针对这种情况，在设计老年游产品时要注意以下策略：一是升级老年游产品，提高产品的专业化程度；二是设计多主题性的老年游产品；三是整合上下游产业链，提高产品的有效服务水平；四是提高产品的标准化水平；五是升级旅游服务。在老年游产品线路行程策划上要根据时空规律设计有针对性的线路，精准提炼线路的主题和特色，软硬件方面都融入周密的安全设计，同时在要素的安排上要落实产品的主题、特色以及针对老年旅游的特别安排。

知识听记 9-1

项目九

主要概念 🎯

老年游　老年游产品

思考讨论 📝

1.老年游的概念是什么？

2.老年游有哪些特征？

3.什么是老年游产品？

4.老年游产品有哪些特征？

5.老年游产品有哪些功能？

6.老年游产品主要存在哪些问题？

7.老年游产品设计要点有哪些？

8.老年游行程安排要点有哪些？

9.如何配置老年游产品要素？

项目作业 📖

1.设计一份问卷，调研当地老年游市场的需求特点，给旅行社老年游产品设计与市场开发提出合理化建议，分小组完成并在班级分享。

2.与旅行社合作，分小组为旅行社设计一款老年游产品，并结合销售情况进行分析总结，分小组在班级分享。

项目十
专题旅游产品设计

学习目标

1. 掌握红色旅游、节庆旅游、邮轮旅游、研学旅行等专题游的内涵与特征。

2. 掌握红色旅游、节庆旅游、邮轮旅游、研学旅行等专题游产品的内涵、特点和分类。

3. 掌握红色旅游、节庆旅游、邮轮旅游、研学旅行等专题游产品的设计策略。

4. 能够根据要求有针对性地创新设计红色旅游、节庆旅游、邮轮旅游、研学旅行等专题游产品。

5. 培养技能宝贵、知行合一的职业素养。

知识导图

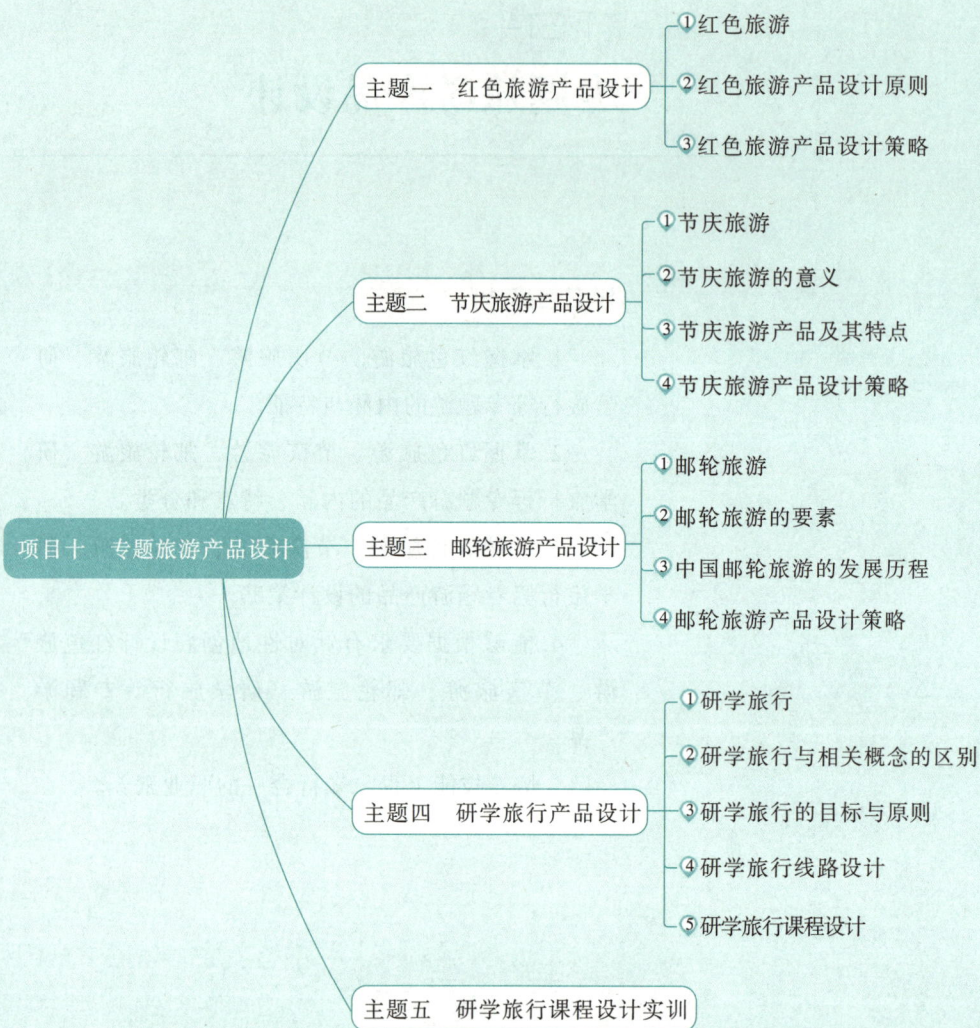

项目十　专题旅游产品设计

主题一　红色旅游产品设计
- ①红色旅游
- ②红色旅游产品设计原则
- ③红色旅游产品设计策略

主题二　节庆旅游产品设计
- ①节庆旅游
- ②节庆旅游的意义
- ③节庆旅游产品及其特点
- ④节庆旅游产品设计策略

主题三　邮轮旅游产品设计
- ①邮轮旅游
- ②邮轮旅游的要素
- ③中国邮轮旅游的发展历程
- ④邮轮旅游产品设计策略

主题四　研学旅行产品设计
- ①研学旅行
- ②研学旅行与相关概念的区别
- ③研学旅行的目标与原则
- ④研学旅行线路设计
- ⑤研学旅行课程设计

主题五　研学旅行课程设计实训

主题一	红色旅游产品设计

为了更好地发挥爱国主义教育基地的作用，在"十二五"规划期间，中央决定对红色旅游内容进行拓展，将1840年以来170多年的中国近现代历史时期，在中国大地上发生的中国人民反对外来侵略、奋勇抗争、自强不息、艰苦奋斗，充分显示伟大民族精神的重大事件、重大活动和重要人物事迹的历史文化遗存，有选择地纳入红色旅游范围。2004年、2011年、2016年中共中央办公厅、国务院办公厅三次联合下发了《全国红色旅游发展规划纲要》。如今，红色旅游产业取得了良好的政治效益、社会效益和经济效益，在全国树立起了"红色旅游"这个富有中国特色和精神内涵的响亮品牌，唤醒了国人的红色记忆，丰富了旅行社产品的内涵和外延。

一、红色旅游

1.红色旅游的内涵

《2004—2010年全国红色旅游发展规划纲要》将红色旅游定义为："以中国共产党领导人民在革命和建设时期建树丰功伟绩所形成的纪念地、标志物为载体，以其所承载的革命历史、革命事迹和革命精神为内涵，组织接待旅游者开展缅怀学习、参观旅游的主题性旅游活动。"红色旅游的内容包含八方面：

第一，反映新民主主义革命时期建党建军等重大事件，展现中国共产党和人民军队创建初期的奋斗历程。

第二，反映中国共产党在土地革命战争时期建立革命根据地、创建红色政权的革命活动。

第三，反映红军长征的艰难历程和不屈不挠、英勇顽强的大无畏革命精神。

第四，反映中国共产党带领人民抗日救国、拯救民族危难的光辉历史。

第五，反映解放战争时期的重大战役、重要事件和地下工作，展现中国人民为争取自由解放、夺取全国胜利、建立人民共和国的奋斗历程。

第六，反映全国各族人民在中国共产党的领导下，建立爱国统一战线，同心同德、同仇敌忾的团结奋斗精神。

第七，反映老一辈无产阶级革命家的成长历程和丰功伟绩以及他们的伟大人格、崇高精神和革命事迹。

第八，反映各个历史时期在全国具有重大影响的革命烈士的主要事迹，彰显他们为争取民族独立、人民解放而不怕牺牲、英勇奋斗的崇高理想和坚定信念。

2.发展红色旅游的意义

（1）有利于加强爱国主义教育

发展红色旅游有利于通过参观游览这种活动形式，将思想道德教育寓于其中，将革命历史、革命传统和革命精神通过旅游潜移默化地传输给广大人民群众，给人们以心灵的震撼、精神的激励和思想的启迪，提高人们的思想道德素质，增强爱国主义教育效果。

（2）有利于加强理想信念教育

2015年2月，习近平总书记在陕西考察时指出："发展红色旅游要把准方向，核心是进行红色教育、传承红色基因，让干部群众来到这里能接受红色精神洗礼。"红色旅游是弘扬主旋律、传播正能量的重要形式和途径，红色旅游可以使广大党员、干部、群众、青少年了解党带领全国各族人民不懈奋斗的光荣历史和伟大历程，有利于牢记"从哪里来到哪里去"，增强开拓进取的勇气和力量。

（3）有利于红色遗产的保护和利用

革命历史文化遗产是中华民族宝贵的精神财富，但是一些地方由于缺乏保护的理念，一些红色遗产在经济开发中被损毁，同时由于缺乏资金、人才、技术等，遗产保护环境不甚理想。发展红色旅游，有利于把全国各地特别是革命老区的纪念馆、革命遗址、烈士陵园等爱国主义教育基地、革命历史文化遗产保护好、管理好、利用好。

（4）有利于旅游扶贫

革命老区大多地处偏远地区，经济发展水平普遍不高。发展红色旅游，有助于将资源优势、文化优势转化为经济发展的优势。通过旅游发展，带动交通等基础设施的发展，给革命老区、贫困地区带来更多的客流、物流和资金流，促进当地经济结构的调整和特色产业的发展，为革命老区经济社会发展注入新的生机和活力。

（5）有利于丰富旅行社产品

红色旅游这种寓教于游的模式博得了"80后"和"90后"群体的喜爱。某在线旅游平台发布的《2018年度红色旅游消费报告》对2018年度红色旅游市场的消费特征和用户消费习惯进行了分析，数据显示，国内红色旅游游客的平均年龄为33岁，年轻化趋势明显。红色旅游作为旅游业的重要组成部分，对满足旅游需求、促进旅游业发展、增强旅游业发展后劲、开拓更广阔的旅游消费市场具有积极的作用，可以丰富旅游产品的形态，满足人们旅游文化和精神文化生活的需要。

育德启智10-1 　　　　山西：发布20条红色旅游线路　丰富游客选择

为充分发挥红色旅游景点、重要历史事件及人物活动纪念地、革命类纪念馆（陈列馆）、重要机构旧址等文化资源，推介会发布了20条红色旅游线路，其中，全省11市红色旅游线路11条，全省连线红色旅游线路9条，将山西丰富的红色旅游资源串珠成线，让广大游客在旅程中接受红色文化熏陶，在探索创新中传承红色基因。

全省11市红色旅游线路

1.大同市：抗战首胜　精神传承励志游

路线：大同煤矿"万人坑"遗址纪念馆→大同红色记忆馆→阳高县大泉山红色教育基地→平型关烈士陵园→平型关大捷景区（含纪念馆、乔沟主战场、纪念碑等13处景点）→杨庄白求恩特种外科医院旧址

2.晋城市：悠然阳城　革命老区红色游

路线：町店战斗纪念园→太岳烈士陵园→太岳军区司令部旧址、中共太岳区委驻地旧址（文庙）→枪杆会议旧址→晋豫边革命纪念碑→八路军次滩兵站旧址

3.晋中市：峥嵘岁月 抗战足迹红色游

路线：和顺石拐会议纪念园→麻田八路军总部旧址→麻田八路军总部纪念馆→晋冀鲁豫边区临时参议会旧址→大寨景区→寿阳尹灵芝烈士纪念馆

4.临汾市：中国之根 黄河之魂红色游

路线：红军东征永和纪念馆→隰县晋西革命纪念馆→洪洞白石红军八路军纪念馆→临汾烈士陵园→侯马彭真故居纪念馆

5.吕梁市：忆峥嵘 重温红色历史之"吕"

路线：晋绥边区革命纪念馆（兴县）→毛主席东渡黄河纪念碑（临县）→贺昌烈士陵园（柳林县）→刘志丹殉难处及纪念馆（柳林县）→兑九峪战役展览馆（孝义市）

6.朔州市：缅怀先烈 赓续血脉红色游

路线：塞北革命纪念馆→李林烈士陵园→右玉南山森林公园绿化丰碑→右玉烈士陵园→右玉精神展览馆→右玉县委旧址

7.太原市：峥嵘岁月 感悟初心红色游

路线：山西国民师范旧址革命活动纪念馆→八路军驻晋办事处旧址→彭真生平暨中共太原支部旧址纪念馆→古交晋绥八分区旧址革命活动纪念馆→娄烦县高君宇故居

8.阳泉市：文旅融合 感悟使命红色游

路线：狼峪抗战遗址公园→百团大战遗址公园→"阳泉记忆·1947"文化园→南庄抗战地道→七亘大捷战场遗址

9.运城市：薪火相传 运城红色文化游

路线：盐湖区上王牛庄爱国主义教育基地→夏县堆云洞→夏县泗交镇韩家岭红色革命教育基地→闻喜陈家庄太岳三地委机关旧址→绛县迥马岭红色革命教育基地→垣曲县革命老区纪念馆

10.长治市：战斗岁月 太行山上红旗飘

路线：老爷山革命战斗遗址→魏拯民故居→抗大一分校北岗旧址→八路军游击战体验园

11.忻州市：红色沃土 百年峥嵘红色游

路线：忻口战役遗址→五台徐向前故居（纪念馆）→五台南茹村八路军总部旧址→五台白求恩纪念馆→五台晋察冀军区司令部旧址→夜袭阳明堡机场遗址

全省连线红色旅游线路（9条）

1.烽火太行红色旅游线路：

路线：山西国民师范旧址革命活动纪念馆（太原）→彭真生平暨中共中央太原支部旧址纪念馆（太原）→狮脑山百团大战纪念馆（阳泉）→左权麻田八路军前方总部旧址纪念馆（晋中）→黎城黄崖洞景区（长治）→武乡百团大战砖壁指挥部旧址（长治）→武乡八路军总部王家峪旧址（长治）→八路军太行纪念馆（长治）→沁源太岳军区司令部旧址（长治）

2.英雄吕梁红色旅游线路

山西国民师范旧址革命活动纪念馆（太原）→彭真生平暨中共中央太原支部旧址纪念馆（太原）→文水刘胡兰纪念馆（吕梁）→石楼红军东征纪念馆（吕梁）→柳林

刘志丹将军殉难处（吕梁）→兴县蔡家崖晋绥边区革命纪念馆（吕梁）→兴县"四八"烈士纪念馆（吕梁）

3. 长城抗战红色旅游线路

高君宇故居（太原）→代县雁门关伏击战遗址（忻州）→代县夜袭阳明堡机场遗址（忻州）→五台县徐向前故居和纪念馆（忻州）→五台山晋察冀军区司令部旧址纪念馆（忻州）→平型关大捷纪念馆（大同）→塞北革命纪念馆（朔州）→右玉精神展览馆（朔州）

4. "走向胜利"红色旅游线路

临县碛口高家塔毛泽东东渡黄河纪念碑广场（吕梁）→临县碛口寨子山毛泽东东渡黄河路居处（吕梁）→兴县蔡家崖晋绥边区革命纪念馆（吕梁）→岢岚县毛主席路居纪念馆（忻州）→代县毛主席路居纪念馆（忻州）→五台山毛主席路居馆（忻州）→繁峙毛主席路居伯强纪念馆（忻州）

5. 铁血东征红色旅游线路

永和红军东征纪念馆（临汾）→乾坤湾西渡黄河旧址（临汾）→石楼红军东征纪念馆（吕梁）→柳林刘志丹将军殉难处（吕梁）→交口大麦郊东征指挥部旧址（吕梁）→孝义兑九峪战役遗址（吕梁）

6. 追寻八路军总部红色旅游线路

太原成成中学（太原）→和顺八路军石拐会议纪念馆（晋中）→左权麻田八路军前方总部旧址纪念馆（晋中）→黎城县黄崖洞兵工厂旧址（长治）→武乡县王家峪八路军总部旧址（长治）→八路军太行纪念馆（长治）

7. 晋察冀根据地红色旅游线路

和顺八路军石拐会议纪念馆（晋中）→狮脑山百团大战遗址（阳泉）→代县夜袭阳明堡机场遗址（忻州）→五台县徐向前元帅故居和纪念馆（忻州）→五台山晋察冀军区司令部旧址纪念馆（忻州）→平型关大捷纪念馆（大同）

8. 红色军工之旅红色旅游线路

山西北方机械制造有限责任公司（太原）→榆社韩庄八路军军工部兵工厂（晋中）→左权芹泉镇高峪村八路军军工三所、杨家庄炸弹厂旧址（晋中）→麻田镇南井八路军兵工厂旧址（晋中）→麻田河北沟八路军总部测绘室旧址、军工部炮弹一厂旧址（晋中）→黎城黄崖洞兵工厂旧址（长治）→武乡八路军军工部（长治）→太行工业学校温庄村旧址（长治）→长治淮海工业集团刘伯承兵工厂旧址（长治）

9. 清廉山西旅游经典线路

平型关大捷纪念馆（大同）→平鲁区李林烈士陵园（朔州）→五台县徐向前元帅故居和纪念馆（忻州）→高君宇故居纪念馆（太原）→中国（平遥）监察文化博物馆（晋中）→方山于成龙故居（吕梁）→七亘大捷景区（阳泉）→八路军太行纪念馆（长治）→荷花小镇文化传习馆（临汾）→皇城相府陈廷敬纪念馆（晋城）→闻喜县家风家教文化基地（运城）

资源来源：佚名. 山西发布20条红色旅游线路［EB/OL］［2023-05-30］. https://cj.sina.com.cn/articles/view/5812119316/15a6de714020015unf.

思政元素：红色文化熏陶 传承红色基因 爱国主义教育

所思所感：习近平总书记强调："要教育引导全党大力发扬红色传统、传承红色基因，赓续共产党人精神血脉。"红色资源真实地记录了中国共产党领导人民在革命、建设和改革开放时期的丰功伟绩，生动地诠释了中国共产党人的初心和使命。红色旅游在传承红色基因中发挥着极其重要的作用，是传承红色基因最为有效的方式和途径之一。红色旅游精品线路不但可以使党员干部受教育，而且可以使广大群众和青少年在生动的红色旅游活动中思想上受到洗礼，为中华民族的伟大复兴而砥砺奋进。

二、红色旅游产品设计原则

将红色文化遗产转化为红色旅游产品，通过推广宣传，让社会认识红色旅游产品、了解红色旅游产品，在红色旅游中吸取知识、启迪思想，这需要全社会的共同努力。红色文化遗产是宝贵的精神财富，承载着厚重的历史和民族情感，红色旅游产品的开发要坚持正确的导向，要永葆红色旅游的底色，将社会效益放在首位，寓教育于旅游之中，实现社会效益和经济效益相统一。

1.坚持政策性

红色旅游作为政治工程、文化工程，产品开发中必须突出爱国主义和革命传统教育，在红色旅游实践中培育和践行社会主义核心价值观。要提高产品开发的规范化水平，利用文档档案展现历史事实，讲好历史故事。产品的开发、内容的讲解要确保客观真实，同时要增强知识性、吸引力和感染力。组织参与性活动要尊重历史，杜绝出现损害国家利益、伤害民族感情、损毁领袖和革命先辈的言行和活动。

2.坚持主题性

红色旅游产品的纪念性、教育性突出，因此红色旅游产品的设计要突出文化性和教育性。通过专题产品线、复合型产品线或是在普通旅游产品线中融入红色基因的形式，强化线路和讲解的主题，充分发挥其文化价值和教育价值。

3.坚持精品性

红色旅游产品的受众广泛，既有全部的党员、干部，又有青少年，更有广大的人民群众。红色旅游产品既有针对党员干部的专题性参观游览，又有针对青少年的研学旅行，还有大量针对普通大众的寓教于游的旅游产品线。红色旅游产品的精品性体现在以下三个方面：一是旅游线路和组织形式要针对不同的群体和细分市场，提高线路的针对性；二是要强化专业策划，将红色旅游与自然生态旅游、历史文化旅游、民族风情旅游等有机融合；三是服务与讲解要坚持高标准，用严肃的内容、生动的形式、真情的服务提高游客的体验。

4.坚持市场性

红色旅游作为经济工程、富民工程，要遵循产业发展的基本规律，充分发挥市场作用，保持长久生机和活力。旅行社在产品开发时要研究市场，针对不同的目标受众设计不同的产品，产品包装和宣传要研究受众乐于接受的形式、主要的诉求点；产品定价和销售时要区别对待，考虑市场的可承受和可接受能力；产品销售时，要做到旅行生活的舒适。

5.坚持生动性

红色旅游产品要具有生动性，面向普通游客的产品不能变成现场报告会，要通过生活的形式和内容达到"游中学、学中游"，寓教于游、润心无声的境界。通过丰富的产品形态、陈列展示方式提高参与性和体验性，通过故事性的讲解，以小见大、以人说史，贴近群众、贴近生活，在旅游中受到教育、启迪。

三、红色旅游产品设计策略

在线课堂10-1

红色旅游产品
设计策略

行业视窗10-1

建党百年红色
旅游百条精品
线路

根据红色旅游的内涵和红色旅游资源本身以及市场的特点，旅行社可以从四个维度进行红色旅游产品设计，然后根据旅行社产品设计的一般规律进行文案编写，配置相关的接待要素。

1.专题红色旅游线路

专题红色旅游线路是以某一历史过程、人物或事件为基础，将集中反映这一主题的红色文化遗产完整地连接起来而开发的旅游长线。这类线路的特点是主题集中而明确，内容完整连贯，旅途景点众多，专业知识性较强，审美价值较高。由于线路设计主要依据历史内容而不是现实的开发状况，旅游长线环节过多、头绪繁杂，因此开发远未完善，游程的距离与时间都较长，目前在交通与服务上多有不便，不仅旅途比较辛苦，成本也相对高昂，所以客源优势不强。审美价值较高主要是指旅游的主题吸引力大，内容丰富多彩，具有较强的感染力、故事性和神秘感，同时旅途的环境背景也有较强的趣味性和观赏性。

例如，以红军长征为主题的旅游路线，从江西到陕北，跨越十余省，行程数万里，这样长的线路又都分布在我国的中西部。东北抗联旅游线也是一条富有教育意义和审美感受的专题线路，亟待开发。根据东北抗联的活动范围，这条红色旅游线将纵横东北三省，涉及长白山、牡丹江、松花江、小兴安岭等名山大川；其间众多的红色旅游区与风景名胜以及东北的大中城市，将使这条旅游线异彩纷呈；杨靖宇、赵一曼、赵尚志、李兆麟等许多英雄的故事和他们为国捐躯的精神，令人感动和尊敬。所以说，以东北抗联为主题而设计的旅游长线，也一定会有广阔的发展前景。

2.基地红色旅游线路

基地红色旅游线路是以一个著名的红色旅游区为中心，将该区的红色旅游点与地区周边的同类或者相似的旅游区点组合而开发的旅游短线。这类线路具有主题鲜明、特色突出、活动内容集中、旅游时间较短的特点。其受众对象比较广泛，客源基数大，市场范围广。组织形式较强的团体旅游是需求主体，其行程时间短，旅游内容集中，教育目的明确，较易进行引导。

3.复合线路

复合线路是针对大众游客开发设计的路线，是将红色旅游与生态旅游、民族文化旅游、工农业旅游、度假旅游、乡村旅游等密切结合而形成的综合型、复合型的旅游线路。这类产品具有良好的旅游体验和红色旅游的文化内涵，将旅游和红色有机地结合起来，具有较强的吸引力和感染力。这种线路有的具有明确的红色旅游主题，有的是将红色旅游主题融入其中作为某一日的活动主题。目前，在各类红色旅游线路中这种线路的游客最多，旅游效益最好，市场化开发也最成熟。如以延安为中心的旅游环线，不仅可以游览延安市区的宝塔山、延河、枣园与杨家岭等革命旧址，还可以串联起黄河壶口瀑布、黄帝陵等自然与人文景观，形成以红色旅游区为中心的旅游环线。此外，以井冈山为中心、以韶山为中心都可以开发出旅游环线。

4.研学线路

挖掘红色旅游遗产，将红色旅游与研学旅游相结合，可以开发红色研学旅游产品。这类红色旅游产品开发最早，早已融入中小学生思想道德和社会实践的课程体系当中，对青少年的爱国主义教育和理想信念教育产生了难以磨灭的积极作用。新时期，根据青少年身心成长规律，开发出更具时代特点、符合教育规律的红色研学旅游产品恰逢其时。在对红色遗产的主动学习、深层探索实践中建构红色知识体系，生成红色基因，更有助于培养他们的社会主义核心价值观，坚定青少年的理想信念，激发其爱国热情和学习热情。

主题二　节庆旅游产品设计

行业视窗 10-2

江西井冈山打出三张"特色牌" 红色旅游、研学、培训"火出圈"

1983年，河南省洛阳市创办的牡丹花会是我国最早的旅游节庆活动，现已入选国家非物质文化遗产。1984年，山东省依托当地特色风筝文化举办了潍坊国际风筝节；1985年，黑龙江省依托当地的气候特点举办了哈尔滨冰灯节。这些活动的举办丰富了旅行社产品的内容，吸引了大量的游客，同时提升了城市的知名度和美誉度。据不完全统计，国内目前每年举办的节庆旅游活动多达 5 000 场以上，节庆旅游已经成为重要的旅游吸引物。

一、节庆旅游

1.节庆旅游的内涵

"节庆"一词，是"节日庆祝"或"节日庆典"的简称，包括传统与现代的各种庆祝、庆典、纪念。节庆期间人们有外出旅行和旅游的客观需要，当旅游成为一种经济现象之后，节庆与旅游相结合，节庆为旅游业发展提供了观赏游览的对象，旅游业又进一步促进了传统节庆的保护与复兴。

节庆旅游是指将以历史渊源、自然地理特征和资源禀赋为基础而开展的有鲜明主题的公众性庆典活动作为旅游吸引物而开发出来的一种新型旅游产品。

2.节庆旅游的相关概念

国外相关研究中常把节日（festival）和特殊事件（special event）合为一体进行研究，英文简称为 FSE（Festival & Special Event），国内学者翻译为"节事"，于是就相应出现了事件旅游、节事旅游、节庆旅游等旅游形式的不同称呼（戴光全、保继刚，2003）。此外，"旅游节庆""节庆旅游""旅游节庆活动""节庆文化旅游产品"等概念常常同时使用。严格地说，各个概念之间是有区别的，但是从"旅游+"的角度以及"旅游吸引物"的角度，本书不对这些概念作细致入微的区分；从游客观赏游览审美的角度看，目的地举办这些活动都能为旅游所用。因而，狭义的节庆旅游是指在节日里开展的各种周期性旅游活动，广义的节庆旅游还包括在特殊事件下开展的各种经济文化体育类旅游活动。

3.节庆旅游分类

① 根据节庆的起源和产生，节庆可以分为传统节庆和宗教节庆、纪念性节庆、经济文化旅游节三类。

② 根据节庆的举办时期，节庆可以分为周期性节庆和不定期节庆。

③ 根据节庆的性质，节庆可以分为文化艺术类（主要包括各种文化节、艺术节、摄影节和戏剧节等）、历史民俗类（包括民族、民俗节事等）、自然生态类（包括自然风光、生态现象等）、运动休闲类（包括群众体育赛事、登山探险和狂欢等）、衣食物产类（包括美食节、服装节、特产和花卉节等）、城市庆典类（如大连服装节、青岛啤酒节等）、商务会展类（如世博会、广交会等）以及其他综合类（如"旅游节"等）（孙国学、赵丽丽，2016）。

④ 根据节庆的举办区域，节庆可以分为全国性节庆、区域性节庆，区域性节庆又可分为城市节庆和乡村节庆。

二、节庆旅游的意义

1.塑造旅游地的形象

节庆旅游作为一类特殊的旅游活动和公众活动，具有较为丰富的活动内容和媒体吸引力，通过媒体的传播和现代自媒体的分裂式传播，能够迅速地成为公众关注的焦点。大型的节庆活动具有较强的历史传统、群众基础、文化内涵和较强的经济属性，经过培育能够成为当地的旅游标志性事件，能够宣传与塑造当地的旅游形象，形成旅游节庆品牌。青岛国际啤酒节始创于1991年，在每年8月的第二个周末开幕，为期16天。啤酒节由国家有关部委和青岛市人民政府共同主办，是融旅游、文化、体育、经贸于一体的国家级节庆活动。如今，青岛啤酒节已经成为彰显青岛城市个性与魅力的盛大节日，展现了青岛城市形象。

2.丰富旅行社产品

节庆活动以其良好的社会效益、经济效益和文化效益受到各地政府的重视，因此各地纷纷举办各种节庆活动。传统的节庆活动不断创新、增加新的元素，不断向品牌化发展，各类动漫节、空气音乐节等适应年轻一代的节庆形式不断涌现。这些节庆活动的举办丰富了旅行社产品的类型，满足了人们对旅游生活的美好追求。很多节事活动不仅会在开幕或闭幕式邀请演出团体进行表演，也经常在办节期间增加文娱展演，为公众营造欢乐的节日氛围。如青岛国际啤酒节除保留传统的饮酒大赛、啤酒品饮、文娱活动板块之外，还在青岛大剧院和崂山区美术馆举办各种展会和展演活动，以体现啤酒节狂欢氛围中的文化精髓。

3.促进传统文化保护

随着经济的发展和现代生活方式的冲击，一些传统的民俗文化、民俗活动正在消亡，其传承、保护和发展面临突出的问题。旅游业的发展，正是传统文化保护的一次机遇。传统文化的民族性、差异性正是吸引游客的内在特质。旅游是一种文化交流现象，游客希望看到、听到、体会到当地文化。由于有了需求的大环境，一些传统文化有了群众基础，旅游的效应唤醒了人们对传统文化的重视，使人们逐渐参与到传统文化的保护中去。每一个民族节庆，都是一次服饰文化的展示，都是一次歌舞文化的展演，都是一次饮食文化的推广，都是一次历史文化的传承。每个民族，都通过一个个节庆活动传承、延续着自己民族独特的文化，使民族文化生生不息、延绵不断。只要民族节庆不消失，民族文化就不会消亡。[①]

4.产生巨大的经济效益

节庆活动的举办为旅游目的地吸引了大批活动参与方、商务人员和游客，活动不但直接促进了节庆会展的策划、设计、运营、管理等方面的发展，而且刺激了目的地食宿、餐饮、交通、娱乐以及购物等相关领域的消费，从而促进了整个旅游目的地的经济发展。国外旅游业享誉全球的旅游品牌很多都是节庆活动，如巴西圣保罗狂欢节、美国圣诞节、西班牙斗牛节、德国慕尼黑啤酒节等，每年节庆期间都产生不菲的经济效益。

三、节庆旅游产品及其特点

节庆旅游产品是指旅行社依托目的地旅游节庆开发的专题性或者复合型旅游产品。为了区别于旅行社的其他线路，这里的节庆活动不包括单体景区为了丰富旅游活动项目而举办的狂欢类活动。资源性节庆活动具有鲜明的主题性、参与性、特色性、文化性、时效性等特点，旅行社所开发的这类旅游活动也具有这些特点。

1.主题性

主题是节庆旅游的灵魂，是深入挖掘当地资源与文化特色所展现出的鲜明的内涵表达。如西安（如图10-1所示）以"西安年·最中国""春满中国·醉西安""夏爽中国·嗨西安""秋染中国·赏西安"为主题的系列城市营销活动叫响全国，各类特色旅游节庆活动层出不穷。其中，在"金秋趣沣东、七彩嗨田园"大型系列活动中包含的"超级月亮耀中华""百花仙子迎国庆""缤纷民俗庆丰收"等一系列创意节庆活动迅速捧红了沣东，将节日氛围推向高潮，成为"秋染中国·赏西安"系列活动的最大亮点。游客在参与目的地节庆旅游活动时，可以从各种有形的活动项目和无形的文化中感受到这种主题。

图10-1 西安

---

① 刘晓凯. 以民族节庆活动为平台 传播贵州民族文化"好声音"[N]. 贵州民族报，2015-12-08（A01）.

2.参与性

节庆旅游集参与性、体验性以及观赏性于一体，是拉动旅游业发展的动力。节庆活动不同于一般的自然景观和人文景观，以物质的形态存在，可以进行静态的观赏。节庆活动是根据自然、历史或社会经济的特点，由人"创造"的一系列活动。节庆活动是否有市场取决于活动的创意，取决于高参与性的高低。正是因为人这一因素，游客才可以感受到节庆旅游的内涵、热闹的氛围，才可以作为参与方之一参与相关活动。在参与节庆活动的过程中，游客融入情境中，在现场深度接触文化信息，使得他们对文化活动的内涵在体验的基础上形成认同、接受、喜爱的情感。现在很多节庆活动往往流于形式，缺乏游客体验性策划，大大降低了节庆活动的边际效用。

3.特色性

节庆旅游活动与当地资源特色和文化传播有着不可分割的关系，节庆文化具有深深的地域文化特色和民族文化特色，即使是全国性节日，活动期间也各有各的特色，体现了当地文脉。也正是这一特点，才使客源地与目的地具有文化的差异性，产生了文化的吸引力。

4.文化性

"文化搭台，经济唱戏"，文化性是节庆旅游的硬核。全国各类大小的节庆活动众多，而真正能够长期举办、受市场认可的、在国内外产生影响力的往往都具有很强的文化性。通过文化的内涵、文化性活动、文化性的展示，最终达到文化性的体验与文化性的提升。

5.时效性

节庆活动具有较强的时效性，中国传统节日有特定的时间，农业节庆根据农事活动时节举办，民族和民俗活动有特定时间，这些都体现了节庆旅游活动有很强的时效性。时效性一方面要求旅行社抓住不同的节庆推出相应的产品；另一方面也为旅游者提供了多样化的选择，可以根据自己的休闲时间安排旅游活动。

在线课堂10-2

节庆旅游产品
设计策略

四、节庆旅游产品设计策略

节庆旅游产品设计是指旅行社依托节庆旅游，根据市场的需求，有针对性地对节庆旅游资源和相关资料进行恰当的组合、适当的时空安排，再配置食住行等相关服务的策划活动。

1.抓住机遇，把握需求

旅游大众化、智慧化时代，旅游者的需求不断升级，旅行社要不断提高产品规划与产品设计能力，不断满足市场的需求。主题节庆游成为不少有实力的旅行社推出的产品系列，如众信旅游集团推出的涵盖四大洲、20多个国家和地区、22个节庆主题的深度游产品，让中国游客体验异国节庆盛况。旅行社要善于把握机遇，满足旅游者的需求。

一些不定期举办的节庆活动具有需求难以预测、风险难以把控的特点，但是可能蕴藏巨大的机遇。旅行社要提高对这类活动的关注度，能从节庆活动中嗅到商机，充分调动游客的兴趣和参与活动的积极性。如世博会吸引了大量的游客参与，有些旅行社始料未及，后期的产品销售和服务极其被动。面对网游的盛行，能否巧借各地的动漫节开发动漫主题旅游产品，也是旅行社产品开发的选项之一。

2.整合资源，优化采购

产品设计能力、创新能力要求旅行社对目的地进行深入了解，要能够整合要素资源。岭南控股广之旅出境游的相关资料显示，目前主题节庆游最热门的国外目的地是旅游接待条件成熟、资源丰富、签证门槛不高、适合一去再去的目的地，如澳大利亚、日本、泰国、新加坡等。众信旅游集团推出国外过节旅游产品也是费尽心思，众信旅游各部门17位资深行程规划师经过精心策划，把种种"不可能"变为现实。众信旅游凭借覆盖全球的资源采购和整合优势，让这些节庆主题产品都实现了前所未有的超值性价比。国内情况也是如此，如上海世博会，部分"先知先觉"的旅行社提前布局，通过战略性合作与酒店签订了合作协议，保证了旺季的团队客房需求；而有些旅行社则准备不足，面对不断提高的房价，组团利润被不断吞食。

3.挖掘文化，明确主题

旅行社可以根据资源设计专题性和融合性的旅游线路。专题性线路要求主题浓厚，将目的地节庆主题转化为线路主题，将目的地节庆活动根据产品主题需要有机融合到线路中。进行具体产品线策划时，要挖掘节庆旅游的文化内涵和目的地资源的特点，借力节庆活动的主题、特色、文化和活动特点，进行主题设计。鲜明的主题，能引导和保证旅行社产品各环节的策划设计和执行，从而使产品整体行云流水、一气呵成，也为旅游宣传提供了依据。

4.配置资源，提高体验

旅行社应根据产品设计的一般规律，对涉及的食、住、行、游、购、娱及保险、导游等要素进行合理配置。根据配置的标准、档次和不同的目标市场制定不同价格和营销策略。无论如何，旅行社都要权衡产品和市场的契合性，保证产品的消费能够与期望相符。

主题三　邮轮旅游产品设计

2006年7月2日，意大利歌诗达公司旗下"爱兰歌娜"号邮轮开辟了首个中国母港航次，翻开了中国邮轮旅游发展的新篇章。在短短的十几年中，中国邮轮旅游市场发生了翻天覆地的变化。

一、邮轮旅游

邮轮旅游是指旅游者以休闲和娱乐为目的，以集合了星级酒店住宿、餐厅供应以及休闲娱乐场所等功能的邮轮作为交通工具，结合岸上的目的地观光游览等活动进行的海陆结合的旅游形式。[①] 邮轮就像一座移动的海上度假村，其本身具备旅游目的地属性及多目的地型度假平台的特点。

---

① 吴小呈. 新媒体营销助力邮轮旅游发展［N］. 中国旅游报，2016-09-20（3）.

邮轮旅游的产品外延包含邮轮服务和邮轮航行目的地岸上观光。邮轮不仅仅是一个交通工具，其本身也是一个休闲度假产品。邮轮上提供住宿、中西餐饮、酒吧、电影院、大剧场、健身房、游泳池、娱乐场、SPA美容中心、免税店、客房送餐、外币兑换、医疗服务等旅游综合性服务，其本身就是一个海上移动的旅游目的地，邮轮即旅游。邮轮到达目的地港口后，游客可以选择进行岸上观光、游览、购物等，了解当地的文化、民俗风情，购买当地特色商品等。

邮轮起源于19世纪，一开始由英国铁行渣华公司创办，主要承接海上客运业务。早期的许多客轮大多在载客的同时载运货物，其中最主要的就是邮件，久而久之成了"邮"轮。随着飞机时代的到来，人们更多选择高效的空中出行方式，邮轮作为交通工具逐步退出了历史舞台。20世纪60年代，随着人们生活水平的提高，邮轮在欧美渐渐转型为度假休闲之所。邮轮度假风潮是由欧洲贵族开创的，其精髓在于全家人借浩瀚的海洋去寻访历史，是一种优雅、闲适、自由的旅行，是欧美人最向往的度假方式之一。实际上，现代邮轮已经逐渐成为新中产阶层喜爱的出行选择。邮轮进入中国市场后，逐渐演变成为大众化的旅游消费方式。邮轮旅游与传统旅游的区别见表10-1。

表 10-1 邮轮旅游与传统旅游的区别

项目	邮轮旅游	传统旅游
舒适度	选择邮轮，不需要更换酒店，不需要更换交通工具，更休闲	传统旅游要更换酒店和交通工具，更疲劳
游玩项目	邮轮上娱乐设施齐全而且免费，有运动场、电影院、泳池、赌场、KTV等，同时还有许多免费节目	传统旅游游玩项目有限且需要自费
时间成本	在邮轮旅行中，大家白天观赏风景，晚上起航远行，在休息中就到了下一个目的地，节约很多时间	传统旅游有可能白天需要赶行程或者补觉，会浪费很多时间在交通上
价格	邮轮旅游是一价全含，除邮轮小费、保险费外，吃住行游娱的费用都已包含	传统旅游费用包含少，机票、酒店、景点都是自费
餐食	邮轮出游船上的免费餐厅很多，有24小时自助餐厅，还有免费的主题餐厅，也有付费餐厅，而且汇集中西菜品，口味齐全。同时还有24小时免费的客房服务	传统旅游基本上都是团餐或者自费，选择性极小，质量也不保证
住宿	整个旅途中酒店（舱房）固定，安逸舒适，还能观赏海景	酒店更换频繁，行李搬运烦琐
医疗	24小时专业医疗候命	遇到各种突发状况，医疗方面无法保证
购物	邮轮上有免税店，买完东西直接放在船上，不用一直提着，同时出入境邮轮比较方便	传统旅游携带不便且入境检查比较严格

二、邮轮旅游的要素

1.邮轮港口

我国沿海各地在邮轮港口建设上投入了大量资本，国内邮轮港口布局日趋完善，数量日益增多。从目前我国邮轮港口的布局来看，主要母港码头沿海成片布局在北、东、南三个方位。经过近几年的快速建设已形成三大邮轮圈：一是以上海为核心的长三角邮轮圈；二是以天津为核心的渤海湾邮轮圈；三是以香港、广州、深圳、厦门为核心的南部邮轮圈。各区域都在充分利用自身区位和客源优势，积极挖掘邮轮旅游市场潜力，深入探索如何通过港口转型升级等创新手段来促进邮轮旅游及区域城市的经济发展。[①]

在邮轮港口经营管理方面，我国目前仍然处于探索阶段，邮轮港口的盈利主要依赖泊费，盈利能力较差，港口巨额投资的回收期较长。目前，招商局集团在深圳、上海、厦门、青岛和天津均有邮轮港项目；中交建设集团拥有三亚凤凰岛国际邮轮港；大型央企凭借其雄厚的资金实力不断加深对邮轮港口的项目介入，未来邮轮港将逐渐出现寡头竞争的局面（姜锐、李珊英、盛方清，2019）。

2.邮轮公司

据统计，在中国运营的外资邮轮公司主要有美国皇家加勒比邮轮、歌诗达邮轮、地中海邮轮、公主邮轮、诺唯真游轮、云顶邮轮、银海邮轮等公司；本土邮轮公司主要有渤海轮渡、钻石国际邮轮等企业。各方对我国邮轮产业的前景都很看好，都在积极探索本土邮轮的发展，目前中资参与的有中华泰山号、鼓浪屿号等邮轮。未来随着政府及企业对邮轮产业重视力度的逐渐加大，可打造具有本土特色的中国籍邮轮旅游船队和相应的岸上旅游目的地，开发本土邮轮旅游航线，吸引国内外游客以邮轮方式开展海岸、海岛、海洋旅游，我国邮轮产业的市场影响力也会增强。

3.目的地（航线）

在过去的10多年里，从中国港口出发的95%以上的航线为"日韩航线"，中国邮轮市场邮轮航线的单一性问题逐渐凸显。"日韩航线"的单一性不仅限制了中国游客对邮轮产品多样化的需求选择，也在一定程度上限制了中国邮轮市场的规模，造成抵抗市场风险的能力偏弱。航线单一造成复购率偏低，丰富邮轮航线可以带来邮轮市场价格增长，从而带动二次消费，这也是中国邮轮市场亟待调整的关键所在。[②]

4.旅行社

旅行社是邮轮产品的销售渠道，通过旅行社分销，邮轮仓位得以销售，旅行社获取相应的佣金利润。根据我国的有关规定，组织出境游的公司必须是具备出境资质的旅行社，这就意味着国际邮轮公司在中国只能进行船票的销售，不能自行直接组织出境观光，必须委托一家旅行社代办出境及岸上观光业务。同时，包船模式还能有效地减轻邮轮公司的销售压力，节约销售成本，甚至提前半年或一年锁定部分收益，所以

① 姜锐，李珊英，盛方清.我国邮轮母港的规制现状与发展对策［J］.现代商贸工业，2019（28）.
② 屈菲菲.中船邮轮500亿投资提振行业信心　但邮轮市场仍在调整阵痛期［EB/OL］.［2019-09-17］.http://caifuhao.eastmoney.com/news/20190917110353866122070.

邮轮公司非常愿意接受旅行社的包船。就旅行社而言，包船可以让其掌控足够的资源，并享有定价权，能够自主负责领队、岸上游等业务，给旅行社带来可观的收入。从政府的角度来看，包船模式能有效地控制非法滞留问题。因此，旅行社包船模式成为邮轮旅游市场的主流模式，包船比例高达90%。

三、中国邮轮旅游的发展历程

1. 快速发展的10年

2006—2016年10年间，在我国运营的邮轮从1艘增加到18艘，从900个客位增加到4万个客位，乘坐邮轮出游的游客从不到2万人次增加到214万人次，年均增长率超过50%，中国已跃升为全球第二大邮轮客源国。全国国际邮轮港口从零发展到10个，以中国为母港的航次从24艘次增加到927艘次，增长幅度超过38倍。截至2016年，上海邮轮母港共接待邮轮509艘次，接待出入境邮轮游客达289.4万人次，邮轮游客发送量跻身全球第四大世界级邮轮大港行列。中外邮轮界已确认中国是全球邮轮旅游发展最快的新兴市场。[①]

2. 优化调整期

有数据表明，2017年以前我国邮轮旅游客流量连续10年呈爆发式增长，年均增速在50%左右；2017年，增速突然大幅跌落，仅为8%左右；2018年，我国接待邮轮数量和邮轮旅客量双双下滑，这也是国内邮轮市场自2006年以来出入境旅客人数的首次下降。中国交通运输协会邮轮游艇分会（CCYIA）和中国港口协会邮轮游艇码头分会联合统计显示，2018年，国内13个邮轮港（上海、天津、厦门、广州、深圳、海口、青岛、大连、三亚、连云港、温州、威海、舟山）共接待邮轮969艘次，同比下降17.95%；邮轮出入境旅客合计490.7万人次，同比下降0.98%。其中，母港邮轮889艘次，同比下降19.03%，母港旅客472.8万人次，同比下降1.10%；访问港邮轮80艘次，同比下降3.61%，访问港旅客17.8万人次，同比增长2.32%。

各大邮轮港中，上海、天津分别位列第一、第二，但相关数据也出现下滑。2018年，上海（含吴淞口和国客两个码头）全年接待邮轮403艘次，同比下降21.29%，邮轮旅客275.29万人次，同比下降7.56%；天津全年接待邮轮116艘次，同比下降33.71%，邮轮旅客68.39万人次，同比下降27.41%。CCYIA方面表示，中国邮轮旅游正处于优化调整期，并且还会持续一段时间，未来，追求邮轮旅游品质将成为邮轮港口、邮轮公司、旅行社要共同面对的局面。[②]

国际邮轮公司仍然对潜力巨大的中国市场充满期待，纷纷将最新或者最大的豪华邮轮投放到中国市场，甚至开始为中国游客群体量身打造中西结合的国际邮轮，加速培育中国的邮轮文化，想方设法扩大中国的市场规模。

① 崔慧玲. 中国邮轮旅游十年发展历程回顾及展望 [J]. 广西经济管理干部学院学报，2017，29（3）.
② 郑艺佳. 13年来国内邮轮港接待邮轮艘次首次出现负增长 [EB/OL]. [2019-01-28] http://www.bjnews.com.cn/feature/2019/01/28/543503.html.

四、邮轮旅游产品设计策略

邮轮本身可作为目的地，邮轮上的服务方式、服务内容都由邮轮公司设计并提供相应的服务，目的地也由邮轮公司根据市场和相关法律提前确定下来。旅行社作为销售渠道，对邮轮本身的产品服务几乎没有影响力，旅行社和客人只能做出是否接受的选择。因此，旅行社对邮轮旅游产品的设计主要体现在营销环节，即如何通过营销设计与策划，将邮轮旅游产品向目标客户宣传，促进游客购买。

1.邮轮旅游市场前景广阔

我国旅游消费正在由观光向度假转变，出境旅游与休闲度假旅游成为新的旅游消费趋势。公开数据显示，目前北美市场的邮轮渗透率约为3.2%，欧洲市场的邮轮渗透率约为2%，而我国邮轮的市场渗透率不到0.05%。随着国内居民可支配收入的增长，邮轮旅游将成为大众化的旅游方式。预计到2030年，我国的邮轮市场渗透率将增长0.5%～1%。交通运输部预计2030年沿海邮轮旅客吞吐量将达到3 000万人次左右。

2.邮轮旅游的目标人群

作为一种特殊的旅游方式、旅游目的地，邮轮旅游提供丰富的服务，面向的市场群体相当广泛，无论老人、小孩，还是亲子游、家庭游、蜜月游、同伴游都适合邮轮旅游。邮轮公司对于游客的年龄几乎没有限制，但是出于安全考虑，不允许6个月以下的婴儿（运营极地、跨大洋航线的邮轮可能会对年龄有更高要求）和怀孕24周以上的孕妇乘坐邮轮。

3.包船模式及利弊

所谓包船，是指一家或几家旅游中间商将邮轮公司某一航次上可以售卖的全部或部分舱位提前买断，并由自己主导销售的模式。包船模式又分为独家包船和切舱包船两种方式。独家包船是指一家旅游中间商从邮轮公司获得某一航次的独立经营权，成为一级批发商垄断某一航次的经营行为。切舱是几家旅游中间商联合进行的邮轮包船。而国际邮轮旅游市场中实行的包船模式是"企业包船"，即某家企业将某个邮轮航次包下，以邮轮为活动场地，邀请他们的客户或员工上邮轮举办活动，这家企业并不具有销售邮轮船票的资质。

包船模式使旅行社承担了巨大的销售压力和风险。旅行社迫于销售压力，往往压低价格，从而导致在邮轮销售上的低价竞争。同时，为了减少损失、扩大购买，旅行社往往在邮轮启航前期采取甩单的方式进行销售，导致价格失守。而这样又培养了游客在后期购买、捡便宜的购买习惯，削减了旅行社的利润。

4.邮轮旅游营销策略

（1）根据目标市场，采取有针对性的宣传策略

邮轮的目标群体适应面广，不同的地域、职业、年龄、家庭特征的游客对旅游的利益点和诉求点存在差异。进行邮轮旅游销售时，要针对不同的群体采取不同的营销组合策略。重点是传达邮轮旅游服务，引起目标群体形成共鸣，提高产品的吸引力。针对高收入人群，可以开发高档次、高品质、私人定制式的产品，甚至推出长线航

线；针对老年人客户群可以适度开发怀旧风、银婚游及以养生为主题的邮轮旅游产品；针对家庭出游游客，主题产品氛围应以温馨、快乐为主，感受文化体验的同时，融洽感情。市场细分旨在开发不同类型和不同主题的旅行社产品，以满足邮轮旅游市场细分下的不同游客的需要。

（2）深层传达邮轮生活方式，巩固邮轮目的地度假定位

邮轮旅游与其他旅游方式的区别在于：不仅是运输的过程，更是一个享受、体验的过程。然而邮轮最重要的两个核心要素——贵族化和国际化的内容随着邮轮进入中国后都消失了。孙晓东、倪荣鑫（2018）通过文本分析法的词频分析和语义网络分析，发现"适合"和"老人"两个高频词之间具有明显的指向关系，说明国内游客存在将邮轮旅游定位为"老年人出游方式"的倾向。而从国际实践来看，吸引年轻游客一直是邮轮界不断努力的方向。邮轮旅游的价格低价化、游客结构老龄化一方面满足了中国游客的邮轮旅游需求，另一方面却降低了邮轮享受、体验的旅游感受。邮轮旅游存在的问题主要是游客对"邮轮是目的地"的理念认识不深，仅仅把邮轮当交通工具。旅行社在营销时要强化邮轮旅游"社交活动丰富、运动设施齐全、娱乐演艺繁多"等产品特性，将邮轮旅游塑造成适合所有人的休闲度假生活方式，吸引更多的年轻人来购买，优化邮轮旅游的年龄结构，提高邮轮产品的形象和旅游体验。

（3）精准定位邮轮品牌形象，进行差异化消费

中国游客对邮轮品牌的形象感知不存在明显差异，即国际邮轮在中国市场的品牌辨识度很低。游客的核心点评内容主要针对邮轮产品本身，而对品牌定位及特色提及频次较少。邮轮旅游市场是一个多元化的客源市场，既有第一次体验邮轮旅游的新游客，也有具备丰富经验的老巡航者；既有带着全家出游的家庭型邮轮旅游者，也有以探险猎奇为目的的探奇型邮轮旅游者。中国市场上不管大轮小轮，不管新轮旧轮，不管海轮、河轮，都统称豪华邮轮。可以探索对邮轮进行分级，引导分层消费。邮轮公司应突出品牌特色，通过做好自己的品牌形象，让游客按照自己的偏好，选择更适合的邮轮旅游产品。这样不仅可以让邮轮公司更有针对性地为市场打造合适的产品，提高客户满意度，也可以让邮轮公司更好地掌控产品价格。

（4）丰富岸上观光产品，由岸上购物转向岸上体验

一是针对邮轮目的地港的岸上观光，进行产品差异化设计与销售。目前，目的地岸上观光以购物游居多，使得不少游客感觉单调与乏味。旅行社要从游客的角度出发，设计新的产品，让游客带回家的不是购物袋，而是对目的地人文景观的美好回忆。二是做好离岸目的地观光游产品设计与销售。中国沿海城市的邮轮客源市场已渐饱和，内陆地区游客对邮轮较为陌生，如果单纯地从内陆到海岸等地乘坐邮轮，将会感觉产品太单一，如果在乘坐邮轮前能够为游客设计较有吸引力的旅游景点在离岸城市观光游览，就会有效丰富游客的旅游内容。旅行社还可以探索飞机+邮轮、高铁+邮轮的新玩法，将邮轮旅游的前一天或者最后一天停留在出发港城市，丰富旅游的内容。

主题四　研学旅行产品设计

一、研学旅行

1.研学旅行的定义

研学旅行有广义和狭义之分，广义的研学旅行是指以研究性、探究性学习为目的的专项旅行；狭义的研学旅行是指一门以学生为主体，以发展学生能力为目标，在内容上超越了教材、课堂和学校的局限，具有探究性、实践性的综合实践活动课程。[①]

实际上，研学旅行具有较强的政策性，2013年国务院发布的《国民休闲旅游纲要》提出要"逐步推行中小学生研学旅行""鼓励学校组织学生进行寓教于游的课外实践活动，健全学校旅游责任保险制度"。此后，经过不断研究和实践，目前官方已经对研学旅行有了比较明确的定义。

教育部2016年11月发布的《关于推进中小学生研学旅行的意见》指出："中小学生研学旅行是由教育部门和学校有计划地组织安排，通过集体旅行、集中食宿方式开展的研究性学习和旅行体验相结合的校外教育活动，是学校教育和校外教育衔接的创新形式，是教育教学的重要内容，是综合实践育人的有效途径。"[②]当年12月国家出台了《研学旅行服务规范》（LB/T 054—2016），将研学旅行（study travel）定义为："以中小学生为主体对象，以集体旅行生活为载体，以提升学生素质为教学目的，依托旅游吸引物等社会资源，进行体验式教育和研究性学习的一种教育旅游活动。"

各地在贯彻执行教育研学旅行指导意见时，结合当地实际进行了创新，如浙江省教育厅等10部门联合出台的文件《关于推进中小学生研学旅行的实施意见》对研学旅行的定义为："中小学生研学旅行是由教育部门和学校有计划地组织安排和指导推动，以培养学生生活技能、集体观念、创新精神和实践能力为目标，主要通过学校组织的集体旅行或家庭亲子旅行、安排在外食宿等方式开展的研究性学习和旅行体验相结合的校外实践教育活动。"一切由教育部门及学校主导、有明确教育目标的研学活动，不论由谁来组织实施，都可以归入研学旅行范畴。

可见，研学旅行不是旅游，而是以旅行为载体的教育活动；研学旅行不同于校内的教育，研学旅行是在校外的教育；研学旅行是校外学习和旅行的结合，单纯的学习和旅行不是研学旅行。中小学生研学旅行的对象是学生，目标是研学，手段是旅行。

在线课堂10-3

研学旅行的定义及特点

① 周璇，何善亮.中小学研学旅行课程：一种新的课程形态［J］.教育参考，2017（6）.
② 教育部.读万卷书也要行万里路——教育部等11部门印发《关于推进中小学生研学旅行的意见》.［EB/OL］.［2016-12-19］.http://www.moe.gov.cn/jyb_xwfb/gzdt_gzdt/s5987/201612/t20161219_292360.html.

2.研学旅行的特点

（1）校外进行

"读万卷书，行万里路""纸上得来终觉浅，绝知此事要躬行""知行合一""躬身践履"等研学旅行继承和发展了我国传统游学的精神，走出校门，在陌生的环境中通过认知、学习、探索，提升中小学生的自理能力、创新精神和实践能力。

（2）集体活动

研学旅行在我国属于一种比较新的教育形式，须在学校组织或委托组织下，在老师和研学指导师的带领下，以学校、年级或班级为单位进行。校外学生在课后参加的一些兴趣小组不属于研学旅行的范畴。

（3）目的明确

长期以来，实践教育环节薄弱甚至缺失，已成为我国中小学实施素质教育、改革人才培养模式的重要瓶颈。研学旅行作为综合实践育人的有效途径，可以有效承载道德养成教育、社会教育、国情教育、爱国主义教育、优秀传统文化教育、创新精神和实践能力培养六个方面的教育。[①]

（4）计划性强

研学旅行纳入中小学教育教学计划，统筹安排研学旅行活动，一般安排在小学四到六年级、初中一到二年级、高中一到二年级。要有严格的组织实施机制，确保中小学校做到"活动有方案，行前有备案，应急有预案"。

（5）探究式学习

研学旅行为学生提供了更丰富的学习方式、更直接的知识来源。在研学旅行中，学生的学习以自主、合作与探究的方式为主，将所学的语言、文学、人文与社会、科学等知识运用在综合实践活动中。教师需要在小组合作探究、实地体验、调查研究和综合实践四个方面帮助、引导学生，提高学生自主体验、自主学习的含量（张迷，2018）。学生必须要有体验，要有动手的机会、动脑的机会、动口的机会和表达的机会。

二、研学旅行与相关概念的区别

旅行是人们为了非定居目的从一个地方到另一个地方，强调空间的移动；旅游是前往异地进行的审美休闲消费行为；研学旅行是为了教育目的而前往异地进行的实践性教学。中小学生研学旅行，对象是学生，目标是研学，手段是旅行，因此有专家指出研学旅行不能简单称为研学游，也不能称为研学旅游。尽管研学旅游与研学旅行仅一字之差，但是"旅行"强调的是前往异地，"旅游"更强调在异地的审美享受。研学旅行是校外教育、综合实践教育的一部分，是具有旅行特质、实践特征的校外教育，其出发点、落脚点是教育，教育才是其根本目的。因此，研学旅游和研学旅行不可混淆，否则容易导致实践操作上的偏差。表10-2为研学旅行与相关概念的区别。

[①]　张志勇. 研学旅行是落实立德树人根本任务的重要举措［J］. 基础教育参考，2017（2）.

表 10-2　　　　　　　　　　　　研学旅行与相关概念的区别

概念	主体	目的	载体	实施主体	关联方	本质	弹性	主导
旅行	任何人	目的广泛	以事务为导向	个人、家庭或单位	旅行服务及公司事务涉及主体	公私事务	具有一定弹性	因公出差
旅游	游客	审美愉悦	以旅游资源为对象	个人、家庭或单位	旅行社、旅游目的地	休闲享受	较大	自助游或跟团游
研学旅行	中小学生	校外实践教学	以研学课程为载体	学校	教育管理部门、施教学校、教育服务方	教育	纳入学校课程体系	老师"导""引""启"下的学生主动参与

三、研学旅行的目标与原则

1.目标

开展研学旅行，有利于促进学生培育和践行社会主义核心价值观，激发学生对党、对国家、对人民的热爱之情；有利于推动全面实施素质教育，创新人才培养模式，引导学生主动适应社会，促进书本知识和生活经验的深度融合；有利于加快提高人民生活质量，满足学生日益增长的旅游需求，从小培养学生文明旅游的意识，养成文明旅游的行为习惯。

浙江省提出，开展中小学生研学旅行，旨在落实立德树人的根本任务，培养中小学生的社会责任感、创新精神和实践能力；旨在帮助中小学生"读万卷书、行万里路"，了解省情国情、开阔眼界、增长知识、激发家国情怀，更好地感受"诗画浙江"和祖国大好河山，感受革命光荣历史，感受中华优秀传统文化，感受改革开放伟大成就；旨在创新人才培养模式，引导学生主动适应社会，在没有铃声的课堂中学会动手动脑，学会生存生活，学会做人做事，推动项目化学习、实践性研究，促进书本知识和生活经验的深度融合，培养适应未来的关键能力；旨在推动全面实施素质教育，促进学生身心健康、体魄强健、意志坚强、品格高尚、富有爱心，培养全面发展的社会主义建设者和接班人。

2.原则

（1）教育性原则。研学旅行要结合学生的身心特点、接受能力和实际需要，注重知识性、科学性和趣味性，精心设计和组织研学课程，为学生全面发展提供良好的成长空间，使研学旅行真正达到"以研促学"的教育目的，为学生全面发展提供良好成长空间。

（2）实践性原则。研学旅行要因地制宜，凸显地域特色，引导学生走出校园，在与日常生活不同的环境中拓宽视野、丰富知识、了解社会、亲近自然、参与体验。

（3）普及性原则。学校组织的研学旅行必须坚持以学生为主体、面向全体中小学生，保障每一个学生都能享有均等的参与机会。

（4）公益性原则。研学旅行应坚持公益性质，只能收取基本费用，不得开展以针对学生营利为目的的经营性创收，对贫困家庭学生要减免费用。

（5）安全性原则。研学旅行要坚持安全第一，建立安全保障机制，明确安全保障责任，落实安全保障措施，确保学生安全。

行业视窗10-4

为研学游撑起
一把"规范伞"

四、研学旅行线路设计

教育部等11部门《关于推进中小学生研学旅行的意见》指出，"开发一批育人效果突出的研学旅行活动课程，建设一批具有良好示范带动作用的研学旅行基地，打造一批具有影响力的研学旅行精品线路"。浙江省提出了两种形式的研学旅游线路：营地辐射式研学线路、主题串联式研学线路。旅游线路强调的是一次研学旅行在空间上的移动情况，其中融合了吃住行等生活服务要素，这一点与普通的旅游线路设计并无本质上的区别，也是旅行社所擅长的。

1.营地辐射式研学线路

建立以研学实践教育营地为核心、周边基地为辐射圈的研学旅行实践基地群，也可跨区域合作和资源共享，形成布局合理、互联互通的研学旅行基地网。以某一基地为核心，对具有教育性的资源进行整合，通过不同基地的教育属性、不同基地间的互补满足各级学校的研学旅行需求。

2.主题串联式研学线路

按一定主题，对能够共同展现与演绎这一主题的资源进行跨区域整合，形成研学旅行精品线路。如围绕"红色之旅"主题，利用丰富的红色资源，突出"寻访红色足迹，传承红色基因"，开展研学旅行活动；围绕"生态之旅"主题，利用丰富的绿水青山、海洋资源、美丽乡村、特色小镇、生态保护区等开展研学旅行活动；围绕"文化之旅"主题，利用丰富的文化遗产、非遗传承、名人足迹、地域风情、博物馆藏等开展研学旅行活动；围绕"活力之旅"主题，利用各地改革开放、科技创新的生动实践样板和高等院校、研发机构、科普基地、市场港口、知名企业等开展研学旅行活动。

五、研学旅行课程设计

1.研学旅行课程

在线课堂10-4

研学旅行课程
及体系构成

研学旅行课程是为了实现研学目标而对研学的教育目标、教学内容、教学活动的规划与设计。广义的课程包括开发的各个层次、各类别的课程和有目的、有计划的活动。狭义的课程是指某一次研学旅行的课程。

研学旅行课程与学校课程平行，是在校外进行的实践课程，是以公益性为主的学校教育和校外教育的衔接，属于学校课程体系中综合实践活动课程的范畴。研学旅行课程不属于某一学科，各学科课程的理论知识和实践能力必须综合用于研学旅行活动；研学旅行活动又是对各学科核心素养培育成效的实践检验。

2.研学旅行课程体系

（1）研学旅行课程安排

研学旅行课程需要在小学四到六年级、初中一到二年级、高中一到二年级三个学段七个年级实施，见表10-3。原则上要逐步建立和完善小学阶段以乡土乡情为主、初中阶段以县情市情为主、高中阶段以省情国情为主，以"学天下、行天下、成天下"为主线，以"行走家乡、揽胜祖国、放眼世界"为路径的研学旅行课程体系。

表10-3　　　　　　　　　　　　研学旅行课程安排

学段	年级	研学旅行课程设计	研学旅行课程内容
小学	四至六年级	乡土乡情基础上的拓展	地理类、自然类、历史类、科技类、人文类、体验类
初中	初一、初二	县情市情基础上的拓展	
高中	高一、高二	省情国情基础上的拓展	

小学阶段的研学旅行课程设计应以游览、观光、体验为主，重视游戏性、艺术性内容，减少讲授，以满足这一年龄段学生好玩、喜动的天性。初中阶段的研学旅行课程应设计更多的理解性内容，适当增加竞赛、参与、探索性内容，以满足这一阶段学生强烈的求知欲、好奇心。高中阶段的研学旅行课程设计要以知识的拓展、理论的应用、综合性体验、研究性学习为主，辅之以观光、考察、游历等活动。

（2）学校研学课程

与综合实践活动课程统筹考虑，纳入学校年度教育教学计划，建构"走下课堂、走出校园、走进社会、走向未来"的研学旅行课程模式。研学旅行属于综合实践活动课程，与学科课程并列设置、相互补充，是中小学课程结构不可或缺的组成部分。研学旅行是学科课程内容的延伸、综合、重组与提升，既是对学科课程基础知识、基本原理的应用，也是对学生各学科核心素养养成的实践检验、对各学科学习成果的拓展和加深。

（3）营地基地研学课程

研学基地至少具备一个研学旅行活动主题，有针对性地开发自然类、历史类、地理类、科技类、人文类、体验类等多种类型的活动课程。

🌀 **学思悟行 10-1**

党的二十大报告指出："教育是国之大计、党之大计。培养什么人、怎样培养人、为谁培养人是教育的根本问题。育人的根本在于立德。全面贯彻党的教育方针，落实立德树人根本任务，培养德智体美劳全面发展的社会主义建设者和接班人。"

思考：请你结合研学旅行产品特点，谈一谈如何在研学旅行中落实立德树人的根本任务。

3.研学课程开发

研学课程的教育性、体验性、跨学科性和安全性特点突出，研学课程的开发要遵循课程开发的基本原则和思路，同时还要具有自身的特殊性。2017年《中小学生综

在线课堂10-5

如何开发研学课程

合实践活动课程指导纲要》推荐的学生实践活动课程主题有中小学综合实践活动、考察探究活动、社会服务活动、设计制作活动、职业体验及其他活动几大类。其倡导学生要从自然、社会和自身环境中选择和确定研究主题，如野外考察、社会调查、研学旅行等，并将其纳入学校教育的学分系统中。

课程开发需包括课程概述、课程设计理念和思路、课程培养目标、课程内容与教学要求、学习资源、课程实施等几部分。

（1）课程概述

课程概述包括课程基本信息、课程定位、课程衔接等内容。课程基本信息讲明课程的类别、性质、适用对象、适用时间等；课程定位对课程的作用、学生的能力和素质养成等方面进行概括；课程衔接对课程与相关课程或学科的关系进行说明。

（2）课程设计理念和思路

课程设计理念和思路包括教学内容设计、教学过程设计、教学环节设计、考核与评价设计。

（3）课程培养目标

课程培养目标包括总体目标和具体目标。总体目标是指学生通过对本门课程的学习，所要达到的知识和能力水平。它从宏观上描述学生应掌握哪些知识、形成哪些技能、养成哪些素质，特别应突出能力目标。具体目标是从知识目标、能力（技能）目标、素质目标等方面进行具体说明。

（4）课程内容与教学要求

课程内容与教学要求是指研学课程的教学内容和具体要求，课程内容要能反映出课程的深度、广度和质量。

（5）学习资源

根据校外目的地、线路和基地及辐射情况，选择各类学习资源，并进行学习资源的整合与提炼，将学习资源转化为教学内容。

（6）课程实施

课程实施主要包括教学基本条件、实施建议、考核与评价。教学基本条件主要阐述课程对校内实训室（基地）条件的要求、对配套的教学仪器设备与媒体的要求、对从事本课程教学的专兼职教师的要求。实施建议主要是针对课程教学的教学方法、教学组织、考核与评价等方面的建议。

①评价原则。[①]

全面性原则：要从学生发现问题、探究问题和解决问题，自我规划、自我管理和自我发展，合作探究和交流，科学精神、态度和价值观，创新意识和能力，公民意识和社会责任感等方面进行全面评价，包括学生的个性化表现和学生团队的集体表现。

表现性原则：必须依据学生在真实情境中完成任务时所表现出来的理念、态度、能力、知识等加以综合评定，即评价学生发展的核心素养。

开放性原则：依据研学内容的广泛性和现实问题情景的开放性，不设置唯一正确

---

① 周维国，段玉山，郭锋涛，等. 研学旅行课程标准（四）——课程实施、课程评价 [J]. 地理教学，2019（8）.

的答案，要兼顾学生达成研学目标的一般情况和在某一方面的特别表现，顾及学生的个别差异进行评价，注重对发散性思维和创新思维的评价。

激励性原则：除了甄别、区分功能外，还要让学生通过评价认知自己的强项和潜能，激发学生学习的自信心和进取心，促进学生的反思和持续发展。

②成果形式。学生的学习成果可以有多种形式，可以是一篇研究论文、一份调查报告、一件模型、一块展板、一场主题演讲、一次口头报告、一本研究笔记，也可以是一项活动的设计方案。不同学段、不同学校、不同学生可以根据实际情况采用最适合自己的方式提供研学成果。

成果表达形式：图画、照片、模型、实物、录音、录像、光盘、网页、诗歌、节目、口头报告、书面报告和论文等。

成果交流方式：班报、刊物、展览会、演讲会、答辩会、研讨会、节目表演、展板、墙报等。

主题五　研学旅行课程设计实训

1.实训任务
设计一项研学旅行课程。

2.实训要求
（1）内容要求
① 明确课程的名称和适用年级。
② 课程目标明确。
③ 课程内容和实施过程具有可操作性。
④ 课程评价建议合理。
⑤ 文本规范，条理清晰。
（2）分小组完成
① 主创人员：组织小组讨论、任务分配和文案统筹。
② 质检人员：进行文案质量审核，将意见和建议反馈给主创人员。
③ 小组成员：按分工完成任务。
④ 汇报人员：在规定时间内进行简洁清晰和有重点的汇报。

3.实训目的
① 能够掌握不同类型研学课程的区别。
② 掌握研学课程设计的思路和方法。
③ 能够有针对性地开发与设计主题研学课程和教学资源。
④ 锻炼综合运用教育学、心理学、旅游学等多学科知识的能力。
⑤ 提高小组团结协作的能力。
⑥ 提高对文案的书面表达能力。

4.设计方法指引

研学旅行是一项政策性强、教育目的明确的校外实践活动，既不同于一般的校内教学，也不同于一般的旅游。研学课程的开发是研学旅行服务与接待的关键，旅行服务公司或研学服务公司的核心竞争力是具有较强的研学课程开发能力。下面以泰顺云岚牧场研学基地课程为例进行设计方法指引，供学习者参考。

（1）定位研学课程的开发层次

①研学课程既有学校设计的系统课程、研学基地的课程，也有旅行社设计的课程。学校的课程体系强、覆盖面广、学科融合性强，根据学生的认知特点和学习规律系统规划从一年级到高年级的校外实践课程。研学基地课程是根据基地本身的旅游资源、科学文化价值、基地特色等开发的有针对性的课程，具有一定范围的适应性。旅行社或研学公司以课程为中心叠加相关旅行服务，既可以是对两种课程的创造性应用，也可以独自开发研学课程。

本次任务是基于研学基地开发相关课程。在开发时，要结合基地的资源进行课程背景分析，确定适用课程内容和年级。

②从广义和狭义上来说，学校研学课程是一系列课程，是广义的课程，与其他学科课程相对应；研学基地的课程属于课程中的专题，是狭义的课程，与以2节课为单位的课堂教学相对应。

（2）确定研学课程主题与体系

根据资源、资源价值和其他接待条件等设计课程体系和主题。针对资源条件，挖掘资源的价值，将资源转化成为实践教学内容，通过旅游、观赏、体验、探索、应用、研究等不同方式实现研学旅行的目的。在体系上可以开发不同年级的课程，在内容和主题上可以开发自然类、历史类、地理类、科技类、人文类、体验类的研学课程。

如针对云岚牧场的资源情况，设计牛奶、奶牛、牛粪与生态、面包烘焙等系列专题课程。

（3）拟定研学课程大纲

根据基地课程设计包含以下内容的大纲：课程简介、课程背景、课程目标、课程内容与实施程度（猜一猜——任务引领，学一学——学习真知，想一想——深化理解，实践参观——理论联系实际）、课程评价、课程特色与实施效果。

（4）明确研学课程的目标

课程的目标包括知识目标、技能目标、情感、态度与价值观等。目标要具体明确，描述学生应具备哪些能力、掌握课程中的哪些知识、形成哪些技能、养成哪些素质，特别是要说明具备哪些能力，突出能力目标。目标描述要用具体、可检验的语言说明学生实际能达到的目标，如了解、理解、掌握、判断、分析、明晰、体会、具备×××能力，养成良好的×××精神，具有×××习惯、×××的职业道德、×××的创新精神。

（5）重点设计课程内容与实施策略

对于专题，重点是要设计课程的内容和实施步骤，如针对"荷斯坦牛的鉴定技术"课程设计（中学版）如下教学内容与实施步骤：

（一）猜一猜——任务引领

通过展示国内外"冠军奶牛""奶牛选美大赛"的故事与图片，导出学习内容，引起同学们的思考。

教师提问：

问题1："请问为什么要选出这么美的牛？"

问题2："奶农更喜欢哪一头牛？"

这个过程中问题层层引入，教师可以利用图片、小视频等学习资料，激发学生学习的兴趣，导入学习任务。

（二）学一学——学习真知

1.好体型的优点

①提高生产性能，增加经济效益，延长在群寿命

②适应机械化挤奶和高效率生产管理

③缩短育种年限，提早达到选育目标

2.如何以貌取牛

重点讲明荷斯坦牛鉴定的四大方面以及奶牛身体各部位的名称。

3.以貌取牛的技术要点

重点讲明四大方面的23个鉴定点。

（三）想一想——深化理解

教师通过提问、抢答的形式让学生说出或者写出荷斯坦牛的鉴定内容与技术要点。在此过程中，要注意学生注意力的稳定性、思维的敏捷程度，同时培养学生的总结归纳能力。

（四）实践参观——理论联系实际

带领学生参观奶牛场，观察奶牛的外形特征，根据鉴定的方法和要点选取你认为最优秀的牛。教师可以将学生分组，列出选取的标准并进行选择，最后请养牛专家来评定胜负并答疑。

5.评价方式

根据实践内容和学生接受能力设置过程评价与结果评价。过程评价强调学生学习、参与过程中的学习关注度和学习态度。结果评价通过口头、书面或实物的作品呈现出来，进行分享。如"荷斯坦牛的鉴定技术"课程可以通过设计图片展示最好的奶牛、访谈饲养员什么样的牛才是好牛、现场相牛等方式进行结果考核与展示。

本章小结

专题旅游的范围比较广，本部分选取较为重要和具有良好发展趋势的红色旅游、节庆旅游、邮轮旅游、研学旅行等几种专题旅游形式加以重点阐述。

红色旅游是以中国共产党领导人民在革命和建设时期建树丰功伟绩所形成的纪念地、标志物为载体，以其所承载的革命历史、革命事迹和革命精神为内涵，组织接待旅游者开展缅怀学习、参观旅游的主题性旅游活动。2004年、2011年、2016年中共

中央办公厅、国务院办公厅三次联合下发了《全国红色旅游发展规划纲要》，对红色旅游的发展进行了重点部署。"不忘初心、牢记使命"，红色旅游是以旅游为载体，将旅游与爱国主义教育进行结合的旅游形式。当前，我国已经在全国树立起"红色旅游"这个富有中国特色和精神内涵的响亮品牌。红色旅游产品的开发要坚持正确的政治导向，要永葆红色旅游的底色，将社会效益放在首位。同时也要根据旅游的规律，树立市场意识、精品意识，寓红色教育于生动的旅游之中，实现社会效益和经济效益相统一。

节庆旅游是指将以历史渊源、自然地理特征和资源禀赋为基础而开展的有鲜明主题的公众性庆典活动作为旅游吸引物的一种新型旅游产品。节庆旅游对塑造旅游地的形象、丰富旅游产品、促进传统文化保护都有重要意义。旅行社要抓住机遇，把握需求，整合节庆资源，挖掘节庆文化，设计出主题明确、内容有吸引力的节庆旅游产品，不断提高企业的竞争力和节庆产品的设计能力。

邮轮旅游是指旅游者以休闲和娱乐为目的，以集合了星级酒店住宿、餐厅供应以及休闲娱乐场所等功能的邮轮作为交通工具，结合岸上的目的地观光游览等活动进行的海陆结合的旅游形式。中国的邮轮旅游从无到有，短短十几年时间，我国已经跃升成为世界上第二大邮轮客源国。当前，中国邮轮旅游正处于从高速增长向优化调整的转换阶段，但是国际邮轮公司仍然对潜力巨大的中国市场充满期待，纷纷将最新或者最大的豪华邮轮投放到中国市场，甚至开始为中国游客群体量身打造中西结合的国际邮轮，加速培育中国的邮轮文化。旅行社对邮轮产品的开发影响力较弱，从产业链角度，旅行社的主要任务是做好邮轮产品的宣传营销。在宣传营销上，旅行社要做到以下几点：一是要根据目标市场，采取有针对性的宣传策略；二是要深层传达邮轮生活方式，巩固邮轮目的地度假定位；三是要精准定位邮轮品牌形象，进行差异化消费；四是要丰富岸上观光产品，由岸上购物转向岸上体验。同时要创新邮轮营销模式，提高邮轮产品的销售利润。

中小学生研学旅行是由教育部门和学校有计划地组织安排，通过集体旅行、集中食宿方式开展的研究性学习和旅行体验相结合的校外教育活动，是学校教育和校外教育衔接的创新形式，是教育教学的重要内容，是综合实践育人的有效途径。研学旅行从本质上讲是教育，旅行只是其载体。因此研学旅行的教育目标明确，开展研学旅行要坚持教育性原则、实践性原则、普及性原则、公益性原则、安全性原则。研学旅行课程是为了实现研学目的而对研学的教育目标、教学内容、教学活动的规划与设计。广义的课程包括开发的各个层次、各个类别的课程和有目的、有计划的活动。狭义的课程是指某一次研学旅行的课程。研学旅行是一种新的旅游形式，必将具有广阔的市场前景，旅行社要保持市场的敏锐性，抓住研学旅行的机遇，提高自身的学习能力和创新能力，促进旅行社转型发展。

知识听记 10-1

项目十

主要概念

红色旅游　节庆旅游　邮轮旅游　研学旅行

思考讨论

1. 什么是红色旅游？
2. 红色旅游产品的设计策略有哪些？
3. 什么是节庆旅游？
4. 节庆旅游的意义是什么？
5. 节庆旅游产品的特点有哪些？
6. 节庆旅游产品的设计策略有哪些？
7. 什么是邮轮旅游？
8. 邮轮旅游包括哪些服务？
9. 邮轮旅游营销如何策划？
10. 什么是研学旅行？
11. 研学旅行的目标是什么？
12. 研学旅行有哪些主要意义？
13. 研学旅行线路如何设计？
14. 研学旅行课程如何开发？

项目作业

1. 调研一个专项旅游产品的需求情况，给旅行社的专项旅游产品开发与设计提出合理化建议，分小组完成并在班级分享。

2. 与旅行社合作，分小组为旅行社设计一款红色旅游或节庆旅游产品，并结合销售情况进行分析总结，分小组在班级分享。

3. 结合当地邮轮旅游需求情况，与旅行社合作，分小组策划邮轮旅游的营销方案。

4. 深入学习研学旅行的特点，与旅行社合作设计一款研学旅行产品（方案），重点是设计一次研学的课程。

扫描二维码下载
本书题库

参考文献

[1] 孙国学，赵丽丽. 旅游产品策划与设计 [M]. 2版. 北京：中国铁道出版社，2016.

[2] 张素娟，宋雪莉. 旅游产品设计与操作 [M]. 北京：化学工业出版社，2012.

[3] 程道品，夏正超. 旅游学概论 [M]. 4版. 大连：东北财经大学出版社，2018.

[4] 谢敏，夏正超，金浏河. 创意旅游学概论 [M]. 北京：中信出版社，2014.

[5] 刘丽萍，顾竑，鲍文玉，等. 旅行社设计与营销实务 [M]. 3版. 大连：东北财经大学出版社，2019.

[6] 沈金辉，徐东北，夏正超. 会展旅游 [M]. 4版. 大连：东北财经大学出版社，2019.

[7] 李玲玲. 旅行社产品开发的问题及对策 [J]. 中外企业家，2009 (5).

[8] 王群. 旅行社转型重点是团队游产品升级 [N]. 中国旅游报，2016-03-25 (3).

[9] 谢春山，邱爽. 观光旅游与度假旅游的差异分析 [J]. 旅游研究，2015 (4).

[10] 谢彦君. 旅游地生命周期的控制与调整 [J]. 旅游学刊，1995 (2).

[11] 谢彦君. 基础旅游学 [M]. 北京：中国旅游出版社，1999.

[12] 陈启跃. 旅游线路设计 [M]. 上海：上海交通大学出版社，2015.

[13] 胡华. 旅游线路规划与设计 [M]. 北京：旅游教育出版社，2011.

[14] 张道顺. 旅游产品设计与操作手册 [M]. 北京：旅游教育出版社，2006.

[15] 史晓明. 旅游产品设计经营与实战手册 [M]. 北京：中国旅游出版社，2015.

[16] 陶静. 产品创新的方法 [N]. 中国旅游报，2014-02-10 (11).

[17] 杨丽，李帮义，兰卫国. 基于博弈分析的旅行社产品差异化策略研究 [J]. 管理评论，2010 (1).

[18] 王琳. 旅游产品体系研究 [J]. 经济研究导刊，2009 (19).

[19] 张进伟. 旅行社OP计调实务 [M]. 成都：西南交通大学出版社，2014.

[20] 刘少和. 度假旅游与观光旅游的差异及其服务主张 [C] //中国区域科学协会区域旅游开发专业委员会，海南省旅游发展委员会，海南大学. 区域旅游：创新与

转型——第十四届全国区域旅游开发学术研讨会暨第二届海南国际旅游岛大论坛论文集，2009.

[21] 裴凤琴. 中国旅游资源概况 [M]. 成都：西南财经大学出版社，2012.

[22] 邢淑清，戴卫东. 中国旅游地理 [M]. 北京：电子工业出版社，2008.

[23] 李娟文. 中国旅游地理 [M]. 6版. 大连：东北财经大学出版社，2017.

[24] 王春梅. 中国热点旅游线路 [M]. 北京：中国物资出版社，2012.

[25] 王莹. 杭州国内休闲度假旅游市场调查及启示 [J]. 旅游学刊，2006（6）.

[26] 葛南南，樊信友. 城市居民休闲度假旅游的消费动机与行为规律：重庆例证 [J]. 重庆社会科学，2014（5）.

[27] 周玲强，祝勤玫. 温泉旅游开发模式探讨 [J]. 经济论坛，2010（11）.

[28] 周耀进. 旅游心理学 [M]. 桂林：广西师范大学出版社，2016.

[29] 艾瑞咨询. 中国在线亲子游市场研究报告2015年 [C]. 上海：上海艾瑞市场咨询有限公司，2015.

[30] 刘旷. 途牛们如何收割亲子游红利？[J]. 现代商业银行，2018（18）.

[31] 董长云. 亲子游产品市场存在的问题及对策分析 [J]. 改革与开放，2015（24）.

[32] 刘建平，伍美娟，衣少娜，等. 基于IPA分析法的互联网亲子游用户画像研究 [J]. 湖南理工学院学报（自然科学版），2018（1）.

[33] 李菊霞，林翔. 亲子游市场若干问题探讨 [J]. 企业活力，2008（12）.

[34] 张红. 有关亲子游产品及其开发的几点思考 [J]. 旅游研究，2010（4）.

[35] 刘妍. 我国亲子旅游开发的现状、问题及对策 [J]. 科技广场，2013（11）.

[36] 郑晓丽. 基于代际关系的家庭旅游决策影响因素研究 [D]. 长沙：中南林业科技大学，2012.

[37] 刘敏，窦群，刘爱利，等. 城市居民亲子旅游消费特征与趋势研究——基于家庭结构变化的背景 [J]. 资源开发与市场，2016（11）.

[38] 孟刚. 亲子游撑起四成暑期旅游市场 [N]. 中国消费者报，2017-07-13（8）.

[39] 孟妮. 亲子游产品今年花样多 [N]. 国际商报，2017-06-16（A02）.

[40] 孙乐. 常州城区老年居民旅游消费行为分析研究 [J]. 吉林省教育学院学报，2017（4）.

[41] 陈磊. 基于文本和网络分析的亲子游旅游者体验感知研究——以苏州市为例 [J]. 中国经贸导刊，2018（29）.

[42] 胡娟. 基于消费行为特征的老年旅游产品开发研究 [D]. 长沙：湘潭大学，2017.

[43] 吴巧红. 老年旅游安全保障体系的构建 [J]. 旅游学刊，2015（8）.

[44] 曹芙蓉. 旅游银发族的世界格局及其需求特征 [J]. 旅游学刊，

2008（6）.

［45］刘佳，韩欢乐.我国老年旅游开发与产业结构调整路径［J］.广西大学学报（哲学社会科学版），2015（2）.

［46］吴纪滨，郑向敏.老年旅游的安全防范与保障［J］.中国职业安全卫生管理体系认证，2004（2）.

［47］周刚，张嘉琦.基于旅游动机的老年旅游市场细分研究［J］.资源开发与市场，2015（12）.

［48］黄凌云.老年旅游消费行为及市场开发对策［J］.南方论刊，2015（11）.

［49］余宏刚.老年人旅游购物行为分析［J］.四川旅游学院学报，2018（6）.

［50］刘晓凯.以民族节庆活动为平台 传播贵州民族文化"好声音"［N］.贵州民族报，2015-12-08（A01）.

［51］张力.用节庆文化牵引旅游体验经济［N］.中国文化报，2019-06-22（7）.

［52］李敏敏，王计平.贵州节庆旅游产品设计与开发研究［J］.青岛酒店管理职业技术学院学报，2010（4）.

［53］吴静涛.中小学研学旅行课程化问题的成因及纾解［J］.教学与管理，2019（24）.

［54］曹诗图，许黎.对商务旅游概念的质疑与澄清［J］.地理与地理信息科学，2016（2）.

［55］赵艳丰.让荷包丰满 商务旅游行业现存的盈利模式（上）［J］.中国会展（中国会议），2016（10）.

［56］赵艳丰.以服务获利 商务旅游行业现存的盈利模式（中）［J］.中国会展，2016（12）.

［57］杜金艳.LT公司商旅服务优化案例研究［D］.北京：北京交通大学，2017.

［58］唐彩玲.会奖旅游及其产品特性［J］.中外企业家，2013（27）.

［59］王聪培.古代游学与现代研学旅行的比较分析［J］.课程教学研究，2019（7）.

［60］段玉山，袁书琪，郭锋涛，等.研学旅行课程标准（一）——前言、课程性质与定位、课程基本理念、课程目标［J］.地理教学，2019（5）.

［61］郭锋涛，段玉山，周维国，等.研学旅行课程标准（二）——课程结构、课程内容［J］.地理教学，2019（6）.

［62］袁书琪，李文，陈俊英，等.研学旅行课程标准（三）——课程建设［J］.地理教学，2019（7）.

［63］周维国，段玉山，郭锋涛，等.研学旅行课程标准（四）——课程实施、课程评价［J］.地理教学，2019（8）.

［64］陈林，卢德生.我国研学旅行历史演变及启示［J］.江西广播电视大学学报，2019（1）.

［65］宋晔，刘清东．研学旅行活动的教育学审视［J］．教育发展研究，2018（10）．

［66］夏青峰．在研学旅行中坚持"八个融合"［J］．人民教育，2017（23）．

［67］张志勇．研学旅行是落实立德树人根本任务的重要举措［J］．基础教育参考，2017（2）．

［68］吴小呈．新媒体营销助力邮轮旅游发展［N］．中国旅游报，2016-09-20（3）．

［69］姜锐，李珊英，盛方清．我国邮轮母港的规制现状与发展对策［J］．现代商贸工业，2019（28）．

［70］毕雯娟．基于体验视角的我国邮轮旅游产品开发策略研究［D］．济南：山东师范大学，2017．

［71］周璇，何善亮．中小学研学旅行课程：一种新的课程形态［J］．教育参考，2017（6）．

［72］蒋杭玲．红色旅游对重塑大学生马克思主义信仰的价值及实现途径［J］．长沙大学学报，2017（4）．

［73］杨寒胭．黑龙江知青主题红色旅游线路设计研究［J］．黑龙江史志，2013（11）．

［74］王朋军，姚雪莹．旅游体验视角下辽宁省红色旅游线路设计研究——以辽宁抗联旅游线路设计为例［J］．辽宁经济，2018（11）．

［75］王立东．红色旅游产品的线路设计［J］．求实，2006（S1）．

［76］崔慧玲．中国邮轮旅游十年发展历程回顾及展望［J］．广西经济管理干部学院学报，2017（3）．

［77］孙晓东，倪荣鑫．中国邮轮游客的产品认知、情感表达与品牌形象感知——基于在线点评的内容分析［J］．地理研究，2018（6）．

［78］梅俊青，叶欣梁．"包船模式"——中国邮轮旅游市场独特分销模式研究［J］．四川旅游学院学报，2018（1）．

［79］曹天蓉．商务旅行服务购买行为影响因素研究［D］．上海：上海师范大学，2016．

［80］武晓鹏．我国商务旅游产业的发展研究［D］．北京：首都经济贸易大学，2006．

［81］王笑颖．基于SD模型的上海市入境商务旅游发展模式研究［D］．秦皇岛：燕山大学，2018．

［82］华倩．商务旅行服务专业化发展研究［D］．上海：华东师范大学，2007．

［83］冯君．顺应新变革 商旅供应商如何迎战政府采购市场［J］．中国招标，2016（22）．

［84］崔腾．商旅服务采购实践［N］．中国政府采购报，2019-06-21（3）．

［85］孙冬燕．商务旅游市场的拓展方式及问题研究［J］．中国市场，2017（18）．

［86］张文敏，沙振权．基于"共同创造"的旅行社转型研究——以奖励旅游为例［J］．旅游学刊，2011（11）．

［87］杨海红．旅行社承接服务外包研究［D］．上海：上海师范大学，2009．

［88］宋子千，宋志伟．关于旅行社面向商务旅游转型的思考［J］．商业经济与管理，2008（5）．

［89］梁智．旅行社运行与管理［M］．6版．大连：东北财经大学出版社，2017．

［90］赵兴军．现代市场营销学案例教程［M］．北京：北京交通大学出版社，2007．

［91］刘建明．管鲍之风陶朱富：实用市场营销［M］．合肥：安徽大学出版社，2009．

夏正超

浙江工贸职业技术学院旅游管理专业副教授、浙江省专业带头人；浙江省旅游饭店标准评定检查员、全国导游资格证考评员、温州市民间智库研究员、温州旅游专家咨询会委员、温州文旅智库专家。多年从事旅游管理专业教学、科研工作，获国家教学成果奖二等奖 1 项、省级教学成果奖一等奖 1 项；指导学生参加职业技能竞赛获得全国一等奖 1 项、全国和省二等奖 8 项；主持、参与研究和咨询课题 20 余项；主编及参编《创意旅游学概论》《旅游学概论》《会展旅游》等教材 5 部。